긍정성과 다양성에서 바라본

학교교육의
이해

긍정성과 다양성에서 바라본

학교교육의 이해

김진철 지음

KSI 한국학술정보㈜

머리말

 5년 전에 수월성 교육이 강조되면서 학생의 성취의 개인차를 사고양식에서 고찰한 글을 썼다. 그사이 일부 과학고가 과학영재학교로 지정되었고, 지역교육지원청 및 단위학교에서도 영재학급이 활발하게 운영되고 있다. 또한 그 전보다 훨씬 다양하게 포함하여 선발하고 있다. 다행스러운 일이 아닐 수 없다.

 그사이 학교는 2009 개정교육과정의 도입으로 또 한 번의 소용돌이가 있었다. 2009 개정 교육과정의 핵심은 학습경험의 '질'의 강조, 교육과정 편성·운영의 자율성 부여, 진로·적성과 창의·인성을 함양하기 위한 체험학습을 강화하고 있다고 주장한다. 이에 따라서 학생들이 스스로 선택하여 과목을 이수할 수 있고(제한적이지만), 서술식 문항이 출제되며, 입학전형 역시 학생이 선택하여 지원하거나 입학사정관제 등 다양한 특기나 잠재력을 반영하여 실시하고 있다.

 학교교육과정에 대한 이해는 교육심리학의 패러다임의 변화에서 이해될 수 있다.

 최근 학교 교육심리의 가장 큰 변화의 흐름 중 하나는 학생의 개인차를 단순히 지적 능력에서 바라보던 것에서 탈피하여 지·정·의를 통합적으로 바라보고 있다. 이런 시도의 중심에 스턴버그 교수의 성공지능(Successful Intelligence)과 사고양식(Thinking styles)이 있다.

성공지능의 핵심은 자신의 강점을 최대로 활용하고, 약점을 보완하는 것이고, 사고양식은 인간의 사고를 단일 차원에서 보지 않고 기능, 형식, 수준, 범위, 경향성이라는 여러 차원으로 나누어 개념화한 것이다.

이런 변화를 뒷받침해 주는 또 하나의 주장은 긍정심리학에 대한 관심이다. 미국심리학회(APA)의 회장이었던 Martin Seligman을 중심으로 학교교육에서도 학생의 부정적인 면에서 탈피하여 긍정적인 심리적 요소들에 대하여 관심을 가져야 한다는 목소리가 높아지면서 학교에서 학생의 지혜, 창의성, 용기, 인내, 도덕성, 협동 등에 대한 관심을 기울이고 있다. 최근 입시에서 자기주도 학습, 입학사정관제의 확대, 수능영역의 자기 선택 등도 긍정심리학의 반영이라고 볼 수 있다.

이런 맥락에서 인간의 긍정적인 측면을 이해하고 측정하려는 시도로 주목을 받고 있는 구인으로 희망이론(Hope theory)이 있다. 희망은 인간 스스로 자신의 목표를 생각하고 이 과정에서 필요한 가치를 만들고, 이를 실현하기 위한 방법을 찾아내며, 목표달성을 위해서 필요한 강한 동기를 스스로 제공한다.

학생들의 성취에 대한 성공과 사고의 다양성 및 희망이라는 것은 학생들의 개인적 기준들과 학교사회의 문화적 맥락에서 폭넓게 이해되어야 할 것이다.

이 밖에도, 학교문화의 또 다른 변화의 양상 중 하나가 다문화에 대한 이해이다. 이미 우리나라의 국내 체류 외국인이 100만 명을 넘어섰으며, 다문화가정이 급속히 증가되고 있는 상황에서 우리 사회가 더욱 풍요로워지기 위해서 많은 노력이 필요할 것이다.

하지만 그동안 학교교육을 긍정과 다양성 속에서 이해하기 위한 이론적 검증은 많이 이루어지지 못했다.

그동안 이 분야를 탐구하는 국내 학자들과 워크숍을 통해서 토론하고, 연구하여 한국연구재단의 등재학술 심사에서 통과했던 성공지능, 사고양식 및 다문화 논문, 현재 심사 중인 희망이론의 적용에 관한 논문을 소개한다.

성공지능, 사고양식, 희망, 다문화 관련 연구 및 등재 순서로 제시하였고, 가급적이면 등재된 논문의 형식을 유지했으며, 참고문헌은 통합적으로 제시하였다.

학교 교육에서의 개인차를 다양하게 바라보는 계기가 되며, 교육 과정에서 학생들의 희망을 높일 수 있는 방법들에 대하여 많은 고민이 있기를 바란다. 그리고 다문화에 대해서도 많은 관심과 연구가 있기를 바란다.

끝으로, 이 책을 출판하도록 노력해주신 한국학술정보(주) 출판사업부 직원들, 그리고 끊임없는 지지를 보내주는 아내 송형주에게 감사하고, 바르게 성장하고 있는 아들 승규, 딸 윤정이에게 고맙다는 말을 전한다.

2011년 6월 원미산 자락에서

김진철

차례

1. 삼원지능, 사고양식, 학업성취의 관계에서 과학영재와 일반학생의 구조 차이[1]

≪요약≫

이 연구는 삼원지능과 정신자치제 이론에 기초를 둔 사고양식을 중심으로 과학영재와 일반학생의 차이를 알아보았다. 삼원지능, 사고양식, 학업성취의 각 요인에 있어서 과학영재와 일반학생의 단순한 차이뿐만 아니라, 세 변인의 상호관계를 포함한 구조적 관계에 있어서 과학영재와 일반학생의 차이를 검증한 결과, 첫째, 과학영재가 일반학생보다 분석지능에서뿐만 아니라 창의 및 실제지능에서도 모두 높게 나타났다. 사고양식에 있어서도 두 집단은 상당한 차이를 보였다. 둘째, 삼원지능과 학업성취의 관계는 양 집단 모두 상관이 있었다. 셋째, 사고양식과 학업성취의 관계는 과학영재 집단이 일반학생보다 훨씬 다양한 형태로 나타났다. 넷째, 과학영재 경우에는 삼원지능은 학업성취에 직접 영향을 줄 뿐만 아니라 사고양식을 통해서 간접적으로도 영향을 미치고 있는 것으로 나타났다. 끝으로 영재의 판별과 교육에 삼원지능과 사고양식의 유용성을 확인하였고, 현 과학영재 교육의 개선과 방향에 대하여 시사점을 제공하였다.

핵심어: 과학영재, 삼원지능, 사고양식, 학업성취

1) 한국교육심리학회 교육심리연구(2004), 제18권 제1호, pp.115-130.

I. 서 론

지능이 과학영재를 정의하고 판별하는 데 중요한 준거가 된다고
하지만, 현실적으로 과학영재를 판별하는 데 있어서 지능검사가 핵심
적으로 이용되지 못하고 있다(Milgram, 1990). 지능검사가 효과적으로
사용되지 못하고 있는 가장 큰 원인은 지능의 본질에 대해서 아직 확
실한 합의가 없기 때문이다. 지능에 대한 전통적인 개인차 이론에 대
한 비판은 오래전부터 제기되어 왔다. 이런 비판적 흐름과 맥을 같이
하는 현대지능이론 중 하나가 Sternberg의 삼원지능이론(triarchic theory
of intelligence)이다. Sternberg는 지능을 분석적, 창의적, 실제적 지능으
로 구분한다(Sternberg, 1985, 1988b, 1997b, 1999). 그동안 지능연구는
단지 개인, 행동, 혹은 행동의 상황 중의 일부만으로 이루어져왔으나,
삼원지능은 과거에 흔히 대립되는 것으로 인식되던 여러 이론들을
통합하는 하나의 종합적인 지능이론으로서 한두 영역에 관심을 두던
것을 세 영역으로 확장시킨 것이라고 할 수 있다(송선희, 2000). 또한
삼원이론은 개인차 이론과 인지이론을 절충하여 체계화시켰다는 점
에서 지능연구를 새로운 각도에서 재조명했다고 할 수 있다. 영재와
관련하여 최근에 Sternberg(2000)은 일곱 가지 패턴(분석가, 창의가, 실
제가, 분석적 창조자, 분석적 실제가, 창의적 실제가, 그리고 완벽한
균형가)으로 넓혀서 영재의 특성을 규명하였다. 그러나 영재의 올바
른 판단을 위해서는 지능의 특성만으로 충분한 정보를 얻지 못한다
는 것이 학자들의 일반적 주장이다. 이와 관련하여 Sternberg는 정신
자치제이론(theory of mental self-government)에 입각하여 사고양식을 제
안하였다(1988b, 1994a, 1994b, 1997b). 사고양식은 능력과는 구별되는

것으로, 사람들이 가지고 있는 정보를 처리하고 능력을 사용할 때 선호하는 방식을 지칭하는 개념으로 지능과 성격 사이의 매개체로서 지적 양식이다. 사고양식은 단일 차원에서 보지 않고 기능, 형식, 수준, 범위, 경향성이라는 여러 가지 차원이라는 점, 이분법적 차원이 아니라 연속적인 차원이라는 점, 개인마다 하나의 스타일이 아니라 여러 스타일의 프로파일이 얻어진다는 점에서 기존의 양식연구들과 차이가 있다(Zhang, 2001). 사고양식이 과학영재의 판별에 어느 정도 시사점을 줄 것이라는 근거는 사고양식의 개념이 영역-특수적인 것으로 보았고, 성취와 관련된다는 점에서 찾을 수 있다(Sternberg, 1997). 삼원지능과 사고양식이 독립적으로 학업성취를 예측하는 데 있어서 과학영재와 일반학생 간에 차이가 있다면, 이들이 연합해서 학업성취를 예측하는 정도에 있어서도 두 집단 간에 차이가 있을 것이다. 이 문제의 해결은 두 가지 방식으로 접근할 수 있다. 하나는 학업성취를 종속변인으로 하고 삼원지능과 사고양식을 독립변인으로 하는 중다 회귀분석을 통해서 가능하며, 또 하나의 방법은 경로분석을 적용하는 것이다. 경로분석은 삼원지능이 학업성취에 직접적 영향을 미치면서 동시에 사고양식을 통해 간접적 영향을 미치는가를 알아보는 방법이기도 하다. 아직 국내의 과학영재를 대상으로 세 변인 간의 연구가 거의 없는 현 상황에서 Sternberg의 삼원지능과 사고양식을 탐색하는 것은 우리 문화에 따라서 나타나는 과학영재의 특성을 밝히는 데 도움이 될 것이다. 그리고 이런 노력들은 결국 과학영재의 판별과 개인 차를 고려한 교육 프로그램을 개발하는 데 도움을 줄뿐더러 그들을 폭넓게 이해하는 계기가 될 것이다. 이런 취지에서 본 연구는 국내 과학영재 교육을 목적으로 설립된 과학고생을 대상으로 삼원지능과 사고양식 및 학업성취와의 관계구조를 일반학생과 비교하고자 한다.

본 연구에서 밝혀보고자 하는 연구문제를 요약하면 다음과 같다.

첫째, 삼원지능과 사고양식에서 과학영재와 일반학생 간에 차이가
있는가?

둘째, 삼원지능과 사고양식 및 학업성취의 상호 상관관계에서 과
학영재와 일반 간에 차이가 있는가?

셋째, 삼원지능과 사고양식이 연합해서 학업성취를 예측하는 정도
는 과학영재와 일반 간에 차이가 있는가?

II. 이론적 배경 및 선행연구 개관

1. 영재의 개념과 판별

영재에 대한 전통적인 견해는 지능에 기초를 두고 있으며, 이 경우
지능은 선천적으로 타고난 변하지 않는 단일 능력 요인으로 정의된
다(Gallagher & Courtright, 1986; Humphreys, 1986; Terman, 1925). 그러
나 이런 정의는 영재를 지나치게 협소하게 보는 것이다(Tannenbaum,
2000). Renzulli(1986)에 의하면 상위 15~20% 학생은 평균 이상의 지
능을 보이지만 과제집착력이나 동기뿐 아니라 높은 창의성을 보여야
한다. 여기에서 과제 집착력과 동기는 일반지능과는 다른 영역이다.
Tannenbaum(1979)은 지능수준, 탁월한 특수 적성, 비 인지적인 특성,
환경 영향, 기회 또는 행운 등을 영재성의 결정요인으로 파악하였다.
이처럼 영재의 개념에 비 인지적 요인을 포함시키는 것은 비 인지적

촉진제(Tannenbaum, 2000), 성취동기와 긍정적 자아개념(Feldhusen, 1986), 유머 감각, 강한 집념, 사회성이나 정서적 민감성(Van Tassel-Baska, 1998) 등 여러 학자들에서 공통적으로 발견된다. 최근 영재연구의 또 다른 특징으로 영재의 다양성에 대한 관심을 들 수 있다. 미국 교육부는 영재를 일반적인 지적능력, 특수한 학업적성, 창의적 사고능력, 지도력, 시각 예술 능력, 심리운동 능력 등 여섯 개 영역으로 구분하였다. 1978년 심리운동 능력이 삭제되었지만, 이 정의는 아직도 영재 판별을 하는데 중요한 준거가 되고 있다(Marland , 1972). 우리나라의 영재 관련 법규에서도 영재를 일반지능, 특수 학문적성, 창의적 사고능력, 예술적 재능, 신체적 재능, 기타 특별한 재능으로 정의하고 있다. 또한 Gardner(1983)의 다중지능이론도 영재의 다양성을 뒷받침하는 근거다. 이런 영재의 특성을 바탕으로 Stanley(1978)와 Platow(1984)는 특히 과학영재 특성을 높은 일반 영재에서 나타나는 높은 지능 수준뿐 아니라 동일연령 수준에 있는 다른 사람들에 비하여 수학과 과학의 학업 성취도가 매우 높고, 뛰어난 지적 능력과 창의력을 소유하고 있으며, 과학 분야의 탐구 활동에 강한 흥미와 과제 집착력을 가지고 있는 사람이라고 보았다. 이상과 같은 영재의 특성을 바탕으로 볼 때, 과학영재의 판별은 인지적 요인뿐 아니라, 비인지적 요인을 동시에 포함하여야 한다. 이런 과학 영재를 판별하는 새로운 접근방법 중 하나가 Sternberg의 삼원이론과 사고양식이다.

2. 삼원지능이론

삼원지능 이론(triarchic theory of intelligence)은 지적 행동의 세 측면이

있는데 핵심요소들은 정보 – 처리기술(information processing skills), 경험 (experience), 그리고 맥락(context)이다. 삼원지능은 세 가지 하위이론으로 구성된다(Sternberg, 1985, 1988b). 첫째, 요소하위이론(componential subtheory)으로, 지능을 수행하는 데 있어서 기초가 되는 기본적인 정보처리과정과 요인들을 다룬다. 요소하위이론은 또다시 메타요소 (Meta components), 수행요소(Performance components), 지식 – 획득요소 (Knowledge-acquisition components) 등 세 가지 하위과정들로 이뤄진다. 둘째는 경험하위이론(experiential subtheory)이다. 정보처리요소는 과제에 대해 사람들이 가지는 경험수준에 따라 다르게 응용될 수 있다. 새로운 자극과 장면에 대처하는 능력이 지능의 중요한 측면이다. Sternberg는 지능의 이런 측면에 대하여 과제이해의 신기성과 과제실행의 신기성이 내재된 경우를 구분하였다. 셋째는 상황하위이론 (contextual subtheory)이다. 이 하위이론에 따르면, 실제생활 속의 환경과 만나는 세 가지 기본과정이 있다. 지능적인 사람들은 자신의 장점과 환경과의 균형을 유지하기 위해 적응, 조성, 선택의 과정을 효과적으로 사용하는 사람이다. Sternberg는 이상과 같이 삼원지능 이론의 경험적 결과를 토대로 지능을 분석적 능력, 창의적 능력, 그리고 실제 능력의 세 가지 단면으로 설정하였다. 분석능력은 문제를 풀 때 사용되고, 창의능력은 새로운 자극과 장면에 대처하는 능력으로 어떤 문제를 풀지를 결정할 때 사용되며, 실제능력은 상황하위이론에 근거하는데 실제의 현실 생활의 문제를 파악하고 이해함으로써 환경에 잘 적응하고 선택하며 조성하려는 시도로 이해된다. 한편, Sternberg(2000)는 지능의 지적 측면뿐만 아니라 실제적인 측면도 강조해야 하며, 학생들의 문화적 배경이 지능의 정의나 표현에 영향을 준다는 것을 고려해야 하고, 자신의 장점을 잘 이용하도록 하고, 자신의 단점을 교정하기 위해 노력해야 한다고 말했다. 삼원지능의 선행 연구결과는 다음과 같다. 첫째, 세 가지 능력은 비교적 독립적이다(Sternberg, 1996; Sternberg, Ferrari, Clinkenbeard, & Grigorenko, 1996). 따라서 Spearman(1927), Herrnstein과 Murray(1994) 등의 g중심 이론가들이 사용하는 지능검사는 분석능력만 측정할 뿐 창의능력과 실제능력은 측정할 수 없다(Sternberg, 1996). 세 가지 능력에 대한 연구(Sternberg, & Clinkenbeard, 1995; Sternberg, et al., 1996)에서 창의능력과 실제능력이 높은 학생들의 집단이 분석능력이 높은 집단보다 인종, SES, 교육적 배경 등에서 훨씬 다양한 특성을 보였다. 러시아인을 대상으로 한 연구(Sternberg & Grigorenko, 2001)에서도 실제능력이 가장 높은 설명력이 있었다. 둘째, 학업성취에 대한 삼원지능의 설명력은 분석·창의·실제적 능력 모두 학업성취 예언변인 있었다(Sternberg, et al., 1996). 그러나 연구결과들은 일관적이지는 못했다. 예컨대, 강영심(2002)의 결과는 기존연구(김소연, 2000; Sternberg, et al., 1996)와 차이가 있었다. 기존 연구들은 분석적 능력이 가장 큰 학업성취의 예언변인이었으나, 강영심 연구는 실제능력이 학업성취에 대하여 상당히 높은 예언변인이었다. 다만, 기존연구들이 신 종합지능검사, 강영심은 스턴버그 삼원능력검사(Sternberg Triarchic Ability)를 번안하여 사용한 차이가 있었다. 교수방법론과 관련하여, 삼원 교수방법이 전통적인 수업집단보다 분석, 창의, 실제능력뿐 아니라 암기에 의한 측정조차 높은 성취를 보였다(Sternberg, Torff, & Grigorenko, 1998). 이상과 같은 삼원지능 연구를 볼 때, 영재는 다양한 지능영역에서 발현될 수 있음을 시사한다.

3. 사고양식

Sternberg와 그의 동료들(Grigorenko & Sternberg, 1995; Sternberg, 1990, 1997; Sternberg & Grigorenko, 1995; Zhang, 1999; Zhang & Sternberg, 1998)은 스타일에 관한 다양한 접근들을 통합하여 사고양식(thinking styles)을 연구해 왔다. 특히 Sternberg(1994a, 1994b, 1997b)는 지능과 성격 사이의 매개체로서 지적 양식을 뜻하는 정신자치제(theory of mental self-government) 이론을 제안했다.

Sternberg에 의하면 인간세상에서 볼 수 있는 정부의 다양한 스타일은 우연히 이루어지는 것이 아니라, 인간의 정신스타일이 반영된 것으로 본다. 정신자치제 이론에 있어서 융통성 있게 정신을 이용한다는 의미는 사고양식의 다양성을 설명하는 것이다(Sternberg, 1994a). 사람마다 상황의 맥락에 따라, 입법적이면서 행정적일 수도 있고, 지엽적이면서 전체적, 군주적이면서 계급적일 수 있다(Csikszentmihalyi, 1993). 정신자치제 이론은 사고의 기능·형식·수준·범위·경향성이라는 다섯 가지 차원에서 개념화한다. 기능에 따라 입법적 스타일은 창조성을 요구하는 일에, 행정적 사고양식은 명확한 지시가 있는 업무를, 사법적 양식은 타인의 활동에 대하여 평가하는 것을 선호한다. 형식에 따라 군주적 사고양식은 한 번에 한 가지 일을 수행하고, 계급적 양식은 우선순위를 두는데, 과두적 양식은 우선순위를 두지 않는다. 또, 무정부적 스타일은 형식과 절차를 싫어하고 규칙·규범·권위에 저항하며 임의적으로 문제를 해결하기를 좋아한다. 수준에 따라 전체적 양식은 문제에 대한 전체적 윤곽에 관심을 갖고 추상적인 문제를 좋아하는 경향이 있으며, 지엽적 스타일은 문제의 특수한 사항에 관심을 갖고 세부적인 작업과 정확성을 요구하는 문제를 좋아하는 경향이 있다. 범위에 따라 내부적 양식은 독립적이고 내성적으로, 외부 스타일은 다른 사람들과의 상호작용으로 일을 해결하는 경향이 있다. 경향성에 따라 진보적 양식은 신기성과 모호성이 개입된 일을 선호하고, 보수적 성향은 과업수행에 있어서 기존의 규칙과 절차를 고수하려는 경향이 있다.

한편, Sternberg는 학습과 관련하여 사고양식에 대한 연구를 했다. 우선, 학생들의 사고양식에 적합한 교수법을 제시하였다(Sternberg, 1994a). 행정 스타일과 강의식 및 암기, 외부 스타일과 협동학습, 입법 스타일과 프로젝트 방법 등이다. 사고양식에 대한 연구는 다음과 같다. 우선, IQ와 유의한 상관이 없었다. 그러나 Grigorenko와 Sternberg (1997)는 사고양식과 학업성취와의 연구에서 입법·사법·계급·진보주의 스타일이 학업성취와 정적 상관이 있었으며, 행정적 양식은 부적상관을 보였음을 밝혔다. 그리고 사법적 사고양식은 모든 성취와 정적 상관관계가 있었다. 그러나 Tso(1998), Ho(1998), Zhang과 Sternberg (1998), Zhang(2001)의 연구결과들은 기존연구와는 차이가 있었는데, 이것은 사고양식이 문화적 특성에 따라 차이가 있음을 보여준다. 한편, 사고양식에 대한 요인구조가 탐색되었다. Zhang(2001)은 Type I (입법·사법·전체·계급·진보) 양식과 Type II(행정·지엽·보수) 양식으로 분류하면서 전자는 창의성과 관련이 있다고 하였다. Dai와 Feldhusen(1999)은 입법, 진보, 사법, 내부, 지엽적 양식으로 개방적, 비판적 사고로서, '지적 독립성'으로 명명하였고, 행정, 보수, 군주, 계급적 양식으로 '집행적-조직적 기능'으로 분류하였다. 영재들의 사고양식과 관련하여 영재들은 일반학생보다 입법, 진보, 사법적 양식을 선호하였다.

영재교육과 관련된 사고양식의 시사점은 다음과 같다(Sternberg & Grigorenko, 1993). 영재들은 학업 과제에 대한 스타일의 접근이 다양하다는 점이다. 따라서 영재학생들이 다양한 과제와 수행 조건을 효과적으로 다룰 수 있도록 학습과 수행 조건을 제공해야 한다. 그리고 영재들이 능력과 양식에 맞을 때 과제와 기능을 잘하기 때문에 영재가 학습과 수행을 최대화하도록 최적의 환경을 제공해야 한다. Renzulli (1986)는 영재유형을 학교성적이 뛰어난 '학교 영재성(schoolhouse gifted)'과 새로운 것을 계획하고 산출하는 '창의적 – 생산적 영재성'으로 구분하였다. Simonton(1996)은 '표준적 전문가(received expertise)'와 '창의적 전문가'로 구분하였다. 사고양식의 관점에서 학교에서의 수월성과 실생활에서의 창의적 – 생산적 성취 사이의 차이를 줄이기 위해서 교사들은 효과적인 교육과정과 평가를 통해 창의적 사고양식을 길러 주어야 한다.

Ⅲ. 연구방법

1. 연구대상

본 연구의 대상은 과학영재 교육을 목적으로 설립된 3개 과학고등학교 2학년 122명(남 71명, 여 51명)과 전북소재 3개 일반고등학교 2학년 학생 93명(남 53명, 여 40명)이었으나 불성실한 응답자 4명을 제외하고 총 211명(남 121명, 여 90명)의 자료가 분석되었다.

2. 측정도구

가. 신 종합지능검사

이 지능검사는 박도순 등(2000)에 의해서 제작된 신 종합지능검사다. Sternberg의 지능이론을 바탕으로 분석지능, 창의지능, 자동화, 실제지능 영역으로 구분하여, 언어·수·도형 등으로 12개 하위검사로 구성되었다. 총 202문항 수로서 검사시간은 53분이다. 하위영역별 Cronbach-α 신뢰도는 .48~.94의 범위(평균 .68)다. 본 연구에서는 지능의 세 가지 능력에만 국한되었기 때문에 자동화 영역은 제외되었다. 한편, 사고양식 질문지는 Thinking Styles Questionnaire Short Version (Sternberg & Wagner, 1991)을 기초로 하여 구성된 것으로 4점 척도로서, 5개 영역 13개의 하위검사로 구성되었다. Cronbach-α 계수는 .51~.90 (평균 .67)이다. 영역별 대표적인 문항들로서, 새로운 아이디어대로 일을 시작하는 것을 좋아한다(입법), 많은 일들이 있을 때, 일의 우선순위를 분명하게 안다(계급), 나는 일반적인 문제보다 특정문제를 다루는 것을 더 좋아한다(지엽), 나는 혼자서 독립적으로 완수할 수 있는 일을 좋아한다(내부), 새로운 전략이나 방법을 시도해서 문제를 해결하는 것을 좋아한다(진보) 등이 있다.

나. 학업성취

성취의 준거로서 학업성취는 2003년 6월 11일 전국 연합학력평가로서 언어·수리·외국어 영역으로 구성되었는데, 모두 변환표준점수로 처리되었다.

3. 자료 분석방법

첫째, 영재와 일반학생의 지능, 사고양식의 차이를 알아보기 위해서 집단 간 평균의 차이에 대한 t검증을 실시하였다. 둘째, 지능, 사고양식, 학업성취의 상호 상관관계에 있어서 두 집단의 차이를 알아보기 위해서 하위 요인들 간의 Pearson 적률상관 계수를 산출해 비교하였다. 셋째, 삼원지능과 사고양식에 의한 학업성취의 예측에서 양 집단 간의 차이가 있는지를 알아보기 위해서 회귀분석과 경로분석을 실시했다

Ⅳ. 연구결과

1. 과학영재와 일반학생의 삼원지능 및 사고양식의 차이

과학영재는 IQ지수와 가장 관련이 있는 분석지능에서뿐만 아니라 창의 및 실제지능에서도 모두 일반학생보다 높았다(표 1). 사고양식의 경우, 과학영재가 일반학생보다 입법, 행정, 사법, 군주, 계급, 전체, 내부, 진보적 스타일을 선호하였고, 과두, 무정부, 보수적 양식은 덜 선호하였다. 이러한 두 집단 간의 사고양식의 차이는 지능을 통제한 이후에도 사고양식의 여러 하위요인에서 차이가 있었다. 따라서 두 집단의 사고양식이 단순한 지능 이외의 다른 사회 문화적 요인에 의해 영향을 받는다는 것을 시사하고 있다.

〈표 1〉 과학영재와 일반학생의 지능 및 사고양식의 차이

변인		과학영재 (122명)	일반학생 (89명)	차이	t	분석지능 통제 후 차이(t)
삼원지능	분석	125.90(8.27)	109.01(16.47)	16.89	9.76**	
	창의	121.12(11.03)	103.34(16.77)	17.77	9.27**	
	실제	125.00(13.32)	99.49(22.29)	25.51	10.36**	
사고양식	입법	55.40(8.33)	51.80(7.67)	3.59	3.19**	1.55
	행정	59.53(10.76)	53.44(8.46)	6.08	4.42**	2.38*
	사법	62.23(9.09)	54.75(8.06)	7.47	6.15**	3.01**
	군주	57.56(5.07)	55.53(6.94)	2.02	2.44*	1.57
	계급	59.43(9.74)	53.36(8.57)	6.07	4.70**	2.56*
	과두	51.67(6.28)	55.02(6.69)	-3.33	-3.70**	-4.10**
	무정부	50.51(6.98)	53.01(6.91)	-2.49	-2.57**	-2.33*
	전체	57.93(6.00)	55.83(7.40)	2.10	2.27*	0,53
	지엽	53.68(7.52)	3.47(7.52)	.20	.20	0.39
	내부	62.12(8.30)	55.04(7.96)	7.07	6.21**	4.04**
	외부	50.42(7.46)	49.95(6.98)	.47	.46	0,81
	진보	56.86(4.83)	53.85(7.26)	3.00	3.60**	1.84
	보수	48.76(8.80)	54.91(8.53)	-6.14	-5.07**	-3.92**

( ) 안은 SD   * p<.05   ** p<.01

2. 삼원지능, 사고양식, 학업성취의 상호 상관관계에서 과학영재와 일반학생의 차이

가. 삼원지능과 학업성취의 상관관계

삼원지능과 학업성취의 상관관계는 양 집단 모두 의의가 있었다 (표 2). 전체적으로 보면 과학영재보다는 일반학생 집단에서의 두 변인의 상관계수가 더 높게 나타나고 있는데, 이것은 일반학생 집단보다 과학영재집단이 지능 및 학업성적의 변산도가 더 낮기 때문이라고 할 수 있다. 상관관계를 살펴보면, 실제적 지능이 다른 지능들보다

더 높은 상관을 나타내고 있는 것을 알 수 있다. 이러한 경향은 과학영재의 경우에 더욱 두드러지게 나타난다.

〈표 2〉 과학영재와 일반학생의 삼원지능과 학업성취의 관계

삼원지능	과학영재(n=122)				일반학생(n=89)			
	언어	수리	외국어	총점	언어	수리	외국어	총점
분석	.27**	.27**	-	.34**	.40**	.41**	.49**	.33**
창의	.27**	.20*	-	.24**	.40**	.44**	.37**	.34**
실제	.29**	.45**	-	.39**	.42**	.28**	.25*	.32**

* p<.05   ** p<.01

나. 사고양식과 학업성취의 관계

<표 3>과 같이 전체적으로 보아 사고양식과 학업성취의 관계는 삼원지능과의 관계보다 더 다양한 양상을 보인다. 우선, 전체 학업성취와 사고양식의 하위변인과의 상관에서 과학영재는 행정, 사법, 군주, 계급, 과두, 내적, 외적 등 7가지 사고양식에서 상관이 있었는데, 군주와 계급적 스타일과는 부적상관을 보였다. 일반학생의 경우, 전체 학업성취와 상관을 보인 스타일은 계급과 보수적 사고양식이었다. 사고양식의 하위변인과 하위과목과 조합 가능한 39가지에서 과학영재는 17가지(약 45%)에서 상관이 있었는데, 일반학생의 경우, 8가지(약 20%)에서 상관이 있었다. 그리고 전체 학업성취와의 상관값은 과학영재는 .20(-포함)~.61의 범위이고, 일반학생은 .21이었다. 따라서 학업성취에 대한 사고양식은 일반학생보다 과학영재의 경우가 더욱 강한 설명력을 갖는다. 특히, 과학영재의 행정, 사법, 계급, 내부적 사고양식은 모든 과목과 유의미한 상관이 있었다. 한편, 일반학생은 행정과 사법은 각각 외국어와 수리 성취와 정적상관이 있었고, 계급과

외국어 또한 정적상관을 가졌으나 전체와 언어, 전체, 외부, 진보적 사고양식은 언어영역과 부적상관이 있었다.

〈표 3〉 사고양식과 학업성취의 상관관계

사고양식	과학영재(n=122)				일반학생(n=89)			
	언어	수리	외국어	총점	언어	수리	외국어	총점
입법	-.28**	-	-	-	-	-	-	-
행정	.52**	.30**	.59**	.61**	-	.25*	.22*	-
사법	.47**	.43**	.41**	.60**	-	.33**	.25*	-
군주	.33**	-	-.22*	-.29**	-	-	-	-
계급	-.26**	.23*	.54**	.46**	-	-	.26**	.21*
과두	-	.23*	-	-.27*	-	-	-	-
무정부	-	-	.22*	-	-	-	-	-
전체	-	-	-	-	-.23*	-	-	-
지엽	-	-	-	-	-	-	-	-
내부	.32**	.35**	.28**	.43**	-	-	-	-
외부	-	-.26**	-	-.20*	-.25*	-	-	-
진보	-	-	-	-	-.26**	-	-	-
보수	-	-	-	-	-	-	-	.21*

* p<.05   ** p<.01

다. 삼원지능과 사고양식의 상관관계

<표 4>와 같이, 삼원지능과 사고양식의 두 구인 간의 조합 가능한 53개의 상관계수 중에서 과학영재는 10개(약 19%), 일반학생 집단 역시 13개(25%)만이 의의 있는 상관이었다. 즉, 양 집단 모두 전반적으로 두 구인은 상호 독립적이었다. 다만 상관의 양상을 보면 과학영재 집단은 사고양식과 주로 실제적 지능과 상관이 있었고, 일반학생은 분석지능과 창의지능과 상관이 있었다. 그리고 과학영재 집단의 군주적 스타일은 모든 지능영역과 부적 상관이 있는 데 비하여 일반학생

은 정적상관을 보였다.

<표 4> 삼원지능과 사고양식의 상관관계

사고양식	과학영재(n=122)			일반학생(n=89)		
	분석	창의	실제	분석	창의	실제
입법	-	-	-	-	-	-
행정	-	-	-	-	-	-
사법	.25**	-	.19*	.32**	.38**	-
군주	-.27**	-.24*	-.24*	.22*	.28**	.23*
계급	.18*	-	-	-	.21*	-
과두	-	-	-.34**	.26*	-	-
무정부	-	-	-	-	.25*	-
전체	-	-	-	.22*	-	-
지엽	-	-	-	.21*	.23*	-
내부	-	-	-	.23*	-	-
외부	-	-	-.22*	-	.24*	-
진보	-	-	-	-	-	-
보수	-	-	-	-	-	-

* p<.05   ** p<.01

3. 삼원지능과 사고양식에 의한 학업성취의 예측에서 영재와 일반
   학생의 차이

가. 회귀분석

삼원지능과 사고양식을 동시에 투입하여 학업성취도를 예측할 경
우, 과학영재와 일반학생 사이에 차이가 있는가를 알아보기 위해 지
능의 하위요인 가운데 분석지능과 사고양식의 모든 하위요인들을 독
립변인으로 하고 전체성취를 종속변인으로 하는 단계적 회귀분석을
실시하였다. 삼원지능의 하위요인들 가운데 분석지능만 이 회귀분석

에 포함시킨 이유는 지능의 세 하위요인들 간에 상호상관계수가 비교적 크기 때문에 분석을 단순하게 하기 위한 것이다. <표 5>는 과학영재를 대상으로 한 회귀분석 결과이다. 일반학생은 분석지능을 제외하고 사고양식의 하위 변인들은 유의한 예측변인으로 추출되지 않았기 때문에 이 분석에서 제외시켰다. <표 6>에서와 같이 과학영재 경우 분석지능과 사고양식이 학업성취를 예측하는 데 동시에 기여하였다. 특히, 행정적 사고가 가장 높은 기여를 하고 있으며, 사법, 과두, 내부, 분석지능, 입법 스타일 순으로 학업성취도의 예측에 기여하고 있음을 알 수 있다.

〈표 5〉 영재학생의 전체성취도에 대한 지능과 사고양식의 회귀분석

투입변인	R	B	Berror	Beta	t	Sig.
상수		205.83	10.65		19.32**	.00
행정적 사고양식		.32	.075	.37	4.32**	.00
사법적 사고양식		.18	.095	.18	1.92*	.05
과두적 사고양식	.774	-.25	.092	-.17	-2.73**	.00
내부적 사고양식		.23	.082	.20	2.75**	.00
*분석적 지능		.29	.071	.26	4.13**	.00
입법적 사고양식		-.30	.071	-.27	-4.28**	.00

나. 경로분석

삼원지능이 학업성취에 직접적 영향을 줄 뿐만 아니라 사고양식을 통해서 간접적 영향도 동시에 미치는가를 알아보기 위해 경로분석을 실시하였다. 삼원지능, 사고양식, 학업성취의 하위요인들의 수가 많기 때문에 다양한 경로의 설정이 가능하나, 여기에서는 위에서 실시된 중다회귀분석 결과를 토대로 분석지능−사고양식−전체성취의

조합만을 분석 대상으로 선정하였다. 일반학생 집단은 분석지능과 사고양식을 동시에 예측변인으로 투입할 경우 오직 분석지능만 유의한 예측변인으로 나타났기 때문에 제외하였다. 영재집단에서는 중다회귀분석에서 유의한 예측변인으로 추출되었던 사고양식 하위요인들 가운데 분석지능과 유의한 상관관계를 보인 사법적 사고양식과 군주적 사고양식만이 경로분석에 포함되었다. 과학영재의 세 변인의 구조적 관계에 대한 모형은 [그림 1]과 같다. 이 모형은 분석지능이 전체 성취에 직접적 영향을 미칠 뿐만 아니라 사법적 사고양식과 군주적 사고양식을 통해서도 간접적 영향을 미치고 있으며, 두 가지 사고양식도 학업성취에 직접적 영향을 미치고 있다는 것을 보여주고 있다 (모든 경로계수는 $p < .05$ 수준에서 유의하다). 이 모형의 적합도는 GFI=.95, Chi square=1.99(df=1, p=.15), root mean-square error of approximation=.02 로 비교적 적합한 것으로 판정되었다. 한편, 상대적 모형을 설정하여 분석하였다. 즉, [그림 1]에서 분석지능과 사고양식의 경로계수를 '0' 으로 설정한 구조모형을 분석한 결과, 이 모형의 적합도는 GFI=.94, Chi square=29.48(df=4, p=.00), root mean-square error of approximation=.17 로 부적합하였다. 사고양식 하위요인 간의 상관관계를 허용하는 또 다른 구조모형의 분석도 부적합하였다. 따라서 경로분석은 분석지능이 학업성취에 직접영향을 미칠 뿐만 아니라 특정한 사고양식을 통해 간접적 영향이 있었다.

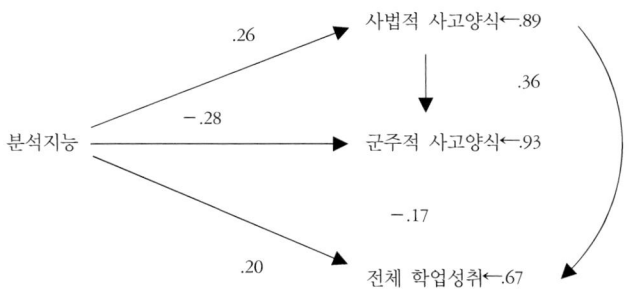

[그림 1] 과학영재의 지능, 사법적 · 군주적 사고양식, 종합학업성취의 구조모형

V. 논의 및 결론

　　본 연구결과를 종합해 볼 때, 우선, 과학영재 집단은 일반학생보다
삼원지능의 전 영역에서 높았으며, 사고양식에서도 차이를 보이는데
분석지능을 통제한 후에서 과학영재는 일반학생보다 행정, 사법, 계
급, 내부적 사고양식을 선호하였고, 과두, 무정부, 보수적 사고양식을
덜 선호하였다. 이런 결과는 삼원지능과 사고양식에서 영재성의 단서
를 찾을 수 있음을 의미한다. 둘째, 학업성취, 지능, 사고양식과의 관
계에서 삼원지능 전 영역에 걸쳐 양 집단의 학업성취와 유의미한 상
관이 있었는데, 특히, 두 집단 모두 학업성취와 실제지능이 가장 높은
상관을 보였다. 이것은 최근 수능시험의 방향이 탈 교과, 범 교과 경
향성과 관련이 있어 보이며, 현실적으로 과학고 학생 역시 대학입시
준비상황이 일반학생과 다를 바 없는 학교환경과도 관련이 있을 것
이다. 한편, 과학영재가 일반학생보다 학업성취에 대하여 사고양식이
민감하게 반영되고 있었고 사고양식은 문화적 선호도를 반영하고 있

다. 한편, 삼원지능과 사고양식을 동시에 투입하여 학업성취를 설명함에 있어서 회귀분석과 경로분석을 한 결과, 일반학생의 경우는 예측변인으로 추출되지 않았는데, 과학영재는 분석지능과 행정, 사법, 과두, 내부, 입법적 스타일 등이 예언변인이었다. 특히, 행정스타일의 설명량이 크다는 것은 우리의 영재교육이 창의력을 장려하지 못하고 있음을 보여주는 증거가 될 수 있다. 또한 과학영재에 있어서 삼원지능과 다양한 사고양식이 연결되어 영재의 성취에 영향을 미친다는 것은 교사의 수업방법과 학생의 지능 및 사고양식과의 조화가 중요하다는 것을 의미한다(Sternberg & Grigorenko, 1995). 예컨대, 강의식 수업방법은 행정적 스타일을 지닌 학생에게는 유익할 수 있으나 창의적 지능이 높고 입법적인 학생에게는 최적의 수업방법이 되지 않을 수 있다.

본 연구를 통해서 현재 과학영재를 목적으로 설립된 과학 고등학교는 영재의 특성을 충분히 발휘하는 환경이 아님을 보여주었다. 과학영재는 단순한 과학 지식위주보다는 창의적인 문제 발견과 해결학습이 강조되어야 한다(Arlin, 1989). 즉, 생산적-창의적 사고양식이 장려되어야 한다. 따라서 과학영재학교는 학생들이 잠재력 능력을 발견하고 발휘할 수 있도록 과학 동아리 활동, 특기 적성활동 등이 활발하게 장려되어야 한다. 삼원지능과 사고양식의 구인은 사회화되고 변화될 수 있다는 특성을 고려해 볼 때, 영재교육에서 창의력과 관련된 삼원 교수법과 사고양식이 고려되는 프로그램의 개발이 요구된다.

그러나 본 연구는 국내 과학고 학생들이 고르게 표집이 되지 못했고, 일반학생도 특정 지엽으로 이루어졌다는 한계점이 있었다. 따라서 후속연구를 제언한다. 과학뿐 아니라, 외국어, 예술 등 다양한 분야의 영재를 대상으로 연구하여 그들의 삼원지능과 사고양식에 대한 탐구가 필요하다. 둘째, 삼원지능과 사고양식을 고려한 교수-학습 모형의 개발과 평가체제에서의 적용이 필요하다. 셋째, 외국에서 개발된 삼원지능과 사고양식 질문지에서 벗어나 우리의 문화적 상황을 고려한 사고양식 검사도구 개발이 필요하다. 삼원지능, 사고양식은 문화적 차이가 민감하게 반영되는 심리적 구인이기 때문이다.

2. 성공 지능이론의 관점에서 본 지능과 학업성취의 관계[1]

≪요약≫

　본 연구는 고등학생의 학업성취가 성공 지능의 프로파일에 따라서 어떻게 이해될 수 있는지를 알아보는 것이다. 이를 위해서 일반계 고등학생 250명을 대상으로 Sternberg의 Comprehensive Ability Test(CAT)에 근거하여 제작된 신종합지능검사를 실시하였으며, 지능의 프로파일에 따른 학업성취의 차이를 알아보기 위하여 상관분석과 중다회귀분석을 실시하였고, 지능의 유형에 따른 학업성취의 차이를 알아보기 위해 일원변량분석을 실시하였다. 연구결과는 다음과 같다. 첫째, 분석 지능, 창의 지능, 실제 지능은 모든 영역의 성취와 유의한 상관관계가 나타났다. 그러나 회귀분석 결과, 분석 지능은 모든 영역의 성취에 대한 예측변인이었으나, 실제지능은 예측변인의 역할을 하지 못했다. 둘째, 분석 지능, 창의 지능, 실제 지능의 수준에 따른 성공 지능의 프로파일별 성취의 차이가 있었다. 세 지능이 조화를 이루는 프로파일(CB)−분석적 창의가(AC)−분석가(A)−실천가(P)−비지능(LI) 유형 순으로 학업성취가 나타났다. 그리고 전반적으로 복합형 프로파일 (AC, CB)이 단일형 유형(LI, A, P)보다 학업성취가 높은 경향을 보였다. 이러한 연구결과는 지금까지 분석적 지능 중심의 협소한 지능에서 얻을 수 있는 정보보다 더 많은 정보를 획득할 수 있으며, 나아가 성취를 향상시키기 위한 교수−학습 프로그램을 개발하는 데 유용한 자료가 될 수 있다는 점에서 의의가 있다. 앞으로 성취에 대한 창의지능과 실제지능의 연구와 교과목에 따라서 지능유형에 입각한 교수법의 적용 및 이에 대한 효과에 대한 검증이 이루어져야 할 것이다.

주제어: 성공지능, 지능의 유형, 학업성취

1) 한국교육심리학회 교육심리연구(2005) 제19권 제1호, pp.79−92.

I. 서 론

지적 능력에 대한 개인차 변인으로서 IQ는 인간의 지적능력을 포괄적으로 설명하지 못하고, 때로는 부정확하여 학생의 미래의 성공 예측변인으로서 활용이 떨어진다는 주장이 제기된 것은 비교적 오래 전의 일이다. 초·중등학교에서도 금과옥조처럼 여겨왔던 학생들의 지능지수와 적성검사 내용들이 1997년부터 학교생활기록부 양식에서 삭제되었다. 이러한 현상은 우리에게 지능 구인이 새로운 방향에서 재검토해야 함을 의미한다. 이와 관련하여, 최근 지능을 정신적 과정, 상황적 영향, 그리고 다중적 능력들 사이의 상호작용을 포함하는 복합체계 모델(complex systems models)로 개념화하는 학자들은 동기, 성격 등도 지능의 개념에 포함되어야 하며, 지능은 현실세계와 관련을 가져야 한다고 주장한다(Gardner, 1983; Sternberg, Ferrari, Clinkenbeard, & Grigorenko, 1996; Sternberg, Torff, & Grigorenko, 1998). Sternberg(1996)의 성공지능(Successful intelligence)은 이와 같은 추세를 반영한 대표적인 지능이론 중 하나라고 보여진다.

하대현(2004a)은 Sternberg의 지능이론을 3기에 걸친 발달과정(제1기-1977년의 유추의 요소이론, 제2기-1985년의 삼원 지능이론, 제3기-1996년의 성공지능)으로 구분하여 제시하였다. 제3기에 해당되는 성공 지능은 성공적인 삶을 예측함에 있어서 기존 IQ 점수와 학교성적 등으로는 한계가 있음을 강조하고 있다. 이는 「IQ를 넘어서(Beyond IQ)」(1985)라는 책을 통하여 제기한 그의 삼원 지능이론(triarchic theory of intelligence)을 토대로 대중적 접근을 시도하면서 발전시킨 지능이론이다. 따라서 성공 지능의 하위 지능들은 삼원 지능이론에서 언급된 요소 하위이론(componential subtheory), 경험 하위이론(experiential subtheory), 상황 하위이론(contextual subtheory)이 각각 반영되었다고 볼 수 있다. 요소 하위이론은 정보처리 이론과 관련이 있는 것으로, Sternberg가 이전의 자신의 인지이론을 더욱 발전시킨 것이다. 요소는 대상이나 상징물의 내적 표상에 작용하는 기본적인 정보처리의 단위이다. 경험 하위이론은 새로운 자극과 장면에서 대처하는 능력이 지능의 중요한 측면이라는 점에서 제안된 것으로 지능은 새로운 문제를 직면했을 때, 새로운 개념 체계를 선택하는 세 가지 통찰력(선택적 부호화, 선택적 결합, 선택적 비교)으로 구성된다고 보았다. 선택적 부호화(selective encoding)는 어떤 정보가 개인의 학습 맥락 속에 적합한지를 결정할 때 사용되고, 선택적 결합(selective combination)은 처음에는 관련이 없던 요소들을 연관시켜서 새로운 것을 창출할 때 사용되며, 선택적 비교(selective comparison)는 이미 존재하는 것들을 다른 각도에서 보고, 이로부터 새로운 것을 유추할 수 있는 능력을 의미한다. 상황 하위이론에서는 환경과 문화와의 관계성에서 지적인 행동을 바라봄으로써 지능에 대한 이해의 폭을 확장시켰다. Sternberg는 지능이란 사람들이 환경 내에서 성공하는 것을 가능하게 하는 정신자치제의 기능(mental self-management skills)으로 보기 때문에 지능은 일상생활의 적용에서 기능들이 잘 나타난다고 보았다. 기능이란 현재 환경에 대한 적응과 새로운 환경에 대한 선택, 그리고 현재 환경을 새로운 환경으로 조성하는 것을 말하는 것으로 이와 같은 적응, 선택, 조성은 개인과 그가 처해 있는 환경과 관련하여 상대적이다.

Sternberg는 경험적 결과를 토대로 지능을 분석적 능력(analytical ability)·창의적 능력(creative ability)·그리고 실제적 능력(practical ability) 등 세

단면(facets)으로 설정하였다(Sternberg, 1999). 분석적 능력은 기존의 IQ 개념과 비슷하지만 기존 IQ 개념이 학업적성만을 측정하기 때문에 동일한 것은 아니다(Sternberg, 1996). 창의적 능력은 새롭고 흥미로운 아이디어를 창안해내는 능력이다. 이 능력 역시 지식-획득 요소를 사용하여 통찰 문제를 해결하는 교육을 받은 집단이 높은 성취를 보인다(Davidson & Sternberg, 1984). 실제적 능력은 개인이 처해 있는 사회 문화적 환경에 잘 적응(adaptation), 선택(selection), 조성(shaping)하려는 시도로 이해된다. 최근에 Sternberg은 지능을 '전문성 발달(intelligence as developing expertise)' 모델을 기초로 이해하고 있다. '능력' 용어보다는 '지능'(이하 지능으로 표현) 용어를 사용하고, '분석적'이라는 용어보다는 '학업적' 용어를 사용하였다(Sternberg, 1999: 362; 하대현, 2004b). 이와 같은 이론화의 과정은 분석 지능이 선언적 지식과 관련을 갖는 반면에, 실제 지능은 절차적 지식과 관련을 갖는 것으로 봄으로써 실제 지능을 분석 지능과 대등한 위치로 인식하게 되었다(Gottfredson, 2003). Sternberg의 지능이론이 교육현장에 주는 시사점은 다음과 같다 (Sternberg, 2002). 첫째, 지능의 실제적인 측면도 강조되어야 한다. 둘째, 지능적인 행동은 상황 의존적이기 때문에 학생들의 문화적 배경이 지능의 표현에 영향을 준다는 점을 인식해야 한다. 셋째, 학생 스스로 장점을 잘 이용하고, 단점을 교정하기 위해 노력하도록 해야 한다. Sternberg의 지능이론은 위계적이고 포괄적 특성이 있고(Sternberg, 1985; 하대현, 1992: 32), 흔히 대립되는 것으로 인식되었던 여러 이론들을 영역 및 방법론적인 측면에서 통합한 지능이론이라고 평가된다 (송선희, 2000). 성공 지능이론에 대한 경험적 연구도 활발히 수행되었다. Sternberg와 그의 동료들(Grigorenko & Sternberg, 1997a; Sternberg,

Ferrari, Clinkenbeard, & Grigorenko, 1996; Sternberg, Torff, & Grigorenko, 1998)은 분석, 창의, 실제적 지능 모두가 학업성취에 대한 예언변인이며, 성공 지능 교수법이 전통적인 교수법보다 성취를 향상시켜 준다는 사실을 확인하였다. 또한, 성공 지능의 각 하위영역에서 창의적 지능이나 실제적 지능이 높은 학생이 분석적 지능이 높은 학생보다 인종, SES, 교육적 배경 등에서 다양성을 보인다고 밝힘으로써 지능의 확장을 통하여 기존 IQ만으로 측정하지 못했던 새로운 능력이 발견되었음을 주장하였다. Sternberg와 Grigorenko(2001)는 분석, 창의, 실제적 지능 모두 정신적, 신체적 건강에 대한 예측력을 보여주었고, 그중에서도 특히 실제적 지능이 가장 큰 영향력이 있는 예측변인이었음을 밝혔다. 국내에서도 많은 학자들(강영심·송연주, 2002; 김소연, 2000; 나동진·김진철, 2003b, 2004; 문용린·강민수, 2004)에 의해서 성공 지능이론의 타당화 연구가 있었고, 최근에는 성공 지능이론의 학교교육에의 적용 가능성을 논하기도 하였다(신종호·권희경, 2004; 이순묵·이동희, 1999; 전윤식, 2002; 하대현, 2005).

성공 지능이론에 대한 국내의 타당화 연구에서는 모두 세 가지 검사도구가 이용되었다. 첫째, 신종합지능검사(박도순·하대현·성태제, 2000)로서 Sternberg의 Comprehensive Ability Test(CAT)에 근거하여 제작된 것으로 이 검사는 언어·수·도형 등 12개 하위검사로 구성되어 있다. 김소연(2000)과 하대현(2002)은 이 검사를 사용하여 고등학생을 대상으로 성공 지능의 모든 하위 지능과 전 과목의 성취가 유의한 상관이 있었으나, 총점에 대한 영향력은 분석적 지능만 있음을 밝혔다.

둘째, Sternberg Triarchic Ability Test(STAT)(Sternberg, 1993)가 강영심과 송연주(2002)의 연구에서 사용되었는데, 신 종합지능검사처럼 언

어, 수, 도형의 정보 자극 유형으로 구성되었다. 다만 신 종합지능검사는 선다형으로만 구성되었으나 이 검사지는 선다형과 논술형식으로 구성되었다. 이 연구에서는 STAT를 번역하여 사용하여 성공지능이 전통지능보다 학업성취를 더 잘 예측하였고, 특히 실제적 지능이 학업성취도를 예측하는 가장 설명력이 있는 변인임을 밝혔다. 셋째, 문용린과 강민수(2004)는 Sternberg의 성공지능 이론과 검사를 바탕으로 표준화된 검사도구를 제작하여 타당성 연구결과, 분석, 창의, 실제적 지능 모두 전 과목의 성적과 유의미한 상관을 보였고, 국어 성적에서만 실제적 지능의 영향력이 없었을 뿐 모든 과목에서 세 지능 모두 유의미한 예측변인임을 밝혔다.

이상과 같은 성공 지능에 대한 선행연구들이 제시하고 있는 시사점은 교사는 학생의 개인차를 폭넓은 차원에서 이해해야 된다는 점이다. 따라서 지능은 단일요인이 아니라 여러 요인으로 이해되고 측정되어지기 때문에 교육현장에서 교사들은 단일한 지능점수가 아니라 지능의 프로파일에 관심을 가져야 할 것이다. 하지만 지금까지 국내의 선행연구들은 학교교육의 적용 가능성만을 제시했을 뿐 실제적으로 학교교육의 일차적인 목적인 학업성취와 관련하여 성공 지능의 프로파일에 따른 정보의 유용성을 확인하지는 못했다. 지능의 프로파일의 접근을 주장한 Sternberg(2000)은 지능의 형태(type)가 아니라 세 지능의 하위요인들의 조합에 의해서 지능의 유형(pattern)에 의해서 영재를 일곱 가지로 확장하여 설명하였다. 한 사람이 순수하게 하나의 형태로 범주화할 수 없기 때문이다. 결국 지능의 유형의 접근은 지능을 제한하여 바라보는 시각에서 벗어나 해당되는 지능을 소유한 개인이 잠재력을 발휘하기 위한 자기 이해에 매우 중요하다. 하지만

Sternberg 자신도 학업성취에 대한 성공 지능의 교수-학습의 효과를 밝혔을 뿐 학업성취와 관련하여 유형적 접근의 유용성을 확인하지 못했다. Sternberg는 연구자와 이메일을 통한 의사교환에서, 지능의 프로파일적 접근이 학업성취를 설명함에 있어서 보다 많은 정보를 제공할 것으로 기대하였다(robert.sternberg@yale.edu, 2004).

본 연구목적은 고등학생의 학업성취가 성공 지능의 프로파일에 따라서 어떻게 이해될 수 있는지를 알아보는 것이다. 성공 지능은 IQ 이론에 대한 대안적인 지능으로서 사고력을 중시하는 오늘날 우리 교육과제에 큰 영향을 주고 있으므로 이에 대한 검토는 소중한 의미를 갖는다. 이런 목적을 위해서 설정한 구체적인 연구문제는 다음과 같다.

첫째, 분석적 지능, 창의적 지능, 실제적 지능은 학업성취를 예측하는 데 있어서 각기 어느 정도의 비중을 차지하는가?

둘째, 분석적 지능, 창의적 지능, 실제적 지능의 프로파일에 따라 학업성취의 차이가 있는가?

II. 연구방법

1. 연구대상 및 연구절차

본 연구의 대상은 전북 전주시 일반계 고등학교(인문계) 2개교에서 표집한 총 252명(남 138명, 여 114명)의 학생들이다. 학업성취 자료가 누락된 2명을 제외한 총 250명의 자료가 최종적으로 분석되었다. '신종합지능검사'는 2004년 2월 5일부터 7일까지 3일간에 걸쳐 이루어졌다. 검사 전에 본 연구의 취지를 설명하고 자발적으로 연구에 참여하기로 한 학생들에 한하여 실시하였다. 학업성취는 한국교육과정평가원이 주관하여 2004년 6월 전국단위로 실시된 연합 학력평가의 성적으로 처리하였다.

2. 측정도구

가. 신 종합지능검사

신 종합지능검사는 Sternberg의 지능이론을 바탕으로 박도순 등(2000)에 의해서 제작된 것으로 분석 지능, 창의 지능, 자동화, 실제 지능 영역으로 구분하여, 언어·수·도형 등으로 12개 하위검사로 구성되었다. 총 202문항으로 하위영역별 Cronbach-α 신뢰도는 .48~.94의 범위(평균 .68)다. 본 연구에서는 연구목적에 부합되지 않는 자동화 영역은 제외하였다.

나. 학업성취도

학업성취는 한국교육과정평가원이 주관하여 2004년 6월 전국단위로 실시된 연합 학력평가의 성적을 말하는 것으로 타당도와 신뢰도는 높다고 본다. 학업성취의 영역은 언어·수리·외국어 및 총점으로 구성되었으며, 모두 표준점수로 처리되었다.

3. 자료처리

본 연구에서 표집한 자료는 SPSS(Win Ver 11.0) 프로그램을 사용하여 분석되었다. 첫째, 학업성취에 대한 성공 지능의 설명력을 알아보기 위하여 상관분석과 중다회귀분석(Enter 방식)을 실시하였다. 둘째, 지능의 프로파일에 따른 학업성취의 차이를 알아보기 위해 일원변량분석을 실시하고, 사후검증은 Scheffé 검증을 적용하였다.

지능의 프로파일은 다음과 같은 절차에 따라 5가지로 분류되었다. 우선, 각 하위 지능의 평균을 기준으로 학생들을 상, 하 두 집단으로 분류하고, 이 세 가지 기준의 조합에 의해 상—상—상, 상—상—하 등의 8개 하위집단을 구성하였다. 분석 지능에서만 '상' 수준은 A(분석가, analyzer), 창의 지능에서만 '상' 수준은 C(창의가, creator), 실제 지능에서만 '상' 수준인 경우는 P(실제가, practitioner), 분석 지능과 창의 지능에서 '상' 수준은 AC(분석적 창의가, Analytical creator), 분석지능과 실제 지능에서 '상' 수준은 AP(분석적 실제가, Analytical practitioner), 창의 지능과 실제 지능에서 '상' 수준인 경우는 CP(창조적 실제가, Creative practitioner), 모든 지능에서 '상' 수준은 CB(균형가, Consummate Balancer), 모든 지능에서 '하' 수준은 저지능(LI: Low Intelligence)으로 명명하였다. 하지만 8가지 프로파일 중에서 사례수를 고려하여 저지능(LI: Low Intelligence), 분석가(A: Analyzer), 실제가(P: Practitioner), 분석적 창의가(AC: Analytical Creator), 균형가(CB: Consummate Balancer) 등의 5가지로 분류하였다.

Ⅲ. 연구 결과

1. 가정의 검토

결과분석 전에 자료가 기본가정들을 충족하는지를 살펴보았다. 우선, 단변인 정규성으로 검토한 왜도는 −.690에서 .413까지 분포하였으며, 첨도는 −.669에서 .992까지의 분포를 이뤄(절댓값 1을 넘는 왜도나 첨도 없음) 단변인 정규성에 심한 문제는 없었다. 잔차의 정규분포성(normality)과 선형성(linearity)도 히스토그램에서 종속변인인 총점이 거의 정상분포를 이루고 있었으며, 산포도 역시 표준점수 0을 중심으로 대략적인 직사각형 모양을 하고 있어 잔차의 정규분포성, 선형성에 위배되지 않았다. 지능유형에 대한 Levene의 등분산성(homoscedasticity)의 F 값은 언어에서만 약간의 문제가 발견되었을 뿐[$F(4,245)=3.069$, $p=.032$], 그 외 F 값은 .816, .247, .546 등으로 통계적으로 의의가 없었다.

한편, 잔차의 독립성을 검증하기 위하여 Durbin-Watson 통계치는 1.968이었다. 지수 V의 크기가 2에 근접하면 잔차 간에 자기상관이 존재하지 않는다고 보기 때문에(박광배, 2003), 본 자료의 잔차는 비교적 독립적이라고 본다. 다중공선성 검정에서 VIF(Variance Inflation Factor)의 값도 모두 1.0에 가까운 값들로 가정을 충족하였다.

2. 학업성취에 대한 성공 지능의 설명력

우선, 성공 지능의 하위변인들이 학업성취를 예측하는 변인으로 기능할 수 있는지를 알아보기 위하여 측정변인 간의 상관계수를 <표

1>과 같이 알아보았다. 성공 지능의 분석지능, 창의 지능, 실제 지능 모두 모든 영역의 성취와 통계적으로 유의한 상관이 있었다. 상관은 .29~.67 범위에서 나타나 세 가지 지능과 학업성취의 관계는 대체로 양호한 편이라고 볼 수 있다. 한편, 지능 상호 간의 상관관계도 의의가 있는 것으로 나타나고 있기 때문에, 각 지능들이 성취에 미치는 독립적인 영향을 알아보기 위해서 중다회귀분석을 통해서 알아볼 필요가 있다.

한편, 세 가지 지능과 학업성취에 대한 상관의 양상과 관련하여 성적을 종합한 성취준거로서 성취총점은 분석 지능과 가장 높은 상관을 보였으며, 모든 과목에서도 분석 지능이 가장 높은 상관을 보였다. 하지만 총점과 세 가지 지능과의 상관이 대체로 동등하였으나, 과목에 따라서 학업성취에 대한 창의 지능과 실제 지능의 상관은 상대적인 차이가 있음을 알 수 있다. 예컨대, 언어와 수리영역은 실제 지능보다는 창의 지능이 더 높은 상관을 보였으나, 외국어영역에서는 실제 지능이 창의 지능보다 높은 상관을 보였다.

〈표 1〉 성공 지능과 학업성취 변인 간 상관행렬(N=250)

	변인	1	2	3	4	5	6	7
성공 지능	1. 분석 지능							
	2. 창의 지능	$.59^{**}$						
	3. 실제 지능	$.29^{**}$	$.39^{**}$					
학업성취	4. 언어	$.63^{**}$	$.55^{**}$	$.49^{**}$				
	5. 수리	$.59^{**}$	56^{**}	$.41^{**}$	$.79^{**}$			
	6. 외국어	$.61^{**}$	$.43^{**}$	$.59^{**}$	$.80^{**}$	$.83^{**}$		
	7. 총점	$.67^{**}$	$.65^{**}$	$.61^{**}$	$.89^{**}$	$.93^{**}$	$.94^{**}$	

** $p<.01$

위와 같은 상관의 결과를 바탕으로 학업성취와 유의한 상관을 보인 분석 지능, 창의 지능, 실제 지능이 성취를 설명하는 보다 구체적인 양상을 살펴보기 위하여 <표 2>와 같이 중다회귀분석을 실시하였다.

<표 2>에서 보듯이, 전체적으로는 설명력(R^2)가 각각 .443($F=29.59$, $p<.01$), .325($F=19.38$, $p<.01$), .376($F=22.33$, $p<.01$), .486($F=32.35$, $p<.01$)으로서 회귀식이 통계적으로 의의가 있었다. 하지만 각 지능들이 다른 지능의 효과를 통제하고 난 후 독립적으로 학업성취에 미치는 효과를 분석한 결과는 다음과 같다. 언어영역에서는 분석 지능(b=.555, $t=6.065$, $p<.01$)과 창의 지능(b=.262, $t=2.587$, $p<.05$)이 통계적으로 의의가 있는 예측 변인으로 두 지능이 약 44%를 설명하였다. 수리영역에서는 분석 지능(b=.630, $t=5.254$, $p<.01$)만이 통계적인 예측 변인으로 약 33%의 설명력을 지녔다. 외국어영역에서는 분석 지능(b=.668, $t=5.644$, $p<.01$)과 창의 지능(b=.244, $t=2.091$, $p<.05$)이 통계적으로 의의가 있는 예측 변인으로서 두 지능에 의해서 약 38%가 설명되었다. 전체 총점에서는 분석 지능(b=1.836, $t=6.628$, $p<.01$)만이 통계적으로 의의가 있는 예측변인으로서 약 49%의 설명력을 가졌다.

결과들을 종합해 보면, 성공 지능의 모든 하위 지능들은 모든 영역의 성취와 통계적으로 유의미한 상관을 갖는다. 자세히 들여다보면, 분석 지능이 가장 높은 관계를 가지고 있고, 창의 지능과 실제 지능은 과목에 따라서 상관의 정도가 상대적으로 달랐다. 역시 분석 지능은 모든 총점뿐 아니라 모든 영역의 성취에서 예측 변인의 역할을 하였고, 창의 지능이 언어와 외국어 등 어학분야에서 분석 지능 다음으로 설명력을 지녔을 뿐 실제 지능은 모든 성취에서 다른 지능의 효과를 통제하고 나면 예측 변인의 역할을 하지 못했다.

<표 2> 학업성취에 대한 성공 지능의 예측력(N=250)

종속변인	예언변인	b	SE	Beta	t	R^2	Adjusted R^2	F
언어성취	분석 지능	.555	.092	.521	6.065**			
	창의 지능	.262	.102	.242	2.587*	.443	.409	29.586**
	실제 지능	.020	.070	.090	1.194			
수리성취	분석 지능	.630	.120	.488	5.254**			
	창의 지능	.168	.133	.212	1.261	.325	.308	19.381**
	실제 지능	.030	.092	.003	.036			
외국어성취	분석 지능	.668	.118	.512	5.644**			
	창의 지능	.244	.132	.210	2.091*	.376	.340	22.328**
	실제 지능	.020	.090	.051	.640			
총점	분석 지능	1.836	.277	.558	6.628**			
	창의 지능	.184	.208	.208	1.271	.486	.474	32.353**
	실제 지능	.145	.213	.050	.683			

* $p<.05$, ** $p<.01$

3. 성공 지능의 프로파일별 학업성취의 차이

학업성취에 대하여 성공지능의 5가지 프로파일별로 어떠한 차이가 나타나는지를 살펴보기 위하여 일원변량분석을 실시하였다.

분석의 결과는 <표 3>에 제시되었으며, 통계적으로 유의미한 차이가 나타났다($p<.01$). 그리고 <표 3>에서 보듯이, 모든 영역에서 분석 지능, 창의 지능, 실제 지능이 '상' 수준으로 구성된 이루어진 균형가(CB)가 가장 높은 학업성취를 보였으며, 분석적 창의가(AC)–분석가(A)–실제가(P)–비지능(LI) 순으로 학업성취가 나타났다. 전반적으로 복합형 프로파일(AC, CB)이 단일형 프로파일(LI, A, P)보다 높은 성취의 경향을 보였다. 인생에서의 성공은 어느 특정한 지능이 발현되기보다는 세 가지 지능이 조화롭게 발달되어야 하듯이 학업적 성공을 위해서도 세 가지 지능모두 조화롭게 발달되어야 함을 보여주고 있다.

성취영역별 차이를 보다 자세히 알아보기 위하여 사후 검증(Scheffé 방식)을 실시하였다. 언어영역에서는 단일형 지능과 복합형 지능으로 대비를 볼 수 있으며, 한편, 분석 지능이 포함된 경우(A, AC, CB)와 분석 지능이 없는 경우(P, LI)로 대비되었다. 수리와 외국어영역에서는 단일형 지능(LI, A, P)과 복합형 지능(AC, CB)의 대비로 볼 수 있다. 총점에서는 언어영역처럼 단일형 지능(LI, A, P)과 복합형 지능(AC, CB)의 대비와 분석지능이 포함된 경우(A, AC, CB)와 분석 지능이 없는 경우(P, LI)로 대비된다고 볼 수 있다.

〈표 3〉 지능의 프로파일별 학업성취의 변량분석 결과(N=212)

성취 영역	유형										F	Scheffé 사후검증
	LI(1)		A(2)		P(3)		AC(4)		CB(5)			
	N	M (SD)	N	M (SD)	N	M (SD)	N	M (SD)	N	M (SD)		
언어	54	47.56 (16.86)	30	61.21 (14.53)	38	60.59 (18.72)	34	68.44 (11.29)	56	70.50 (11.14)	13.297^{**}	(1)(2)(3)-(4)(5) (1)(3)-(2)(4)(5)
수리	54	34.22 (15.71)	30	46.71 (18.04)	38	36.41 (17.44)	34	54.61 (21.48)	56	63.79 (19.18)	10.544^{**}	(1)(2)(3)-(4)(5)
외국어	54	43.19 (19.67)	30	59.50 (17.12)	38	44.53 (17.19)	34	64.39 (17.34)	56	73.67 (18.64)	11.633^{**}	(1)(2)(3)-(4)(5)
총점	54	124.96 (44.89)	30	167.43 (45.48)	38	135.53 (44.92)	34	187.44 (37.57)	56	212.71 (45.97)	15.710^{**}	(1)(2)(3)-(4)(5) (1)(3)-(2)(4)(5)

$^{*}p\langle.01$

LI: 저지능(Low Intelligence), P: 실제가(Practitioner), AC: 분석적 창의가(Analytic Creator), CB: 균형가 (Consummate Balancer)

Ⅳ. 논의 및 결론

본 연구는 우리나라 고등학교 학생을 대상으로 성공 지능이 학업
성취와 어떤 관계를 가지고 있으며, 성공 지능의 유형에 따라서 학업
성취를 어떻게 이해될 수 있는지를 알아보고자 하였다. 연구를 통해
서 나타난 결과들은 다음과 같다.

첫 번째 연구결과는 분석 지능, 창의 지능, 실제 지능 모두 모든 영
역의 성취와 통계적으로 유의한 상관이 있었다. 특히 분석 지능이 가
장 높았고, 창의 지능과 실제 지능은 과목에 따라서 상관 값이 다소
달랐다. 학업성취의 영역에 따라서 상관의 양상은 다소 다르게 나타
나고 있었다. 이런 상관 결과를 기초로 분석 지능, 창의 지능, 실제 지
능이 학업성취를 설명하는 데 유의한 예언변인으로 기능을 할 수 있
음을 확인하였다. 이를 보다 자세히 살펴보기 위해서 중다회귀분석을
실시한 결과, 성취의 준거로서 총점에서 분석 지능만이 통계적으로
유의미한 예측변인으로 나타났다. 모든 성취영역에서도 분석 지능은
통계적으로 의의가 있는 예측변인으로 기능을 하고 있고, 언어와 외국
어영역에서는 분석 지능 다음으로 창의 지능이 통계적으로 의의가 있
는 예측변인이었다. 실제 지능은 어느 영역에서도 성취의 통계적으로
예측하는 변인으로 기능을 하지 못했다. 이와 같은 현상은 김소연
(2000), 하대현(2002)의 결과와 같은 것으로 분석 지능만이 설명력을
지녔을 뿐 창의 지능과 실제 지능은 회귀방정식에 투입되지 못했다.
그러나 다른 선행연구들(강영심·송연주, 2002; 문용린·강민수, 2004;
Coates, 1998; Grigorenko & Sternberg, 2001; Sternberg et al, 1996)과는 다
소 다르다. 특히, 강영심과 송연주(2002), Coates(1998)의 연구에서는

실제 지능이 학업성취도를 예측하는 가장 설명력이 있는 변인으로 나타났으며, Grigorenko와 Sternberg(2001)는 러시아인들의 정신적, 신체적 건강에 대하여 실제 지능이 가장 큰 영향력이 있는 변인이라고 주장하였다.

위와 같이 본 연구결과와 선행연구들을 통해서 분석 지능이 성취에 대하여 가장 강력한 예측력을 갖는다는 점은 분석 지능이 기존의 IQ 개념과 상당히 일치한다는 점에서 이해가 된다. 하지만 학업성취의 준거로서 총점을 기준으로 세 가지 지능의 예측양상이 일관적이지 못한 것은 몇 가지 측면에서 논의해 볼 수 있을 것이다. 첫째로, 문화와 상황의 차이에 따라서 지능이 다르게 발현될 수 있다는 Sternberg의 견해에서 찾을 수 있을 것이다. 즉, 미국, 러시아와 한국의 문화적 적용에서 성공 지능의 영향은 서로 다르게 나타날 수 있을 것이다.

둘째, 지능을 측정하는 검사도구의 측정요소와 형식의 문제를 들 수 있다. 본 연구와 같은 결과를 보인 김소연(2000), 하대현(2002)의 연구에서 사용한 Sternberg의 Comprehensive Ability Test(CAT)에 근거하여 제작된 신 종합지능검사와 강영심과 송연주(2002)가 사용한 STAT는 언어, 수, 도형의 정보 자극 유형으로 구성되었으나 신 종합지능검사는 객관식으로만 구성되었고, STAT는 객관식과 논술형식으로 구성되었다. 문용린과 강민수(2004)에 의해서 개발된 성공지능 검사는 앞에서 말한 두 지능검사의 측정요소와 형식이 매우 상이하다. 분석적 지능의 측정요소는 분석하기, 평가하기, 설명하기, 비교/대조하기, 판단하기로 이루어졌고, 창의적 지능은 창조하기, 상상하기, 가정하기 등이며 실제적 지능은 과제관리, 자기관리, 협동하기 측정요소로 되었을 뿐만 아니라, 특히 창의적 지능의 응답 구성은 서술식이다. 문제

해결 방안을 창출하는 것과 관련이 있는 창의적 지능이나 일상의 삶에서 현실 생활의 문제를 파악하고 이해하며 해결하는 능력으로서 실제적 지능을 객관식으로 측정하는 데 어느 정도 한계가 있을 수 있다.

셋째, 본 연구에서 사용된 학업성취의 준거가 수능 형태로서 교과의 특성을 잘 반영하지 못할 수 있다. Sternberg는 독립적인 주도성을 덜 요구하는 과제와 시험 등에서는 분석적 지능의 예측변량이 높지만 독립적인 주도성이 상당히 요구되는 프로젝트와 같이 덜 구조화된 측정치들에서는 분석적 지능의 예측변량이 감소된다고 지적했다. 창의적 지능과 실제적 지능 검사는 구조화된 과제(예: 과제와 기말고사)보다는 비교적 새로운 과제(예: 독립적인 프로젝트)에서 예측변량을 더 많이 추가될 것으로 기대된다(하대현, 2004b:107). 따라서 본 연구결과를 가지고 실제적 지능이 학업성취의 예언변인이 아니라는 결론을 단언할 수는 없을 것이다. Sternberg(2003)는 "성공 지능이론에 대한 검증은 계속해서 진행 중이며, 결코 완료된 것이 아니다"라고 하였다. 최근에 Sternberg는 창의적 지능, 실제적 지능의 측정을 위한 검사 도구를 보완하고 있다. 예를 들어, 창의 지능을 삽화에 설명문을 붙이거나, 컴퓨터 소프트웨어를 사용하여 축하 카드나 회사 로고 같은 대상들을 디자인하게 함으로써 측정한다. 실제 지능 역시 영화를 보여주고 취해야 할 것을 말하게 함으로써 측정하는 것으로 보완하였다. 계속해서 문항형식, 자극반응 등을 고려한 검사도구의 개발과 보완이 필요하다고 본다.

또 하나의 연구결과는 고등학교 학업성취에 있어서 성공 지능의 수준에 의한 프로파일적 접근의 유용성을 확인하였다. 분석 지능, 창의 지능, 실제 지능의 평균을 기준으로 저지능 (LI: Low Intelligence), 분석가

(A: Analyzer), 실제가(P: Practitioner), 분석적 창의가(AC: Analytic Creator), 균형가(CB: Consummate Balancer) 등 5 가지로 분류한 후에 프로파일별 학업성취에 대한 차이를 알아보았다. 저지능(LI: Low Intelligence)은 세 가지 지능 모두 약점을 가지고 있다. 분석가(A: Analyzer)는 학문적 환경에서 다른 능력의 유형보다는 분석적 지능에서 뛰어나다. 실제가(P: Practitioner)는 분석적, 창의적 지능이 결여되어 있지만 실제적 지능이 상대적으로 발달되었다. 분석적 창의가(AC: Analytic Creator)는 특이한 아이디어를 생성할 뿐만 아니라 이런 아이디어의 가치를 평가한다는 점에서 창의가보다 한 단계 위라고 할 수 있다. 균형가(CB: Consummate Balancer)는 분석적, 창의적, 실제적 지능을 발달시킬 수 있는 훌륭한 영재성을 가지고 있다. 이런 학생은 자신이 처한 환경에서 세 가지 지능을 유연하게 적용할 수 있다. 전반적으로 복합형 유형(AC, CB) 유형이 단일형 유형(A, P, LI)보다 높은 학업성취를 보였다. 또한, 성취의 영역에 따라서 대비의 양상이 다르게 나타났다. 총점과 언어영역에서는 단일형 지능과 복합형 지능의 대비와 분석지능이 포함된 경우(A, AC, CB)와 분석 지능이 없는 경우(P, LI)의 대비로 볼 수 있다. 이것은 학업성취와 언어영역의 성취는 다른 영역보다 분석 지능의 기능이 많이 작용하고 있음을 알 수 있다. 이에 비해서 수리와 외국어영역에서는 단일형 지능보다는 복합형 지능 프로파일이 높은 성취를 보였다. 수리와 외국어영역에서는 세 가지 지능이 복합적으로 성취와 관련을 맺게 됨을 의미한다.

지능의 프로파일에 따라서 성취에서 차이가 존재한다는 것은 성공지능에 입각한 교수법이 전통적인 교수법보다는 성취에 긍정적으로 영향을 준다는 연구들(Sternberg, Torff, & Grigorenko, 1998; Sternberg,

Grigorenko, Jarvin, 2001)을 지지해 주는 것이다. 따라서 학생과 과목의 특성에 따라서 교수-학습이 이루어져야 한다는 점을 시사하는 것이다. 즉, Sternberg와 그의 동료들(Sternberg, 1994c; Sternberg et al., 1996; Sternberg et al., 1998)의 주장처럼, 성공 지능은 ATI(적성-처치 상호작용)에 시사점을 제공하는 교육적으로 유용한 구인으로서 학생들의 강점을 이용하고 약점을 보완하기 위하여 교사는 학생의 능력유형에 맞는 다양한 교수법과 평가를 제공해야 할 것이다. 예를 들어, 포토폴리오와 같은 수행평가에는 분석지능보다는 창의지능이 높은 학생들에게 권장할 필요가 있을 것이다. 또한, 수리나 외국어 영역의 수업에서는 창의지능, 창의지능 및 실제지능에 입각한 수업절차가 특정한 지능만을 강조하는 수업보다는 성취에 유리하게 작용할 수 있을 것이다.

결론적으로 고등학교 학생의 학업성취는 분석적 지능이 예언변인이었고, 또한 분석 지능, 창의 지능, 실제 지능의 수준에 따른 지능의 유형별 성취의 차이가 있었다. 또한 세 지능이 조화를 이루는 경우가 가장 높은 성취가 있다는 점은 학교 성취가 단일의 지능보다는 복합적인 지능이 성취에 영향을 주고 있음을 보여주는 것으로, 이는 Sternberg의 성공지능의 본질을 잘 반영하고 있다고 본다. 지금까지 분석적 지능 중심의 협소한 지능에서 얻을 수 있는 정보보다 더 풍부하게 하였으며, 나아가 성취를 향상시키기 위한 교수-학습 프로그램을 개발하는 데 유용한 자료가 될 수 있다는 점에서 의의가 있다고 본다. Sternberg(2000)가 지적했듯이, 지능의 각 유형별로 장점과 약점을 가지고 있다. 또한 학생들은 확실한 지능의 유형을 보이기도 하지만 실제로는 지능의 유형이 중첩될 수도 있다. 따라서 학생들이 스스로 장점을 극대화하고 약점을 보완하기 위한 학교의 환경조성이 필요하다.

본 연구결과를 토대로, 앞으로 학업성취와 관련하여 창의 지능과 실제 지능의 타당성 검증이 더 필요하다고 본다. 그리고 하대현(2005)의 주장처럼, 지능의 '교육심리학'이 되기 위해서는 교과목에 따라서 지능유형에 입각한 교수법의 적용 및 이에 대한 효과에 대한 검증이 이루어져야 할 것이다.

3. 분석지능, 창의지능, 사고양식이 학업성취도에 미치는 상대적 예측력[1]

≪요약≫

본 연구의 목적은 Sternberg(1996)가 제시한 성공지능 및 사고양식이 우리나라 교육현장에서 학생들의 학업성취도에 미치는 영향력에 대해 살펴보는 것이다. 지금까지 학업성취도에 대한 성공지능 및 사고양식의 연구들은 두 개념이 분리된 개념으로 연구되어 왔다.

본 연구에서는 선행연구의 결과에 기초하여, 학업성취도와 관계가 많은 성공지능에서의 분석지능과 창의지능, 사고양식에서는 입법, 위계, 내부 사고양식이 선정되었다. 선정된 성공지능 및 사고양식이 복합적으로 작용하여 학업성취도에 미치는 상대적 영향력에 대해 규명하였다. 연구결과, 첫째, 상관분석 결과 성공지능 중 분석지능이 학업성취도와 가장 높은 상관을 보였으며(.71~.78), 창의지능도 다소 높은 상관관계를 보였다(.43~.50). 반면, 사고양식과 학업성취도와의 관계에서는 입법과 과학을 제외하고는(.55) 대체로 낮은 상관을 보였다(.22~.29). 또한 분석지능, 창의지능과 사고양식간의 상관도 다소 낮은 상관을 보였다(.25~.32). 둘째, 중다회귀분석의 결과에서도 성공지능에서의 분석지능 및 창의지능이 사고양식에 비해 학업성취도에 대한 상대적 예측력이 높게 나타나 상관분석의 결과를 지지하였다.

따라서 교육현장에서는 학생의 분석적, 창의적 능력과 다양한 차원과 기능의 사고양식에 적합한 교수-학습법의 적용이 학생의 학업성취도를 향상시켜 줄 수 있을 것으로 기대된다.

주제어: 분석지능, 창의지능, 사고양식, 학업성취도

---

1) 한국교육방법학회 교육방법연구(2006) 제8권 제1호, pp.81~93.

I. 서 론

  형식적 교육기관에서 성공적인 학업성취를 결정짓는 변인을 밝히기 위한 연구는 계속되고 있으나 아직 명확한 규명이 이루어지지 못하고 있으며, 교육학자들은 학생들의 다양한 인지적, 정의적 변인 중에서 학업성취도에 영향을 미치는 개인차 변인에 대한 연구를 계속하고 있다. 일반적으로 학생들의 학업성취도에 대한 개인차 연구에 대하여 지금까지 축적된 전통적인 교육심리학적 연구결과들에서는 인지적 특성 중에는 지능 변인이, 정의적 특성 중에는 학습동기가 다른 어떤 변인들보다 학업성취도에 미치는 설명력 및 영향력, 상대적인 예측력이 높다는 것이 교육현장에서의 경험적 연구를 통해 검증이 많이 되었다(이정규, 2004). 최근에 김아영과 조영미(2001)의 "학업성취도에 대한 지능과 동기변인들의 상대적 예측력" 연구에서도 학업성취도에 대하여 지능과 학습동기의 상관과 설명력이 높음이 검증되었다. 연구결과, 학업성취를 예측하는 가장 강력한 변인으로서 지능은 학업성취도와의 상관이 .62~.63이었다. 지능이 학업성취도 분산을 설명하는 정도는 38~39%이지만 이에 더해서 동기변인들도 지능의 효과를 고려한 후에도 41~49%로 유의하게 예언한다고 하였다.

  이렇듯, 학업성취도에 대한 전통적인 지능의 개념이 학업성취도와의 상관관계 및 상대적 예측력이 높다고 하지만 지능이 높다고 해서 반드시 학업성취도가 높아진다고 할 수는 없다. 여기서 전통적인 지능의 개념과 학업성취도에 대한 연구에 대하여 다음 두 가지 새로운 관점을 제기할 수 있다. 첫째, 지금까지의 전통적인 지능의 개념에서 벗어나 최근에 Sternberg(1996)에 의해 제기된 성공지능(successful intelligence)의 개념에 의해 성공지능과 학업성취도와의 관계 및 상대적 설명력 및 예측력이 우리나라 고등학교 교육현장에서 어떻게 나타나는가를 살펴보는 것이다. 둘째, 학업성취도는 지능 이외에도 다양한 학습 관련 변인들의 상호작용에 의해서 결정된다. 그렇다면, 지능이 어떤 변인들과 어떻게 조합을 이루었을 때 높은 학업성적으로 나타날 수 있는가 하는 문제가 제기된다. 지금까지 학생의 학업성취도에 대한 개인차를 이해하기 위해서 지능 외에 동기, 성격특성, 환경 등 다양한 변인이 고려되었다.

본 연구에서는 Sternberg의 사고양식(thinking styles)의 변인을 상정하여 학업성취도와의 관계를 살펴봄으로써 학생들의 학업성취도에 대한 개인차를 연구하는 데 의의가 있다고 할 수 있다.

먼저, Sternberg(1996)는 성공지능을 분석지능·창의지능·실제지능의 세 단면(facets)으로 설정하였다. 분석지능은 기존의 IQ 개념과 비슷하지만 학업 적성만을 측정하는 기존의 IQ 개념과는 다르다(Sternberg, 1996). 창의지능은 새롭고 흥미로운 아이디어를 창안해내는 능력이다. 실제지능은 실제 생활에서 경험으로 습득될 수 있는 지식을 인생의 성공을 위하여 활용하는 능력을 말한다. 성공지능은 흔히 대립되는 것으로 인식되었던 여러 이론들을 영역 및 방법론적인 측면에서 통합한 지능이론으로 평가된다(송선희, 2000).

또한, 학업성취도와 관련하여 성공지능에 대한 경험적 연구는 비교적 활발하게 수행되었다. 예컨대, Sternberg와 그의 동료들(Grigorenko & Sternberg, 1997a; Sternberg, Ferrari, Clinkenbeard, & Grigorenko, 1996; Sternberg, Torff, & Grigorenko, 1998)은 성공지능이 학업성취도에 대한 예언변인이며, 성공지능에 따른 교수법이 전통적인 교수법보다 학업성취를 향상시켜 준다는 사실을 확인하였다. 국내에서도 많은 연구자들(강영심·송연주, 2002; 김소연, 2000; 나동진·김진철, 2003, 2004; 문용린·강민수, 2004)에 의해서 성공지능이 학업성취도와 매우 관계가 깊다는 점이 밝혀졌다. 하지만 성공지능의 세 가지 하위지능 중에서 성공 지능의 본질이라고 할 수 있는 실제 지능을 포함시켜 지능의 개념을 확장시켰다는 점, 실제적 지능과 성취와의 관계, 지능의 일반 요인("g")의 중요성과 역할을 지나치게 축소했다는 점 등에 대해서 현대 지능을 연구하는 연구자들 간에 아직까지 논쟁이 되고 있다(하대현, 2004, 2005; Brody, 2003; Gottfredson, 2003). 그러나 성공지능의 하위 3가지 지능 중에서 아직도 많은 논란이 되고 있는 실제지능과 달리, 분석지능과 창의지능의 타당성은 지능학자들 간에 논란이 적으며, 강영심과 송연주(2004), 나동진과 김진철(2005), 문용린과 강민수(2004)의 연구에서도 대상자와 검사 도구에 따라 학업성취를 설명하는 양상이 세 지능 간에 다소 차이가 있긴 하지만 분석지능과 창의지능의 설명력은 통계적으로 유의하였다. 따라서 본 연구에서는 성공지능과 학업성취도와의 선행연구결과에 기초하여, 성공지능의 세 가지 하위 지능 중에서 분석지능 및 창의지능으로 제한하여 학업성취도와의 관계를 규명하였다.

다음으로, 학업성취도에 대한 개인차 연구에서 최근에 사고양식(thinking style)이 인지적 능력변인과 성격변인과의 교량적 역할을 한다는 관점에서 사고양식에 대한 연구가 활발하게 이루어지고 있다. 이와 관련하여 Sternberg와 그의 동료들(Grigorenko & Sternberg, 1995; Sternberg, 1988, 1994b, 1997b; Zhang, 1999)은 주로 이분법적으로 접근했던 기존의 사고양식의 변인(예: 장독립적 대 장의존적)들을 통합하여 정신자치제 이론(theory of mental self-government)에 입각한 사고양식 개념을 창출하였다. Sternberg에 의하면 인간세상에서 볼 수 있는 정부의 다양한 스타일은 우연히 이루어지는 것이 아니라, 다음과 같이 인간의 정신스타일이 반영된 것으로 본다.

첫째, 기능에 따라 선호하는 사고양식에 차이가 있다. 입법적 사고양식은 창의성을 요구하는 일을, 행정적 사고양식은 명확한 지시가 있는 업무를, 사법적 사고양식은 타인의 활동에 대하여 평가하는 것을 선호하는 경향이 있다.

둘째, 형식에 따라서도 선호하는 사고양식의 차이가 있다. 군주적 사고양식은 한 번에 한 가지 일을 수행하고, 위계적 사고양식은 다양한 목표를 갖고 그 목표들에 대한 우선순위를 정하고 체계적으로 접근하여 문제를 해결하는데, 과두적 사고양식은 우선순위를 두지 않는다. 또, 무정부적 사고양식은 형식과 절차를 싫어하고 규칙·규범·권위에 저항하며 임의적으로 문제를 해결하기를 좋아한다.

셋째, 수준에 따라 전체적 사고양식은 문제에 대한 전체적 윤곽에 관심을 갖고 추상적인 문제를 좋아하는 경향이 있으며, 지엽적 사고양식은 문제의 특수한 사항에 관심을 갖고 세부적인 작업과 정확성을 요구하는 문제를 좋아하는 경향이 있다.

넷째, 범위에 따라 내부적 사고양식은 독립적이고 내성적으로, 외부적 사고양식은 다른 사람들과의 상호작용으로 일을 해결하는 경향이 있다.

마지막으로, 경향성에 따라 진보적 사고양식은 신기성과 모호성이 개입된 일을 선호하고, 보수적 사고양식은 과업수행에 있어서 기존의 규칙과 절차를 고수하려는 경향이 있다.

이와 같은 정신자치제의 사고양식은 개인의 인지적 능력과는 구별되는 것으로, 사람들이 가지고 있는 정보를 처리하고 인지 능력을 사용할 때 선호하는 방식을 지칭하는 개념이다. Sternberg(1997a)는 사고양식의 발달에 영향을 주는 요인을 문화, 성, 연령, 양육방식, 학교교육 및 직장환경 등을 제시하였고, 사고양식의 프로파일에 따라서 지능이 다르게 발현될 수 있으며, 환경의 적응(adaptation), 선택(selection), 조성(shaping) 역시 개인의 사고양식 프로파일의 결과가 반영된 것으로 보았다.

Sternberg에 의해서 창안된 사고양식이 갖는 특징에 대하여 Zhang(2001)은 사고양식은 단일차원에서 보지 않고 기능, 형식, 수준, 범위, 경향성이라는 다차원이라는 점, 이분법적 차원이 아니라 연속적인 차원이라는 점, 개인마다 하나의 스타일이 아니라 여러 스타일의 프로파일이 얻어진다는 점에서 기존의 사고양식들과는 차이가 있다고 하였다.

사고양식 그 자체가 지적 기능을 발휘하는 것은 아니지만 사고양식을 활용하는 방법과 효과성 및 다양한 선택이 능력과 관련 변인들에 의해서 학업성취에 간접적인 영향을 받는다는 것을 여러 연구들에서 찾아볼 수 있다. Grigorenko와 Sternberg(1997a)는 입법·사법·위계·진보주의 스타일이 학업성취와 정적 상관이 있고, 행정적 양식은 부적상관을 보였음을 밝혔다. Bernardo, Zhang, Callueng(2002)은 필리핀 고등학생의 학업성취와 행정·사법·보수·위계·군주·내부적 사고양식과 긍정적인 상관을 갖는다고 밝혔다.

국내에서의 사고양식의 연구는 윤미선(1997)의 연구에서는 사법·전체·지엽·위계·과두적 사고양식이 학업성취도에 대한 설명력이 높았음을 밝혔다. 김소연(2000)은 Sternberg의 지능구인과 함께 회귀분석을 한 결과, 행정적 사고양식이 성취에 대하여 설명력을 증가시켰으며, 나동진과 김진철(2003, 2004)의 연구에서 고등학생의 학업성취도는 Sternberg의 실제적 지능과 함께 경로분석을 한 결과, 행정적 사고양식은 양의 방향으로 영향을 보인 반면에 과두적 사고양식은 음의 방향으로 영향력을 보였다. 이 밖에도 윤미선(2003, 2004a, 2004b)은 사고양식의 지나친 다면적 접근이 교육현장에서 학생의 성취의 개인차 진단에서 실제적 유용성을 제한한다고 보고, 예측변인으로서 사법, 전체, 그리고 위계적 사고양식으로 축소하여 사용할 수 있는 가능성을 확인했으며, 학업성취에 대한 사고양식의 영향력 내에 동기와 교과흥미의 간접적인 영향이 내재되어 있음을 밝혔다.

이처럼 학업성취에 대한 사고양식의 선행연구들을 살펴볼 때, 사고양식은 다양한 학업성취의 개인차 변인과 함께 영향력을 갖으며, 연구대상에 따라서 학업성취에 대한 사고양식의 영향의 양상이 다르게 나타난다고 볼 수 있다. 이것은 사고양식의 형성에 영향을 주는 문화적 차이가 반영된 것으로서 개인 간에도 다양한 사고양식이 존재함을 보여주는 것이다. 따라서 효율적인 학교교육을 위해서 교사들은 학생들의 사고양식의 다양성을 인정하고 교수-학습에 반영해야 한다는 것을 의미한다. 사고양식은 과제 및 인지적 능력이 조화를 이룰 때 시너지 효과가 나타나기 때문이다.

이에 대하여 Sternberg(1994a)는 기존의 사고양식 연구들이 학생의 학습 스타일이나 교사들의 교수 스타일 중 하나에만 초점을 맞추고 있다고 지적하면서 많은 연구들을 통해서 학생들의 사고양식에 적합한 교수방법과 평가방법을 제시하였다. 그는 교사가 학생의 사고양식에 맞는 교수처치를 해야 한다고 주장하였다. 예를 들어, 속진과정은 행정적 사고양식을 선호하는 학생에게 적절하고, 심화과정은 입법적 사고양식을 선호하는 학생에게 적합할 수 있다. 또한, 선다형 문항은 행정, 사법적 사고양식의 학생에게 적합하고, 포트폴리오와 같은 수행평가는 입법적 사고양식 학생에게 적절할 수 있다는 것이다.

이 밖에도 Sternberg(1994a)는 사고양식과 관계되는 언어형태를 제시하였다. 예컨대, 행정적 사고양식은 "누가 했나?", "무엇을 했나?" 등과 같고, 사법적 사고양식은 "너의 판단으로는……" 등과 같으며, 입법적 사고양식은 "어떻게 하면?" 등이다. 이런 것들은 학생의 사고양식과 교사의 사고양식은 매우 다양하며, 교사-학생 간의 사고양식의 일치 여부가 학생에 대한 평가에 영향을 미치고 있다는 점에 근거하였다.

따라서 교수-학습과정에서 학생의 다양한 사고양식이 고려되어야 한다. Sternberg가 사고양식에 적합한 다양한 교수처치를 제안한 것은 적성-처치 상호작용(ATI)의 한 예로서 교육적 활용 측면에서 중요한 의의를 제공하는 것이다(하대현, 2004). 본 연구에서는 최근에 고등학생의 지능을 통제한 후 학업성취와의 관계를 살펴본 나동진·김진철·이정규(2005)의 "성공 지능이론의 관점에서 본 지능과 학업성취의 관계"에 대한 연구결과에 기초하여 입법, 위계, 내부적 사고양식으로 국한하여 연구하였다.

한편, Sternberg(1996)가 제안한 성공지능 및 사고양식의 이론적 개념이 서로 관련성이 없는 별도의 분리된 개념으로 그동안 연구가 많이 진행되어 왔었다(강영심·송연주, 2002; 김소연, 2000; 나동진·김진철, 2003, 2004; 문용린·강민수, 2004; Grigorenko & Sternberg, 1997a; Sternberg, Ferrari, Clinkenbeard, & Grigorenko, 1996; Sternberg, Torff, &

Grigorenko, 1998). 그러나 학업성취도와 사고양식과의 관계에 대한 선행연구(김소연, 2000; 나동진·김진철·이정규, 2005; 윤미선, 1997)들은 학업성취에 대하여 사고양식들은 지능과 어느 정도 연합하고 있음을 제시하고 있다. 즉, 같은 인지적 능력 수준이라도 각기 다른 사고양식을 가질 수 있으며, 과제를 선택하거나 문제를 해결하는 차이가 지능을 어떻게 이용하는 것에 따라서 성취의 차이가 있을 수 있다는 것이다.

따라서 본 연구의 목적은 성공지능에서의 분석지능, 창의지능, 사고양식에서의 입법, 위계, 내부적 사고양식이 학업성취도에 미치는 상대적 예측력에 대해 규명하는 것이다. 이는 학업성취도에 대한 개인차를 심층적으로 이해하는 계기가 될 것이며, 학업 성취도의 향상을 위한 교수-학습 환경 조성에 교육적 시사점을 제공할 수 있을 것으로 기대된다.

Ⅱ. 연구방법

1. 연구대상

본 연구는 경기도 S시 및 B시의 일반계 고등학교 6개 학교를 대상으로 이루어졌으며, 2학년 학생(남 143명, 여 134명)으로 총 277명이다. 이 중 2명의 성적자료가 확인되지 않아서 이를 제외하고 총 275명의 자료가 최종적으로 분석되었다.

2. 측정도구

가. 성공지능검사

성공지능을 측정하는 도구는 Sternberg의 Comprehensive Ability Test(CAT)에 근거하여 제작된 신종합지능검사(박도순·하대현·성태제, 2000)이다. 이 측정도구는 언어·수·도형 등 12개 하위검사로 구성되어 있다. 하위영역별 Cronbach-α 신뢰도는 .48~.94의 범위(평균 .68)이다.

나. 사고양식 검사

사고양식의 측정도구로서는 Thinking Styles Questionnaire Short Version (Sternberg & Wagner, 1991)을 기초로 하여 구성된 것으로 4점 평점척도로서, 5개 차원의 13개의 하위검사로 구성되었으며, Cronbach-α 계수는 .51~.90(평균 .67)이다.

본 연구에서는 13개의 하위 검사 중에서 연구목적에 따라 입법, 위계, 내부적 사고양식을 측정하였다. 문항의 예로서, 문제해결에 있어서 내 나름대로의 방식을 이용할 수 있는 문제가 좋다(입법), 많은 일들이 있을 때, 일의 우선순위를 분명하게 안다(위계), 나는 일의 모든 과정을 다른 사람들과 의논하지 않고 혼자서 처리하는 것을 좋아한다(내부)가 있다. 한편, 본 연구 자료에서 나타난 Cronbach-α 계수는 .64(입법), .72(위계), .84(내부)였다.

다. 학업성취도

학업성취도의 준거자료는 2005년 2학기(11월 29일)에 경기도교육청의 주관으로 실시된 전국 연합학력평가이다. 이는 문제형태, 문항

구성, 과목 등 모든 부분에서 대학수학능력고사와 동일한 형식으로
이루어졌는데, 본 연구에서는 표준점수를 이용하였다.

3. 자료 분석방법

수집한 자료는 SPSS 11.0을 이용하여 분석되었다. 먼저, 다변량 자
료에 대한 가정의 검토를 하였으며, 각 변인 간의 상관관계를 밝히기
위하여 Pearson의 적률상관분석을 하였다. 그리고 성공지능과 사고양
식의 상호작용이 학업성취도를 상대적으로 얼마나 설명하고 예언하
는지를 알아보기 위하여 단계적 투입방법에 의한 중다회귀분석을 실
시하였다.

Ⅲ. 연구결과

1. 가정의 검토

연구자료에 대한 가정을 검토하였다. 우선, 정규성으로 검토한 왜도
는 −.623∼.431이고, 첨도는 -.638∼.984 범위로 정규성의 문제는 없었
다. 학업성취도 총점의 분포의 검증결과, 대체로 정상분포를 보였고,
산포도 역시 대체로 직사각형 형태였으며, 변인의 관찰치들이 정규산
포도에 대각선을 따르는 직선형태를 보이고 있으므로 전반적인 잔차
에 대한 가정들을 만족하고 있다. 잔차의 독립성에 대한 Durbin-Watson
통계치는 약 1.7로서, V 지수의 크기가 2에 근접하여 잔차 간에 자기

상관이 존재하지 않았다(박광배, 2003). 또한, 다중공선성 검증에서 분산확대지수 VIF의 값이 모두 1.0에 가까운 값들로서 10보다 현저하게 작으므로 다중공선성의 문제는 없었다.

2. 반응변인 간 상관관계

본 연구에 포함된 반응변인과 학업성취 간의 상관분석결과는 <표 1>에 제시되었다. 먼저, 성공지능 간의 상관관계, 즉 분석지능과 창의지능과의 상관계수는 .52로 다소 높은 상관관계를 보였다. 그리고 사고양식 간의 상관관계, 즉 입법, 위계, 내부적 사고양식 간의 상관계수는 낮은 상관관계를 보였다(.21~.27). 다음으로, 성공지능에서의 분석 및 창의지능과 사고양식에서의 입법, 위계, 내부적 사고양식과의 상관계수의 분포는 낮은 상관(.29~.32)을 보였다. 이를 보다 자세히 살펴보면 분석지능과 사고양식간의 상관관계(.28~.32)이며, 창의지능과 사고양식 간의 상관관계는 분석지능보다 약간 낮은 상관관계(.25~.26)를 보였다.

다음으로, 학업성취와의 상관관계를 살펴보면 분석지능은 모든 과목과 고르게 높은 상관이 있었다(.71~.77). 창의지능은 분석지능보다 다소 낮지만 통계적으로 유의미한 상관관계(.47~.50)를 보였다. 입법, 위계, 내부적 사고양식 역시 모든 과목은 다소 낮은 상관(.22~.29)이 나타났다[입법 사고양식과 과학과목의 상관(.55)은 제외].

각 변인별 상관관계는 모두 정적상관을 보였으며, 학업성취도와의 상관관계가 높은 순으로는 분석지능, 창의지능, 사고양식의 순으로 밝혀졌다. 마지막으로, 언어, 수리, 과학 과목 간의 상관계수는 .77~.81

로 높게 나타났다.

<표 1> 반응변인 간의 상관행렬, 평균, 표준편차

변인	분석	창의	입법	위계	내부	언어	수리	과학
분석	1							
창의	.52**	1						
입법	.28**	.26**	1					
위계	.32**	.25**	.21**	1				
내부	.30**	.26**	.39**	.24**	1			
언어	.71**	.43**	.24**	.22**	.22**	1		
수리	.78**	.48**	.21**	.23**	.22**	.77**	1	
과학	.77**	.50**	.55**	.27**	.29**	.78**	.81**	1
평균	118.39	112.32	53.41	54.41	55.90	73.85	68.57	77.29
표준편차	8.37	25.84	8.37	8.93	8.39	15.13	24.31	22.0

** $p < .01$ (2-tailed)

3. 분석지능, 창의지능, 사고양식이 학업성취도에 미치는 상대적 영향력

성공지능(분석 및 창의)과 사고양식(입법, 위계, 내부)이 학업성취도에 미치는 영향력을 살펴보기 위하여, 성공지능 및 사고양식이 상호 작용을 한다는 이론적 가설 하에 성공지능과 사고양식을 독립변인으로 하고 학업성취도를 종속변인으로 한 중다회귀분석을 단계적 변인투입방법으로 실시하였다.

분석결과, 학업성취도를 예언하는 변인으로서는 3개 과목 모두에서 성공지능(분석 및 창의지능)이 사고양식(입법, 위계, 내부)보다 유의한 변인임이 밝혀졌다. 여기서 흥미로운 연구결과는 3개의 과목마다 각각 다른 사고양식들이 유의한 것으로 나타났다는 것이다. 언어에서는 입법적 사고양식이, 수리에서는 위계적 사고양식이, 과학에서는 내부적 사고양식이 유의한 변인으로 나타났다. 이는 과목의 고유한 인지적 특성에 따라 요구되는 사고양식이 다르다는 것을 의미한다.

3개의 과목에 대하여 성공지능(분석 및 창의지능)이 사고양식(입법, 위계, 내부)의 독립변인의 중다회귀식이 나타내는 설명력을 살펴보면, 모든 변인들이 의의가 있는 예측변인이었다. 즉, 언어과목에 대한 설명력은 53.4%, 수리과목은 60.2%, 과학과목은 62.5%의 설명력을 나타냈다. 특히, 분석지능이 다른 변인(창의지능, 입법적 사고양식, 위계적 사고양식, 내부적 사고양식)보다 모든 과목에 대해 가장 높은 설명력 및 예측력(β=.62∼.72)을 지닌 변인으로 밝혀졌다. 창의 지능도 모든 성취영역에서 미약하나마 통계적으로 유의미한 예측변인으로 기능하였다.

〈표 2〉 성공지능과 사고양식 하위 변인들이 학업성취에 미치는 상대적 영향

종속변인	독립변인	B	S.E	β	R^2	F
	분석지능	.56	.04	.62		
언어	창의지능	.21	.03	.13	.53	103.45***
	입법 사고양식	.19	.07	.11		
	분석지능	1.03	.06	.72		
수리	창의지능	.13	.04	.13	.60	205.78***
	위계 사고양식	.10	.03	.11		
	분석지능	.89	.06	.68		
과학	창의지능	.34	.10	.13	.63	105.43***
	내부 사고양식	.15	.04	.12		

***p<.001

Ⅳ. 논의 및 결론

본 연구는 학생들의 학업성취도에 대하여 전통적 지능의 개념이나 사고양식의 개념에서 벗어나, 비교적 최근에 Sternberg(1996)에 의해 제시된 성공지능 및 사고양식이 학업성취도에 미치는 상대적 영향력에 대해 살펴보았다. 특히, 지금까지 두 개념은 별도로 분리된 개념으로 각각 학업성취도에 대한 연구가 진행되어 왔으나, 본 연구에서는 성공지능 및 사고양식이 상호작용하는 가운데 학업성취도에 영향을 줄 수 있다는 이론적 가설 및 선행 연구(김소연, 2000; 나동진·김진철·이정규, 2005; 윤미선, 1997) 결과에 기초하였다. 그리고 본 연구에서는 성공지능 및 사고양식 중에서도 그동안의 선행연구를 통해 성공지능 중에서는 분석지능과 창의지능, 사고양식 중에서는 입법, 위계, 내부 사고양식으로 국한하여 학업성취도와의 관계를 우리나라 고등학교 교육현장에서 규명하고자 하였다.

연구결과를 종합하여 논의하고 교육적 시사점을 도출하면 다음과 같다.

첫째, 성공지능의 분석지능과 창의지능의 상관관계는 다소 높게 나타났고(.52), 사고양식의 입법, 위계, 내부적 사고양식 간에는 낮은 상관관계를 보였다(.21~.39). 그리고 성공지능과 사고양식 간에도 약한 상관관계가 있었다(.25~.32). 이는 성공지능의 하위지능간 상호 관련성에 대하여 같은 검사 도구를 사용한 김소연(2000)의 .56이나 Sternberg 등(1996)의 .47과 비슷한 결과로서, 성공지능의 하위 능력들이 비교적 독립적이라는 Sternberg의 주장과는 일치하지 않은 결과이다. 하지만 이러한 이유는 Sternberg 등(1999)이 주장한 것처럼 선다형 측정치 간의 방법 변량(method variance)이 주된 원인일 수도 있다. 본 연구에서는 성공지능을 측정하기 위하여 Sternberg의 Comprehensive Ability Test(CAT)에 근거하여 제작된 신종합지능검사(박도순 · 하대현 · 성태제, 2000)를 사용하였다. Sternberg의 성공지능의 본질적인 개념(예: 하위 3개 지능의 영역성 간의 독립성 등)에 기초한 측정 도구들이 앞으로도 더욱 연구되고 계발되어야 할 것이다.

하지만, 사고양식 간 상호상관이 없는 결과를 통해서 사고양식의 각 유형은 비교적 상이한 특성을 측정하고 있음을 확인했고, 성공지능과 사고양식의 약한 상관관계를 통해서 역시 서로 다른 구인으로 기능한다는 Sternberg의 주장을 지지함과 동시에, 한편으로 학업성취에 대하여 사고양식들은 지능과 어느 정도 연합하고 있음을 의미한다.

또한, 성공지능 중에서도 분석지능이 학업성취도와의 상관관계(.71~.77)가 가장 높게 나타났고, 창의지능도 분석지능보다 낮으나 다소 높은 상관관계(.47~.50)를 보이고 있어 성공지능이 기존의 지능개념들과 유사하게 학업성취도와 상관이 높은 것이 규명되었다. 그러나 성공지능과는 달리 입법, 위계, 내부적 사고양식은 학업성취도와 낮은 상관관계(.22~.29)를 보였다. 이는 사고양식 그 자체가 지적 기능을 발휘하는 것은 아니지만 사고양식을 활용하는 방법과 효과성 및 다양한 선택이 능력과 관련 변인들에 의해서 학업성취에 간접적인 영향을 받는다는 것을 여러 연구(김소연, 2000; 나동진 · 김진철, 2003, 2004; 윤미선, 1997; Bernardo, Zhang, & Callueng, 2002; Grigorenko & Sternberg, 1997)를 지지하고 있다고 하겠다.

둘째, 성공지능(분석 및 창의) 및 사고양식(입법, 위계, 내부)이 복합적으로 작용하여 학업성취도에 대한 상대적 예측력을 보다 자세히 살펴보기 위하여 단계적 투입방법에 의한 중다회귀분석 결과, 모든 과목에서 분석지능이 가장 강력한 예측변인인 것으로 나타났다. 분석지능이 모든 과목의 성취와 가장 높은 관련을 갖고 있다는 연구결과는 분석지능이 학업적성으로 기능하고 있음을 보여주는 것이다. 하지만 창의지능도 분석지능보다는 미약하지만 학업성취에 영향을 미친다는 점은 학교교육에서 창의성 교육이 더욱 강조되어야 함을 시사해 준다.

그리고 사고양식 중의 입법, 위계, 내부 사고양식이 과목의 고유한 인지적 영역에 따라서 상대적 영향력이 다르다는 결과(언어는 입법, 수리는 위계, 과학은 내부적 사고양식)에서 보았듯이 과목에 따라서 학생의 사고양식을 고려한 교수-학습의 환경조성이 매우 중요함을 보여준다. 한편, 현재 지능을 연구하는 연구자(하대현, 2004, 2005; Brody, 2003; Gottfredson, 2003)들 간에 논쟁이 되고 있는 성공지능이 지능의 일반요인("g")의 중요성과 역할을 지나치게 축소했다는 점 등에 대해서 성공지능의 분석 및 창의지능이 영역의 고유한 인지적 특성과는 무관하게 영역-일반성을 지지하고 있다는 점이 추후에 지능연구를 함에 있어 중요한 의미를 내포하고 있다고 하겠다.

본 연구결과를 통해서 모든 성취 영역에서 가장 높은 설명력과 예측력을 보인 분석 지능이 학업적성과 가장 관련이 있음을 의미하며, 인간의 성취 능력을 보다 정확하게 이해하기 위해서는 창의 지능도 함께 고려되어야 한다는 점을 보여준다. 또한, 성취영역에 따라서 사고양식의 예측변인이 다르게 나타났다. 예를 들어서, 언어에서는 입법적 사고양식, 수리에서는 위계적 사고양식, 과학에서는 내부적 사고양식이 통계적으로 유의한 변인인 것으로 밝혀졌다. 이러한 결과들을 통해서 학생들은 다양한 사고양식을 가질 수 있으며, 성취 영역에 따라서 보상되는 사고양식이 존재함을 의미한다. 또한, 상관분석의 결과와 마찬가지로 성공지능의 분석 및 창의지능은 영역－일반성을 지지하고 있지만, 사고양식은 영역－특수성도 지지하는 결과이기도 하다. 따라서 사고양식의 영역성에 대한 논의는 앞으로 보다 많은 이론적, 경험적 연구를 통해 이루어져야 할 것이다.

이상과 같이 Sternberg에 의해서 제안된 성공지능과 사고양식 구인의 이론적 가정들에 대해서 본 연구는 구인의 타당성을 확인하였다. 그리고 본 연구 결과에 기초하여 학업성취와 관련하여 학생의 강점을 이용하고 약점을 보완하기 위해서는 학생의 능력 유형과 사고양식에 맞는 맞춤형 교수와 평가가 제공되어야 할 것이다.

다만 본 연구를 통해서 향후 연구에 대한 제안으로 사고양식의 영역성에 대한 규명이 이루어져야 할 것이다. 성공지능은 영역－일반성을 지지하는 것으로 일관되게 밝혀진 반면, 사고양식은 본 연구의 중다회귀분석 결과로는 영역－일반성 및 영역－특수성의 어느 한쪽을 지지하기는 어려운 결과라고 할 수 있다. 이에 대한 이론적·경험적 연구가 차후에 이루어져야 할 것이다. 그리고 본 연구에서 사용한 모든 변인의 점수의 속성이 선다형으로 측정된 것이라는 점을 밝힌다. 따라서 교과의 속성을 제대로 반영하기 위해서 주관식, 수행평가 등 다양한 방법을 사용하여 연구되어야 할 것이다.

마지막으로, 본 연구의 후속연구로서 성공지능을 통제한 후 학업성취에 대한 사고양식의 순수한 영향력을 알아볼 필요가 있다. 또한, 성공지능 및 학업성취도가 상호작용한다는 이론적 가설에 기초하여 학업성취도와의 관계구조를 구조방정식 모형의 분석을 통해 이론적 모형의 적합성을 검증하는 것도 연구의 의의가 있을 것으로 기대된다.

4. 성공지능의 학업성취에 대한 영향력과 교수─학습에 주는 시사점[1]

≪요약≫

　본 연구는 성공지능의 프로파일에 따라서 중학생의 학업성취가 어떻게 이해될 수 있는지를 알아보기 위해 실시되었다. 경기도 파주시 M중학교 1학년 남학생 142명을 대상으로 중학생용 신종합지능검사를 실시하였고, 이와 함께 2007년 제2차 경기도학력평가의 결과가 본 연구에 이용되었다. 자료의 분석에서는 먼저 학업성취에 대한 성공지능의 설명력을 상관분석과 중다회귀분석을 통해 알아보았다. 둘째, 지능의 프로파일에 따른 학업성취의 차이를 알아보기 위해 일원변량분석을 실시하고 사후검증은 Scheffé 방식을 이용하였다. 연구결과는 다음과 같다. 첫째, 분석지능, 창의지능, 실제지능 모두 학업성취와 통계적으로 유의한 상관관계를 나타냈다. 모든 영역의 성취는 분석지능과 가장 높은 상관관계가 있었고, 과목에 따라서 창의지능과 실제지능의 상관정도가 다르게 나타났다. 모든 성취에 대하여 통계적으로 의미가 있는 예언변인 역시 분석지능이었다. 다만 학업성취에 대해 의미가 있는 분석지능과 함께 예언변인으로 기능한 지능은 영어에서는 창의지능이었고, 과학에서는 실제지능이었다. 둘째, 모든 영역에서 분석지능, 창의지능, 실제지능이 '상' 수준으로 구성된 이루어진 균형가(CB) 집단에 속한 학생들이 상대적으로 가장 높은 학업성취를 보였으며, 분석적 창의가(AC)─분석적 실제가(AP)─저지능(LI) 순으로 학업성취가 나타났다. 그리고 복합형 프로파일(CB, AC, AP)이 저지능 프로파일(LI)보다 높은 성취의 경향을 보였다. 이러한 연구결과는 성공지능이 중학생들의 교수·학습 과정에서 유용한 자료가 될 수 있다는 점에서 의의가 있을 것이다.

　주제어: 성공지능, 학업성취, 개별화 수업

1) 한국교육방법학회 교육방법연구(2009) 제21권 제1호, pp.1-22.

I. 서 론

국제사회에서의 경쟁력을 확보하기 위한 노력의 일환으로 세계 각 나라에서는 자국의 교육체제에 대하여 더 많은 관심을 보이고 있는 추세이다. 일본에서는 1964년 폐지했던 초·중학교 전국 학력평가가 부활되고 10년 동안 지배했던 '여유교육'에서 벗어나 수업량을 증가시키고 있다. 미국교육의 방향 역시 공교육 재건을 위한 교육 인프라를 구축하는 데 초점을 두고 있다.

우리나라도 2010년부터 개정된 교육과정이 중학교 신입생부터 적용된다. 새 교육과정이 추구하게 되는 이념적 맥락은 교육의 수월성이며, 여기에서는 학생들 학업성취의 향상이 가장 중요한 지표라고 할 수 있다. 하지만 지금까지 학교 현장에서는 학생들 학업성취의 개인차에 대한 원인을 전통적인 IQ(Intelligence Quotient) 측면에서만 국한해서 이해하고 활용하는 경향이 있었다.

이와 관련하여, 학생의 성취에 대한 개인차와 관련하여 새롭게 관심을 받는 구인으로 Sternberg가 주창한 성공지능(Successful Intelligence)이 있다. 성공지능이론은 지능을 분석적, 창의적, 실제적인 측면에서 이해하고, 이 세 측면은 서로 독립된 기능을 하는 것으로 본다. Sternberg의 지능이론은 단계별로 발전되었다(하대현, 2004a). 제1기는 1977년에 제시되었던 유추의 요소이론, 제2기는 1985년에 주장되었던 삼원지능이론, 그리고 제3기는 1996년에 제시되었던 성공지능이론이다. 제3기에 해당되는 성공지능이론은 성공적인 삶을 예측함에 있어서 기존 IQ 점수와 학교성적 등으로는 한계가 있음을 강조하고 있다. 그리고 성공지능이론은 Sternberg의 「IQ를 넘어서」에서 제기한 삼원지능이론

(Triarchic Theory of Intelligence)을 바탕으로 하여 발전된 이론이다(Sternberg, 1985, 1994).

성공지능의 하위이론은 다음과 같다. 첫째, 요소하위이론은 Sternberg 가 본인의 인지이론을 더욱 발전시킨 것으로서 정보처리이론과 관련 이 있다. 요소는 기본적인 정보처리의 단위로서, 대상이나 상징물의 내적 표상에 작용하게 되는 것을 의미한다. 둘째, 경험하위이론은 지 능의 중요한 측면 중의 하나가 새로운 자극과 장면에 대처하는 능력 이라는 점에서 제안된 것이다. Sternberg는 인간이 새로운 문제에 직 면할 경우에, 지능은 변화된 개념 체계를 선택하기 위한 요인들(선택 적 부호화, 선택적 결합, 선택적 비교)로 구성된다고 주장하였다. 이 때 선택적 부호화(Selective Encoding)는 개인의 학습 맥락에 적합한 정 보를 선택할 때 사용된다. 선택적 결합(Selective Combination)은 이전에 관계가 없었던 정보를 종합하여 새로운 정보를 만드는 데 이용된다. 선택적 비교(Selective Comparison)는 주어진 정보를 이전과 다른 관점에 서 이해하고 비교하여 새로운 것을 유추하려는 과정에서 사용된다. 셋 째, 상황하위이론은 지능을 환경·문화와 연결시켜 이해하려는 시도에 서 제안된 것으로서, 이를 통해 지능에 대한 이해의 폭이 확장되었다.

Sternberg는 위의 세 가지 하위이론에 대한 경험적 연구를 바탕으로 하여 지능을 분석적 능력(Analytical Ability), 창의적 능력(Creative Ability), 그리고 실제적 능력(Practical Ability)으로 정의하였다(Sternberg, 1999). 분석적 능력은 기존의 IQ 개념과 비슷하지만, 기존의 IQ 개념이 학업 적성만을 측정한다는 점을 감안한다면 동일한 것은 아니다(Sternberg, 1996). 창의적 능력은 새롭고 흥미로운 아이디어를 창안해내는 능력을 의미한다. 실제적 능력은 새로운 사회·문화적 환경에 적응(Adaptation),

선택(Selection), 조성(Shaping)할 수 있는 것을 의미한다.

한편, 성공지능이론의 구인타당성에 대한 연구 역시 꾸준히 수행되었다. Sternberg와 그의 동료들(Grigorenko & Sternberg, 1997; Sternberg, Ferrari, Clinkenbeard, & Grigorenko, 1996; Sternberg, Torff, & Grigorenko, 1998)은 분석, 창의, 실제적 지능 모두가 학업성취에 대한 예언변인이며, 성공지능 교수법이 전통적인 교수법보다 성취를 향상시켜 준다는 사실을 확인하였다. 또한, 성공지능의 각 하위영역에서 창의적 지능이나 실제적 지능이 높은 학생이 분석적 지능이 높은 학생보다 인종, 사회경제적 배경, 교육적 배경 등에서 다양성을 보인다고 밝힘으로써 지능의 확장을 통하여 기존 IQ만으로 측정하지 못했던 새로운 능력이 발견되었음을 주장하였다. 그리고 Grigorenko와 Sternberg(2001)는 분석, 창의, 실제적 지능 모두 정신적, 신체적 건강에 대한 예측력을 보여주었고, 그중에서도 특히 실제적 지능이 가장 큰 영향력이 있는 예측변인이었음을 밝혔다.

2000년대에 들어 국내에서도 많은 학자들(강영심 · 송연주, 2002; 김소연, 2000; 나동진 · 김진철 · 전계영, 2003; 나동진 · 김진철, 2004; 문용린 · 강민수, 2004; 이영만, 2006)에 의해 성공지능이론의 타당성에 관한 연구가 진행되었다. 이들 연구에서는 검사 도구형식이나 참여 대상에 따라 학업성취를 설명하는 양상이 세 지능 간에 다소 차이가 있는 것으로 나타났다. 예컨대, 이영만(2006)의 연구에서는 학업성취도에 대한 분석지능, 창의지능, 실제지능의 설명력이 각 과목에 따라 다소 차이가 있는 것으로 나타났다. 또한, 최근 들어서 성공지능이론의 학교교육에 대한 적용 가능성이 좀 더 활발하게 논의되기도 하였다(신종호 · 권희경, 2004; 이순묵 · 이동희, 1999; 이영만, 2007; 전윤식, 2002; 하대현, 2005). 하지만 성공지능의 세 가지 하위지능 중에서 성공지능의 본질이라고 할 수 있는 실제지능을 포함시켜 지능의 개념을 확장시켰다는 점, 실제적 지능과 성취와의 관계, 지능의 일반요인("g")의 중요성과 역할을 지나치게 축소했다는 점, 세 개의 지능이 각각 독립적이지 않다는 반론 등에 대해서 지능을 연구하는 연구자들 간에 아직까지 논쟁이 되고 있다(하대현, 2004b, 2005; Brody, 2003; Gottfredson, 2003). 이와 같은 논쟁과 관련하여 Sternberg(2003)는 분석지능, 창의지능, 실제지능은 성공지능의 하위 요인으로서 각각 독립적이기도 하지만, 세 가지 하위요인을 지능이라는 큰 테두리 안에서 작용하는 것으로 이해해야 한다고 주장한다. 그리고 성공지능이론이 잘못된 이론이라는 지적에 대해서는 Sternberg(2003) 역시 그러할 가능성이 있다고 답변하였다. 하지만 성공지능이론을 기존에 단순하게 지능을 이해했던 시도에서 발전된 이론으로서, 그리고 궁극적으로 보다 나은 심리학적 이론에 접근하려는 시도로 해석해야지, 그렇지 않고 비판적인 시각으로만 해석한다면 현재 존재하는 심리학적 이론 또한 모두 잘못된 것으로 간주해야 한다고 설명함으로써, 성공지능이론은 후속연구를 통해 계속 보완되어야 할 것임을 시사하였다.

Sternberg의 지능이론이 교육현장에 주는 시사점은 다음과 같다(Sternberg, 2002). 첫째, 지능이론 안에 창의적인 면과 실제적인 측면도 강조되어야 한다. 둘째, 인간의 행동은 상황 의존적이기 때문에 학생들의 문화적 배경이 지능의 표현에 영향을 준다는 점을 인식해야 한다. 셋째, 학생 스스로 장점을 잘 이용하고 단점을 교정하기 위해 노력하도록 해야 한다. 넷째, 지능은 변화될 수 있으며 가르칠 수 있다.

우리나라에서도 1990년대 중반 이후, 그동안 학교에서 학업성취를 이해하는 데 있어서 금과옥조로 여겨왔던 표준화 지수 난이 학생생활기록부에서 삭제되었으며, 최근 대입 수능에서도 선택과목의 폭이 비교적 넓어지고 자기 장점을 극대화하여 전형이 가능하게 된 점 등은 성공지능의 철학과 일맥상통한다.

위와 같은 성공지능이론의 관점에서 볼 때, 현장교사들은 학생의 개인차를 폭넓은 차원에서 이해해야 한다. 그리고 지능은 단일요인이 아니기 때문에 여러 요인으로 이해되고 측정되어야 한다. 즉, 지능의 프로파일에 관심을 가져야 할 것이다. 이런 접근은 개인차를 세 지능의 하위요인들의 조합에 의해 이해하고, 또한 지능의 유형(Pattern)을 확장하여 설명할 수 있다는 점에서 중요하다(Sternberg, 2000). 하지만 지금까지 국내의 선행연구들은 학교교육의 적용 가능성만을 제시했을 뿐 실제적으로 학교교육의 일차적인 목적인 학업성취와 관련하여 성공지능의 프로파일에 따른 유용성 확인은 거의 없었다.

본 연구는 중학생의 학업성취가 성공지능의 프로파일에 따라서 어떻게 이해될 수 있는지를 알아보기 위한 것이다. 이는 지능을 제한하여 바라보는 시각에서 벗어나 해당되는 지능을 소유한 개인이 잠재력을 발휘하기 위한 자기이해에 도움이 될 뿐 아니라, 교육현장에서 학습자 개개인에게 맞는 교수법과 수업 자료를 제공하여 학업성취를 높이도록 하는 데 시사점을 제공할 것이다. 구체적인 연구문제는 다음과 같다.

첫째, 중학생의 학업성취에 대한 성공지능의 설명력은 어떤가?

둘째, 성공지능의 프로파일에 따라서 중학생의 학업성취의 차이가 어떤가?

Ⅱ. 연구방법

1. 연구대상

본 연구는 경기도 파주시 M중학교의 1학년에 재학 중인 학생 158명을 대상으로 실시하였다. 불성실하게 응답한 16명의 자료를 제외되었고, 총 142명(모두 남학생)의 자료가 이용되었다. 파주시의 M중학교는 12개의 학급으로 구성된 소규모 학교로서 학부모의 사회경제적 수준은 낮은 편이다.

2. 측정도구

본 연구에서 사용된 검사는 지능검사와 학업성취도가 측정되었다.

가. 신종합지능검사

Sternberg의 지능이론을 바탕으로 하대현, 신종호와 황해익(2005)에 의해 중학생용으로 제작된 것으로, 지능 영역을 측정하는 질문지와 사고 양식을 측정하는 질문지로 구성되어 있다. 지능 영역은 분석 지능, 창의 지능, 자동화, 실제 지능으로 구분되며, 언어·수·도형 등의 정보 자극 유형과의 관계에 따라 10개 하위검사로 구성되었다. 본 연구와 부합하지 않은 자동화 영역과 사고양식 측정 질문지는 제외하고 사용되었다. 하위영역별 Cronbach-α 신뢰도는 .48~.94의 범위(평균 .68)이다.

분석지능은 기존의 IQ 검사와 유사하며, 언어, 수, 도형의 세 정보 자극 유형에 따라 언어 이해력, 수열 추리, 도형 유추의 3개 하위 검사로 나뉘어져 있다. 창의지능은 가설적 사고, 신기한 언어 유추, 통찰의 3개 하위검사로 나뉘어 측정되는데, 이 중 정보 자극 유형의 언어와 관련되는 것은 가설적 사고와 신기한 언어유추 검사이고, 정보 자극 유형의 수와 관련되는 것은 통찰 검사이다. 실제 지능은 일상 추리와 일상 도형추리의 2개 하위검사로 나뉘어 측정된다. 일상 추리 검사는 언어 문항과 수 문항을 포함하고 있고, 일상 도형추리 검사는 도형 문항만을 포함하고 있다.

나. 학업성취

본 연구에서의 학업성취는 2007년 10월 19일 실시된 제2차 경기도 학력평가의 결과로서 국어, 사회, 수학, 과학, 영어 영역, 그리고 전체 학업성취로 구성되어 있으며 모두 표준점수로 처리되었다.

3. 자료 분석방법

첫째, 학업성취에 대한 성공지능의 설명력은 상관분석과 중다회귀 분석(Enter 방식)을 통해서 알아보았다. 둘째, 지능의 프로파일에 따른 학업성취의 차이를 알아보기 위해 일원변량분석과 Scheffé 검증을 실시하였다. 지능은 프로파일은 Sternberg(2000)의 방식을 참고하여 아래와 같이 분류하였다. 우선, 각 하위 지능의 평균을 기준으로 학생들을 상·하 두 집단으로 분류하고, 우선 이 세 가지 기준의 조합에 의해 상-상-상, 상-상-하 등의 8개 하위집단을 구성하였으며 그 세부 사항은 다음과 같다. 분석지능에서만 '상' 수준은 A(분석가: Analyzer),

창의 지능에서만 '상' 수준은 C(창의가: Creator), 실제지능에서만 '상' 수준은 P(실제가: Practitioner), 분석지능과 창의지능에서 '상' 수준은 AC(분석적 창의가: Analytical Creator), 분석지능과 실제지능에서 '상' 수준은 AP(분석적 실제가: Analytical Practitioner), 창의지능과 실제지능에서 '상' 수준은 CP(창조적 실제가: Creative Practitioner), 모든 지능에서 '상' 수준은 균형가(CB: Consummate Balancer), 모든 지능에서 '하' 수준은 저지능(LI: Low Intelligence)으로 구분되었다.

자료 분석 결과 8가지 프로파일 중에서 저지능(LI: Low Intelligence), 분석적 실제가(AP: Analytical Practitioner), 분석적 창의가(AC: Analytical Creator), 균형가(CB: Consummate Balancer) 집단의 사례수가 나머지 네 집단의 사례수와 큰 차이를 보이는 이유로, 위에 제시된 네 집단의 학업성취도만 자료 분석에 이용하였다.

III. 연구결과

1. 가정의 검토

자료를 분석하기 전에 기본가정들을 충족하는지를 살펴보았다. 우선, 단변인 정규성을 검토한 결과 절댓값 1을 넘는 왜도나 첨도는 발견되지 않았으므로(왜도: −.473에서 .208, 첨도는 −.774에서 .930까지 분포) 단변인 정규성에 심한 문제는 없었다. 잔차의 정규분포성(Normality)과 선형성(Linearity)도 히스토그램에서 종속변인인 총점이 거의 정상분포를 이루고 있었으며, 산포도 역시 표준점수 0을 중심으로 대략적인 직사각형 모양을 하고 있어 잔차의 정규분포성, 선형성에 위배되지 않았다. 지능유형에 대한 Levene의 등분산성(Homoscedasticity)의 F 값도 통계적으로 의의가 없었다. 이 밖에도 Durbin-Watson 통계치는 2.244로서 본 자료의 잔차는 비교적 독립적이었고, 다중공선성 검정에서 VIF(Variance Inflation Factor)의 값도 모두 1.0에 가까운 값들로 가정을 충족하였다.

한편, 본 연구에 참여한 학생들의 자료를 성공지능의 하위 지능과 영역별 성취로 나누어 살펴본 결과, 평균과 표준편차는 <표 1>과 같다.

〈표 1〉 성공지능의 하위 지능과 영역별 성취의 평균과 표준편차(N=142)

구분	변인	M	SD
성공지능	분석지능	103.57	10.81
	창의지능	105.16	12.62
	실제지능	101.64	12.50
학업성취	국어	55.38	15.24
	사회	61.33	21.34
	수학	50.39	22.09
	과학	54.32	19.31
	영어	63.49	24.67
	총점	284.91	86.58

2. 학업성취에 대한 성공지능의 설명력

우선, 성공지능의 하위변인들이 학업성취를 예측하는 변인으로 기능할 수 있는지를 알아보기 위하여 측정변인 간의 상관계수를 <표 2>와 같이 알아보았다. 성공지능의 하위 변인인 분석지능, 창의지능, 실제지능에서 모두 학업성취와 통계적으로 유의한 상관관계를 나타냈다. 상관

지수는 .249~.858 범위에서 나타난 것으로 보아 성공지능의 세 가지 유형과 학업성취의 관계는 대체로 양호한 편이라고 볼 수 있다.

〈표 2〉 성공지능과 학업성취의 변인 간 상관행렬(N=142)

	변인	1	2	3	4	5	6	7	8
성공지능	1. 분석지능								
	2. 창의지능	.478**							
	3. 실제지능	.520**	.576**						
학업성취	4. 국어	.440**	.341**	.364**					
	5. 사회	.484**	.299**	.282**	.701**				
	6. 수학	.530**	.370**	.371**	.612**	.568**			
	7. 과학	.433**	.249**	.378**	.632**	.691**	.709**		
	8. 영어	.528**	.471**	.308**	.607**	.665**	.652**	.548**	
	9. 총점	.579**	.418**	.400**	.819**	.858**	.847**	.842**	.844**

** p<.01

한편, 성취총점은 분석지능과 가장 높은 상관관계를 보였다. 분석지능은 성취의 다른 변인에서도 모두 창의지능과 실제지능보다 관계가 높은 것으로 나타났다. 창의지능은 사회, 영어, 총점에서 실제지능보다 상관관계가 높은 것으로 나타났으나 국어, 수학, 과학에서는 실제지능이 창의지능보다 더 높은 상관을 보였다.

한편, 지능 상호 간의 상관관계도 의의가 있는 것으로 나타나고 있기 때문에, 각 지능들이 성취에 미치는 독립적인 영향을 알아보기 위해서 <표 3>에서와 같이 중다회귀분석을 실시하여 알아보았다. <표 3>에서 보듯이, 전체적으로는 회귀식이 통계적으로 의의가 있었다. 하지만 각 지능들이 다른 지능의 효과를 통제하고 난 후 독립적으로 학업성취에 미치는 효과를 분석한 결과는 다음과 같다. 국어에서는 분석지능(b=.445, t=3.433, p<.01)이 통계적으로 의의가 있는 예측 변인으로 약 23%를 설명하였다. 사회에서도 분석지능(b=.870, t=4.836, p<.001)이 통계적으로 의의가 있는 예측 변인으로 나타났으며 약 24%의 설명력을 지니고 있었다. 수학에서는 분석지능(b=.882, t=4.943, p<.001)이 통계적으로 의의가 있는 예측 변인으로 나타났으며 약 30%의 설명력을 지니고 있었다. 과학에서는 분석지능(b=.596, t=3.613, p<.001)과 실제지능(b=.353, t=2.306, p<.05)이 통계적으로 의의가 있는 예측 변인으로 나타났으며 약 22%의 설명력을 지니고 있었다. 영어에서는 분석지능(b=.970, t=5.027, p<.001)과 창의지능(b=.636, t=3.682, p<.001)이 통계적으로 의의가 있는 예측 변인으로 나타났으며 약 35%의 설명력을 지니고 있었다. 마지막으로 총점에서는 분석지능(b=3.764, t=5.632, p<.001)이 통계적으로 의의가 있는 예측 변인으로 나타났으며 약 36%의 설명력을 가졌다.

결과들을 종합해 보면, 성공지능의 모든 하위 변인들은 모든 영역의 성취와 통계적으로 유의미한 상관을 보였다. 특히, 분석지능이 모든 과목에서 가장 높은 관계를 가지고 있고, 창의지능과 실제지능은 과목에 따라서 상관의 정도가 상대적으로 달랐다. 그리고 분석지능은 모든 성취에서 예측 변인의 역할을 하였고, 창의지능은 영어에서만 예측 변인의 역할을 하였다. 실제지능은 과학에서만 예측 변인의 역할을 하였다.

3. 성공지능의 프로파일별 학업성취의 차이

학업성취에 대하여 성공지능의 네 가지 프로파일별로 어떠한 차이가 나타나는지를 살펴보기 위하여 일원변량분석을 실시하였다. 분석의 결과는 <표 4>에 제시되었으며 모두 통계적으로 유의미한 차이가 나타났다($p<.001$).

〈표 3〉 학업성취에 대한 성공지능의 예측력(N=142)

종속변인	예언변인	b	SE	Beta	t	R^2	Adjusted R^2	F
국어	분석지능	.445	.130	.316	3.433**			
	창의지능	.136	.116	.112	1.168	.226	.209	13.054***
	실제지능	.164	.120	.135	1.360			
사회	분석지능	.870	.180	.441	4.836***			
	창의지능	.146	.161	.086	.904	.240	.223	14.108***
	실제지능	.005	.167	.003	.031			
수학	분석지능	.882	.179	.432	4.943***			
	창의지능	.208	.160	.119	1.299	.302	.286	19.313***
	실제지능	.138	.166	.078	.834			
과학	분석지능	.596	.165	.334	3.613***			
	창의지능	-.065	.148	-.042	-.437	.220	.203	12.632***
	실제지능	.353	.153	.229	2.306*			
영어	분석지능	.970	.193	.425	5.027***			
	창의지능	.636	.173	.325	3.682***	.347	.332	23.705***
	실제지능	-.199	.179	.101	1.108			
총점	분석지능	3.764	.668	.470	5.632***			
	창의지능	1.061	.599	.155	1.772	.363	.349	25.501***
	실제지능	.462	.621	.067	.744			

* $p<.05$, ** $p<.01$, *** $p<.001$

<표 4>에 나타난 것과 같이, 모든 영역에서 분석지능, 창의지능, 실제지능이 '상' 수준으로 구성된 이루어진 균형가(CB)가 상대적으로 가장 높은 학업성취를 보였으며, 분석적 창의가(AC)—분석적 실제가(AP)—저지능(LI) 순으로 학업성취가 나타났다. 그리고 복합형 프로파

일(CB, AC, AP)이 저지능 프로파일(LI)보다 높은 성취의 경향을 보였다.

성공지능의 네 가지 프로파일에 따른 성취 영역 차이를 보다 자세하게 알아보기 위하여 사후 검증(Scheffé 방식)을 실시하였다. 국어와 과학에서는 실제지능이 포함된 경우(CB)와 두 지능이 없는 경우(AC, LI)로 대비되었다. 사회에서는 저지능(LI)과 복합형 지능(CB)으로 대비되었다. 수학과 총점에서는 분석지능이 포함된 경우(CB)와 분석지능이 없는 경우(LI, CP)로 대비되었다. 영어에서는 분석지능과 창의지능이 포함된 경우(CB, AC)와 두 지능이 없는 경우(LI)로 대비되었다.

〈표 4〉 지능의 프로파일별 학업성취의 변량분석 결과(N=106)

성취 영역	유형								F	Scheffé 사후검증
	LI(1)		CP(2)		AC(3)		CB(4)			
	N	M (SD)	N	M (SD)	N	M (SD)	N	M (SD)		
국어	34	47.35 (11.39)	16	53.88 (19.96)	16	52.25 (11.48)	40	64.50 (13.09)	10.262***	(1)-(4), (3)-(4)
사회	34	47.88 (16.60)	16	60.00 (20.02)	16	64.25 (24.97)	40	73.35 (18.30)	10.939***	(1)-(4)
수학	34	39.18 (16.05)	16	44.00 (10.68)	16	48.63 (18.97)	40	63.85 (24.47)	10.664***	(1)-(4), (2)-(4)
과학	34	48.12 (16.08)	16	53.88 (18.49)	16	49.50 (18.43)	40	66.15 (17.14)	7.859***	(1)-(4), (3)-(4)
영어	34	43.71 (18.71)	16	60.38 (22.21)	16	71.38 (20.71)	40	76.20 (23.38)	15.180***	(1)-(3), (1)-(4)
총점	34	226.24 (52.70)	16	272.13 (78.04)	16	286.00 (82.26)	40	344.05 (82.48)	16.032***	(1)-(4), (2)-(4)

*** p<.001
저지능(LI: Low Intelligence), 창조적 실제가(CP: Creative Practitioner), 분석적 창의가(AC: Analytical Creator), 균형가(CB: Consummate Balancer)

Ⅳ. 논의 및 결론

1. 논의 및 제언

본 연구는 성공지능이 중학생의 학업성취와 어떤 관련성이 있고, 성공지능의 프로파일별로 학업성취가 어떻게 나타나는지를 알아보기 위한 것이다. 연구결과는 다음과 같다.

첫째, 분석지능, 창의지능, 실제지능에서 모두 학업성취와 통계적으로 유의한 상관관계를 나타냈다. 모든 영역의 성취는 분석지능과 가장 높은 상관관계가 있었고, 과목에 따라서 창의지능과 실제지능의 상관정도가 다르게 나타났다. 모든 성취에 대하여 통계적으로 의미가 있는 예언 변인 역시 분석지능이었다. 분석지능 외에 성취에 대한 의미가 있는 예언 변인은 영어에서는 창의지능이었고, 과학과목에서는 실제지능이었다.

본 연구의 결과와 관련하여, 전 성취영역에서 분석지능의 높은 설명력은 분석지능이 "g"와 가장 관련이 있음을 보여준 결과이다. Sternberg는 지능을 '발달하는 전문성(Intelligence as Developing Expertise)'으로 이론화하는 과정에서 분석지능을 좀 더 제한적인 의미로 '학업적'이라는 용어로 대체하여 사용하였다. 이는 분석지능이 선언적이고 형식적인 학교지식을 쉽게 익히는 것과 관련이 있다는 것을 의미한다.

그리고 과목에 따라서 학업지능 외에 창의지능이나 실제지능이 성취에 기여한다는 점에서 학교교육에서 교사는 학생의 다양한 지적 능력을 간과해서는 안 된다는 성공지능의 가치를 잘 반영해 준다. 하지만, 성공지능의 성취에 대한 영향력에 대한 기존연구들과 비교해 볼 때 본 연구는 김소연(2000), 하대현(2002), 나동진·김진철과 이정 규(2005)의 연구결과와 비슷한 양상을 보였으며, 다른 선행연구들(강 영심·송연주, 2002; 문용린·강민수, 2004; Grigorenko & Sternberg, 2001)과는 차이가 있었다. 예컨대, 강영심과 송연주(2002), 이영만 (2006)의 연구에서는 실제지능이 학업성취도를 가장 잘 설명해 주는 변인이었고, Grigorenko와 Sternberg(2001) 역시 러시아인들의 정신적, 신체적 건강에 대하여 실제지능이 가장 큰 영향력을 보여주었다.

이처럼 일관적이지 못한 예측양상은 검사도구의 형식과 관련이 있 어 보인다. 본 연구에서는 김소연(2000)과 하대현(2002)의 연구에서 사 용한 Comprehensive Ability Test(CAT)에 근거하여 제작된 중학생용 신종 합지능검사가 사용되었다. 반면에 강영심과 송연주(2002)는 STAT을 사용했는데, 이는 객관식과 논술형식으로 구성되었다. 문용린과 강민 수(2004)의 연구에서 사용된 검사 도구는 앞에서 말한 두 지능검사와 는 측정요소도 다르고, 창의지능의 응답 구성은 서술형으로서 형식도 다소 다르다.

또한 학업성취에 대하여 세 가지 지능의 예측력이 일관적이지 못 한 것은 문화와 상황의 차이에 따라서 지능이 다르게 발현될 수 있다 는 점을 의미할 수 있다. 이는 Sternberg가 분석지능, 창의지능, 실제지 능이 각 개인이 행동하는 상황에 따라 다양해질 수 있다고 한 주장과 일치하고 있다. 이영만(2007) 역시 성공지능이론은 성공의 의미가 어 떻게 이해되느냐에 따라서 각 지능영역이 다르게 작용할 수 있음을 시사하고 있다.

그리고 본 연구의 성취도 평가와 관련해서 성취의 준거가 교과의 특성을 잘 반영하지 못할 수 있다. 현재 우리나라의 대부분의 학업성취도 평가체제가 정태적인 지식(Inert Knowledge)만을 강조하는 경향이 있어서 불활성의 주입식 중심의 교수·학습이 이루어지고 있다는 비판과 관련이 있다. Sternberg는 독립적인 주도성을 덜 요구하는 과제와 시험 등에서는 분석지능의 예측변량이 높지만, 독립적인 주도성이 상당히 요구되는 프로젝트와 같이 덜 구조화된 측정치들에서는 분석지능의 예측변량이 감소된다고 지적했다. 창의지능과 실제지능 검사는 구조화된 과제(예: 과제와 기말고사)보다는 비교적 새로운 과제(예: 독립적인 프로젝트)에서 예측변량이 더 많이 추가될 것으로 기대된다(하대현, 2004b:107).

또한 이번 연구에서는 중학교 학생의 학업성취에 있어서 성공지능의 수준에 의한 프로파일적 접근의 가능성을 확인하였다. 고등학생을 대상으로 한 선행연구(나동진·김진철·이정규, 2005)와는 달리 사례 수를 고려해서 저지능(LI), 분석적 실제가(AP), 분석적 창의가(AC), 균형가(CB) 등 네 가지 유형이 자료 분석에 이용되었고, 단일지능(A, C, P) 유형은 모두 제외되었다. 나동진·김진철과 이정규(2005)의 연구에서 나타난 결과처럼, 중학생 역시 저지능(LI) 집단에 속한 학생들은 모든 학업성취에서 가장 낮은 양상을 보였다. 이에 반해 균형가(CB) 집단에 속한 학생들은 분석적, 창의적, 실제적 지능을 발달시킬 수 있는 학업적 영재성을 가지고 있었다. 다만 성취의 영역에 따라서 대비의 양상이 다르게 나타났다. 즉, LI와 CB의 대비는 모든 영역의 성취에서 공통적으로 나타났으며, 학업성취의 총점과 수학에서는 CP와 CB의 대비가 있었고, 국어와 과학에서는 AC와 CB의 대비가 있었다. 이 밖에도 영어에서는 LI와 AC가 대비되었다. 이처럼 성공지능의 프로파일에 따라서 성취에서 차이가 존재한다는 것은 성공이란 어느 특정한 지능이 발현되기보다는 세 가지 지능이 조화롭게 발달되어야 하듯이, 학업적 성공을 위해서도 세 가지 지능 모두 조화롭게 발달되어야 함을 보여주는 것이다. 또한 세 가지 능력이 발현되는 수업방식은 전통적인 수업방식보다 더 높은 성취를 보인다는 선행연구들(Sternberg et al., 1998; Sternberg, Grigorenko, & Jarvin, 2001)의 결과와도 맥을 같이한다.

하지만 본 연구를 통해서 볼 때, 앞으로 성취와 관련하여 성공지능의 타당성은 앞으로도 많은 경험적 축적이 필요하다고 본다. 예를 들어, 이번 연구 결과 중 <표 2>에서 나타난 분석지능, 창의지능, 실제지능 간에 비교적 높은 상관관계는 세 하위 요소 모두가 지능을 측정하는 동일한 능력 검사란 점으로 미루어 이해될 수도 있지만(Sternberg, 2003), 세 하위 요소가 각각 독립된 변인인지에 대해 의문을 갖는 주장에 대처하기 위해서는 후속연구를 통해 계속 논의가 이루어져야 할 것이다. 그리고 성공지능을 측정하는 도구를 계속해서 발전시키고 있다는 Sternberg의 주장처럼, 국내에서도 성공지능의 본질을 잘 반영하는 검사도구의 개발이 필요하다. 기존의 교과과정에 근거한 기억된 지식의 양을 측정하는 평가방법으로는 실생활에서의 수행을 예측하기 어렵기 때문이다(Sternberg, Wagner, Williams, & Horvath, 1995; 신종호, 권희경, 2004). 또한, 지능의 유형에 따라 각각 장점과 약점을 가지고 있다는 점으로 미루어 볼 때(Sternberg, 2000), 학생들은 확실한 지능의 유형을 보이기도 하지만 실제로는 지능의 유형이 중첩될 수도 있다는 것도 예측할 수 있다. 따라서 학생들이 스스로 장점을 극대화하고 약점을 보완할 수 있도록 적절한 학교환경의 조성이 필요할 것이다.

2. 교수·학습에 주는 시사점

본 연구를 통해서 성공지능은 Sternberg와 그의 동료들(Sternberg, 1994; Sternberg et al., 1996; Sternberg et al., 1998)의 주장처럼 중학생들의 교수·학습과정에 시사점을 제공하고 교육적으로 유용한 구인이 될 수 있다는 것을 재확인할 수 있었다. 특히 이번 연구결과에서 보이는 것과 같이 성공지능의 하위변인들은 각 과목의 성취에 다르게 영향을 주기 때문에 현장교사들은 자신이 가르치는 과목에서 학생들이 스스로 강점을 이용하고 약점을 보완하게 하는 학생의 능력 유형에 맞는 다양한 교수법을 제공해야 할 것이다.

이와 관련하여, Sternberg와 Grigorenko(2007)는 학교현장에서 실질적으로 성공지능을 가르치는 방법을 제시하였다.

첫째, 분석적인 능력을 가르치는 것은 학생들로 하여금 단순하게 주어진 내용을 학습하는 것을 넘어 학생들 스스로 문제를 해결하게 하는 데 그 목적이 있다. 따라서 학습내용에서 무엇이 중요하고 또 왜 그것이 중요한지에 대해 스스로 생각할 수 있는 기회를 주는 것이 아주 중요하다(Sternberg & Grigorenko, 2007). 이러한 기회의 제공에는 교재, 학습도구, 시간 등의 사용도 포함될 수 있을 것이다. 그리고 주어진 문제에 대한 결과만을 보이도록 요구하는 것이 아니고, 그 결과를 도출하기 위해 어떠한 과정을 거쳐 왔는지를 학생들이 설명할 수 있도록 기회를 주어야 한다. 이때 교사는 문제해결의 각 과정마다 적절한 피드백을 주어야 하고, 학생들 또한 자신의 장점과 약점을 파악하고 어떠한 방법으로 자신들의 실수를 반복하지 않게 할 수 있는지를 스스로 생각할 수 있는 기회를 제공해야 할 것이다. 그리고 학생들 자신의 학습과정뿐만 아니라 주변 친구들의 문제해결과정도 자신의 것과 비교하여 서로 발전적인 피드백을 제공할 수 있도록 하는 기회도 반드시 제공되어야 할 것이다.

이번 연구에서 분석지능은 국어, 사회, 수학, 과학, 영어 모든 과목의 학업성취도에 대하여 통계적으로 의미가 있는 예언변인으로 나타났다. Sternberg와 Grigorenko(2007) 역시 각 과목별로 분석지능을 이용한 수업모형을 제시하였는데, 이를 바탕으로 하여 분석지능을 각 과목에서 어떻게 효과적으로 가르칠 수 있는지 자세하게 소개하고자 한다.

먼저, 국어 과목에서는 교사가 학생들 스스로 탐구하고자 하는 분야의 도서를 직접 선정하게 할 수 있다. 예를 들어 한국의 고전문학에 대해서 공부한다면 학생들이 토끼전, 심청전, 흥부전 등에서 하나를 선택하여 읽고 난 후에 그 내용과 특징에 대해서 발표할 수 있는 기회를 주어야 한다. 이때 학생들 간에 서로의 생각을 비교하게 함으로써 학생들 스스로 한국 고전문학의 특징을 정리할 수 있도록 하는 기회를 주어야 한다. 예를 들면, 학생들은 토론을 통해 한국 고전문학에서는 동물이 등장하여 사전이 전개되고, 현실에서 쉽게 이루어질 수 없는 사건이 전개된다는 공통점을 찾아낼 수 있을 것이다. 만일 학생들이 예상된 결론에 도달하지 못하는 경우에는 교사의 적절한 안내와 피드백을 통해 주어진 학습목표에 도달할 수 있을 것이다.

사회 과목에서도 역시 학생들 스스로 관심 있는 역사 혹은 시사 문제를 직접 선택할 수 있도록 해야 한다. 예를 들어, 한국사 분야에서 일제 강점기 부분을 학습하는 과정이라면 교사가 학생들로 하여금 그 당시 한국 국민들이 겪었던 고통에 대해 좀 더 자세히 알아볼 수 있도록 기회를 줄 수 있을 것이다. 이때 교사는 학생들이 일본군 위안부, 강제징용자, 독립운동 후 수감자 등 다양한 이유로 고통을 당한 국민들 중 자신이 관심을 보이는 분야를 직접 선택하여 관련된 자료를 수집하고 연구할 수 있도록 해야 한다. 이 과정에서 만일 일본군 위안부 문제에 관심을 갖고 관련 자료를 수집하는 학생들이 단지 일본군 위안부 문제를 다룬 책과 신문기사를 위주로 접근한다면, 교사는 학생들로 하여금 일본대사관 앞에서 매주 수요일 시위를 벌이는 일본군 위안부 할머니들 혹은 그들의 고통을 다룬 비디오 자료 등을 안내함으로써 학생들이 다양한 방법으로 학습문제에 접근할 수 있도록 도와줄 수 있을 것이다. 또한 각자 다른 주제에 관심을 갖고 조사했던 학생들끼리 자신들의 학습결과에 대해 토론할 수 있는 기회를 제공함으로써, 일제 강점기 한국 국민들이 겪었던 고통에 대해 자세하게 알아볼 수 있을 것이다.

수학 과목에서 분석지능을 가르치기 위해서는 주어진 문제에 대한 정확한 이해를 하는 것이 가장 중요하다. 10×20의 답을 묻는 문제가 나왔다면 먼저 이 문제가 요구하는 것이 무엇인지 정확하게 파악하도록 해야 한다. 이때 학생들이 ×의 개념을 정확하게 숙지하고 있는지를 확인할 수 있다. 학생들 모두 주어진 문제를 정확하게 파악하였다면 스스로 문제를 해결할 수 있는 기회를 주고 왜 그런 결과에 도달했는지 직접 설명할 수 있는 기회를 주어야 한다. 예를 들면, 어떤 학생은 10×20의 암산으로 쉽게 200이라고 대답할 수 있지만, 어떤 학생은 10×(10×2), 즉 20을 10과 2의 곱으로 생각하고 자신이 이미 알고 있는 10×10에 대한 답을 쉽게 먼저 구한 후에 2를 곱하여 답을 구할 수 있다. 하지만 다른 학생은 (2×5)×20, 즉 10을 5와 2의 곱으로 생각하고 5와 20을 먼저 곱한 후 여기에 2를 곱하는 방법으로 접근할 수 있다. 이와 같이 각자 다른 문제 해결 과정에 대해 설명하고 서로 비교·대조하게 함으로써 한 가지 수학문제에 대한 해결방식이 여러 가지가 존재할 수 있음을 학생들이 알 수 있도록 한다. 이 과정에서 교사는 암산을 통해 빨리 답을 구한 학생들이 다른 두 가지 방법으로 문제를 해결한 학생들의 의견에도 관심을 갖고 배울 수 있도록 조언하는 것도 중요하다.

과학 과목에서도 역시 분석지능이 잘 이용될 수 있다. 예를 들어 학생들이 암석에 대해서 학습하고 있다면, 교사는 학생들 스스로 각자 다른 암석을 선택하여 그것에 대해 자세히 조사하고, 그들 사이의 공통점을 찾아낼 수 있도록 지도할 수 있다. 만일 학생들이 토론의 과정에서 암석은 고체 상태로만 존재하고, 항상 물에 가라앉는다 등등의 공통점을 도출해 낸다면, 이때 교사는 부석이 물에 뜬다는 것을 실험을 통해 학생들에게 보여줌으로써 모든 암석은 항상 물에 가라앉는 것은 아니라는 피드백을 줄 수 있다.

마지막으로 영어에서도 분석지능을 가르칠 수 있다. 그러나 이번 연구 결과 영어에서는 분석지능과 함께 창의지능이 학업성취에 통계적으로 의의가 있는 예언변인으로 나타났다. 창의지능을 가르치는 데 있어서 분석지능은 반드시 필요한 전제조건이므로 영어 과목에서 분석지능을 가르치는 방법은 아래의 창의지능에서 같이 소개할 것이다.

둘째, 창의적인 능력은 흔히 흥미로운 아이디어를 만들어 낼 수 있는 능력으로 인식된다. 창의적인 능력은 성공지능의 하위 변인 중의 하나이지만 그것을 가르치는 데 있어서 다른 두 개의 능력, 즉 분석적 능력과 실제적 능력이 반드시 함께 고려되어야 한다. 그 이유는 다음과 같다(Sternberg & Grigorenko, 2007). 먼저 창의적인 아이디어에는 좋은 아이디어도 있지만 나쁜 아이디어도 포함될 수 있다. 이때 분석적인 능력은 학생들이 좋은 아이디어만을 선택하고 추구하게 하는 방향으로 안내할 수 있다. 그리고 실제적인 능력은 주변 사람들이 자신의 창의적인 아이디어에 관심을 갖고 믿음을 줄 수 있도록 만드는 데 도울 수 있다. 과거 인류의 역사에서 어떤 창의적인 아이디어가 제시되는 초반에 주변 사람들이 그 가치를 인식하지 못하고 그것을 인정하지 않거나 강하게 비판하는 것을 생각한다면 쉽게 이해할 수 있을 것이다.

학생들이 창의적인 능력을 가질 수 있도록 가르치는 방법 중의 하나는 학생들로 하여금 스스로 학습내용을 선택하고 해결방법을 찾아 문제를 해결하게 하는 기회를 제공하는 것이다(Sternberg & Grigorenko, 2007). 이때 선택의 기회를 주는 것은 단순히 몇 개의 예시 중에서 원하는 것을 골라 학습하게 하는 것이 아니고 학생들 스스로 원하는 학습내용을 선택할 수 있게 하는 것을 의미한다. 창의적인 능력을 가르치기 위한 또 하나의 방법에는 학생들 스스로 자신들만의 아이디어와 계획을 만들 수 있는 기회를 제공하는 것이다(Sternberg & Grigorenko, 2007). 이때 학생들이 제시한 아이디어나 계획들에 대해 교사가 같이 생각하고 그것에 대한 새로운 접근 방식을 소개하는 것이 중요하다. 마지막으로 학생들 스스로 그들이 제시한 아이디어에 대하여 자신감과 끈기를 갖고, 그들의 아이디어나 계획을 쉽게 수용하지 않는 상황에서 주장을 펼칠 수 있도록 하는 기회도 제공되어야 한다(Sternberg & Grigorenko, 2007). 이때 교사는 학생들에게 그들 자신의 의견이나 계획에 반대되는 의견에 대해 미리 생각해보고 그 상황에 적절하게 대처할 수 있도록 준비할 수 있는 기회를 제공해야 할 것이다.

이번 연구에서 창의지능은 영어의 학업성취도에 통계적으로 의미가 있는 예언변인으로 나타났다. 학생들이 왜 영어를 공부해야 하는지에 대한 호기심을 갖는다면, 이는 창의 지능을 가르치는 좋은 예가 될 수 있다. 이때 어떤 학생들은 세계화 시대에 영어는 중요한 의사소통의 수단이 될 수 있다는 맥락에서 자신의 아이디어를 제시할 수 있지만, 어떤 학생들은 여행사에 근무하는 관광 가이드가 통역을 해 주기 때문에 굳이 국내에 거주하는 학생들이 다른 나라의 언어를 배울 필요는 없다는 논지를 펼칠 수 있다. 위 두 가지 아이디어는 각각 다른 입장에 있지만 나쁜 아이디어는 아니기 때문에 교사는 학생들이 왜 그렇게 생각하는지 구체적인 논거를 제시할 수 있도록 해야 한다. 여기에서 분석 지능의 능력이 요구된다. 그리고 교사는 학생들이 자신의 의견을 주장하는 도중에 서로 다른 입장의 의견에도 끈기를 갖고 반박할 수 있는 기회를 주어야 한다.

셋째, 학생들에게 실제적 능력을 가르치기 위해서는 그들이 생각한 아이디어가 적용될 수 있는 상황을 경험하게 하는 기회를 만들어 주는 것이 중요하다(Sternberg & Grigorenko, 2007). 아무리 좋은 아이디어라 할지라도 그것이 적용되는 상황에서는 그 과정이나 결과가 달라질 수 있기 때문이다. 예를 들어, 학생들이 자신의 아이디어를 실제로 실행에 옮겨볼 수 있는 기회를 제공하는 것은 실제적 능력을 가르치는 좋은 예가 될 수 있을 것이다. 또한 실제적 능력을 가르치는 데 있어서 학습내용을 주어진 시간 내에 스스로 마무리하고 나머지를 적절하게 계획하게 하는 기회를 제공하는 것도 중요하다. 그리고 학생들 스스로의 약점이나 환경적인 요인에도 불구하고 주어진 학습목표를 성취하게 할 수 있도록 가르치는 것도 실제적인 능력을 가르칠 수 있는 하나의 방법이 될 수 있다.

이번 연구에서 실제지능은 과학 과목의 학업성취도에 통계적으로 의미가 있는 예언변인으로 나타났다. 실제지능은 학생들이 자신의 아이디어를 실제 상황에서 적용해 보고 자신의 아이디어를 보다 경쟁력 있게 만드는 데 그 의미가 있다. 예를 들어, 과학에서 식물에 대하여 학습하는 도중에 어떤 학생이 토마토 줄기와 감자 줄기를 접목하면 토마토와 감자를 동시에 수확할 수 있다는 아이디어를 가졌다면, 교사는 그 학생으로 하여금 직접 접목을 시도하여 결과가 어떻게 되는지 실험하게 할 수 있을 것이다.

성공지능 교수법에 대한 효과가 Sternberg와 그의 동료들에 의한 연구에서도 증명되고 있듯이(Sternberg et al., 1998), 학교행정가와 교사들은 어떻게 성공지능을 효과적으로 가르칠 수 있는지 더욱더 관심을 갖고 실천해야 할 것이다. 이와 관련하여 후속 연구에 대한 제언을 하고자 한다.

먼저 성공지능의 하위요인인 분석지능, 창의지능, 실제지능이 각 학년별·교과별로 어떤 역할을 하는지 정리될 필요가 있다. 중학생을 대상으로 실시한 이번 연구는 초등학생을 대상으로 실시한 이영만 (2006)의 연구와 고등학생을 대상으로 실시한 나동진·김진철과 이정규(2005)의 연구와는 그 결과에서 다른 양상을 보였다. 이는 성공지능의 세 가지 요인들이 학년별·교과별로 다르게 기능하고 있다는 것을 보여주는 증거이며, 학년과 교과 영역에 따라 설명력을 지니는 성공지능의 요인들이 무엇인지 좀 더 체계적인 연구를 통해 결과가 정리될 필요가 있다.

그리고 성공지능이론을 실제 수업에 적용하는 연구도 필요할 것이다. 그동안 국내에서는 성공지능이론을 실제 교과에서 이용하고 효과를 검증하는 연구가 미흡했던 것이 사실이다. 이와 관련하여 이영만 (2007)도 지적하고 있듯이 지능 유형에 입각하여 각 교과에 성공지능 이론을 적용한 교수법을 개발하여 실시하고, 이에 대한 효과가 어떤지를 검증해야 할 필요가 있을 것이다.

5. 과학영재의 사고양식과 학업성취의 관계[1)

───── ≪요약≫ ─────

   본 연구는 우리나라 과학 고등학교 학생들의 사고 양식의 표출경향성을 알아보고 학년·성별 사고양식의 차이가 있는가? 또 학업성취와 상관이 있는 사고양식이 존재하는지를 알아보았다. 과학 고등학교 학생들은 입법·진보적 사고양식을 선호하고 보수적 사고양식을 덜 선호하였다. 사고양식의 학년·성별 차이에서 학년별로는 행정·내부·보수적 사고양식을 제외한 나머지는 차이가 없었고, 성별에서는 행정·군주·과두·무정부적 사고양식에서 차이가 있었다. 끝으로 사고양식과 학업성취와의 관계에서 행정·사법·보수적 사고양식과 전체 평균 사이에 통계적으로 유의미한 상관이 있었으며, 특히 행정적 사고양식은 전 과목에 걸쳐 상관관계가 있었는데 이것은 과학 고등학교 학생들이 창조력과 관계되는 Type I의 사고양식이 표출되나 평가체제는 타인에 의하여 주어진 업무를 추구하는 것과 관련이 있는 Type II 사고양식과 관계가 있다는 점에서 아직까지 과학영재 교육이 대학입시위주의 틀에서 벗어나지 못하고 있다는 점을 말해준다. 다만 본 연구는 학생들 모두 기숙사 생활을 하고 있고 대학진학 목표가 동일한 점 등을 고려하면 표집 대상자가 높은 동질성을 지닌다고 볼 수 있다. 그리고 사례수가 적으며 지방이라는 한계가 있다. 따라서 앞으로 다양한 교육배경을 지닌 학생들의 사고양식의 연구가 필요하다.

핵심어: 과학영재, 사고양식, 학업성취, 정신적 자기-통치 이론, Type I, Type II

───────────

1) 한국열린교육학회 열린교육연구(2003) 제11집 제1호 18권 제1호, pp.275-291.

I. 서 론

교육인적자원부는 2002년 11월 25일 한국교육개발원 주관으로 서울교육연수원에서 열린 공청회에서 '영재교육진흥 종합계획'을 발표하고 2007년까지 영재 교육기관을 200개 이상 늘릴 방침이며 고교과정의 영재학교는 과학분야뿐 아니라 예술분야에도 문화관광부가 2007년 개교 목표로 영재학교 설립을 검토할 예정이다. 이처럼 최근 교육개혁이 진행되면서 개인차를 고려한 교육의 중요성이 일고 있다. 이것은 수월성(excellence) 교육을 의미하는 것으로 학습자의 지적 발달과 지능의 증진문제와 직결된다. 그렇다면 과연 지능이 학업성취를 완벽하게 예언할 수 있는가? 그리고 고정불변의 IQ만으로 학교에서 영재를 구별하는 것은 합리적인 것인가? Spearman의 지능이론 이후 학습에 가장 중요한 영향을 미치는 요인이 있다면 그것은 바로 g(general intelligence)로서, 공통의 인지적 능력이다. 따라서 지능은 타고난 지적 능력이기 때문에 교육은 그 주어진 능력 범위 안에서 이루어질 수밖에 없다는 것이었다. 그러나 최근 심리 측정 측면에서 능력과 IQ에 대한 전통적인 연구 방법으로는 개인차 발생과정을 완벽하게 규명하지 못했다고 비판하면서 새로운 개인차 구인 연구에 대한 필요성을 제기하였다(Sternberg, 1995). 지금까지 학교에서 금과옥조처럼 여겨왔던 학생들의 지능지수와 적성검사 내용들이 학교 생활기록부가 전산화되었던 1997년부터 양식에서 삭제되었다. 이런 현상들은 개인차 구인으로서 지능에 대한 한계가 있었다는 것을 의미한다.

지능에 대하여 최근 강조되고 있는 것이 성취의 개인차 구인에 있어서 지능과 성격의 매개로서 능동성(conation)이다(Snow, Corno, & Jackson

Ⅲ, 1996). 특히 이와 관련한 연구로 10여 년에 걸쳐 Curry(1983), Riding & Cheema(1991)와 Grigorenko & Sternberg(1995) 등의 개념의 통합에 대한 시도가 있어 왔다. 그중에서 Sternberg(1997) 연구는 대표적인데, 그는 인지양식·학습양식·사고양식의 차이점을 논하였다. 인지양식은 어떤 정보를 인식하는 방식을 특성화하는 데 사용하는 것이고, 학습양식은 어떤 정보에 대하여 얼마나 학습하는 것을 선호하는가를 특성화하는 데 사용하는 개념이며, 사고양식은 학습할 때 또는 학습 후에 학습 자료에 대하여 얼마나 선호하는가를 말한다. 또한 그는 정신적 자기-통치 이론(theory of mental self-government)을 근거로 사고양식을 창안했다(Sternberg, 1994a, Sternberg & Grigorenko, 1995, 1997a). 사고양식은 능력이라기보다는 문제해결 상황에서 정보를 처리하고 가지고 있는 능력을 사용하는 방법의 선호다. 이것은 학교 현장에서 특정 과제에 대한 학생들은 어떤 문제 해결 방법을 비교적 안정적이고 일관되게 적용하는 사고의 경향성과 관련을 가진다. 따라서 사고양식은 학생들의 개인차를 나타내는 특성이 되기 때문에 그들의 문제 해결 능력의 이해와 촉진 및 교수-학습 과정의 상호 작용 효과를 증진하는 데 적용될 수 있는 구인이 될 수 있음을 의미한다.

한편 Zhang(2001)은 스타일 이론에 대한 이전의 모델과는 달리 정신적 자기-통치 이론에 입각한 사고양식을 Type Ⅰ(입법적·사법적·전체적·계층적·진보적) 양식과 Type Ⅱ(행정·지엽적·보수적) 양식으로 분류하고 주요 3가지 장점을 다음과 같이 말한다. 첫째, 단일 영역이 아니라 다영역에 속하는 이론이다. 둘째, 다른 전통적 모델과는 달리 좋다거나 나쁘다가 아니라 시간·과업·상황 의존적이라는 점이다. 셋째, 사고양식이 고정된 것이 아니라 사회화될 수 있다는 점이다. 지금까지 Sternberg의 사고양식에 대한 국내 연구는 타당성 연구에 국한되어 극히 몇 편에 불과할 뿐 이에 대한 다양한 연구의 축적이 필요하다.

따라서 본 연구는 Sternberg에 의해서 새롭게 제시된 사고양식의 구인들이 과학 고등학교 학생들에게 나타나는 경향성을 알아보고 학년·성별 사고양식의 차이점과 학업성취와 상관되는 사고양식이 존재하는지를 규명하고자 한다. 이런 기초 연구가 앞으로 국내 과학 영재들을 이해하고 교수-학습뿐 아니라 적합한 평가체제를 확립하는 데 유용한 자료가 될 것이다.

II. 이론적 배경

1. 스타일의 의미와 특성

사람들이 과제를 선택하거나 주어진 문제를 해결하기 위하여 자신의 지능을 이용하는 방법에는 분명한 차이가 있지만, 그 차이가 지능 수준이나 성격특성 및 과제의 난이도 등에 의해서만 좌우되는 것은 아님을 의미한다. 또한 스타일은 사람들이 지능을 얼마나 가지고 있느냐가 아니라, 지능을 어떻게 이용하는가의 문제라고 할 수 있다. 스타일의 기본적인 특성을 다음과 같다(Sternberg, 1995; 김소연, 2000 재인용).

첫째, 스타일이란 능력이라기보다 오히려 능력을 이용하는 방법이다. 둘째, 많은 사람들은 종종 스타일과 능력을 혼동한다. 셋째, 스타일은 과제나 상황에 따라 바뀔 수 있다. 넷째, 스타일은 사회화된다.

사람들은 정해진 스타일을 가지고 태어나는 것이 아니다. 다섯째, 스타일은 개인의 생애 과정에서 변할 수 있다. 여섯째, 스타일이란 좋거나 나쁜 것이 아니라 단순히 차이일 뿐이다.

위에서 언급한 스타일의 의미와 특성을 종합해 볼 때 스타일이란 지능의 수준이나 성격 특성도 아니며 오히려 '지능과 성격의 상호작용'이라고 할 수 있을 것이다.

2. 정신적 자기-통치 이론에 근거한 사고양식

Sternberg(1988)는 스타일에 관한 기존의 다양한 접근들을 통합하고 새로운 개념을 도출하여 정신적 자기-통치 이론을 제안하면서 자신의 새로운 이론이 스타일에 관한 전통적인 접근들의 대안으로서 여러 가지 장점들을 갖는다고 하였다. 정신적 자기통치 이론의 기본 개념은 사람들이 집 밖의 생활에서뿐 아니라 학교에서까지 자신들의 일상적인 행동에 어떤 식의 지배나 관리를 필요로 하며 그러한 자치 방법은 여러 가지가 있을 수 있다는 것이다(Sternberg, 1988). 즉, 사람들은 자신에게 편안한 스타일을 선택한 후 최소한 선택한 스타일에 대한 이용과 시도에 있어서 성공의 수준이나 상황적 요구에 대한 적응 등의 차원에서 다소 융통성을 발휘하게 된다. 정신적 자기 통치 이론은 개인에게 적용되는 정부의 기능(functions)·형식(forms)·수준(levels)·범위(scope)·경향(leaning) 등으로 나누어 설명된다. 기능에서는 입법적 사고양식을 가진 사람은 창조성을 요구하는 일에 종사하는 것을 좋아한다. 행정적 사고양식을 가진 사람들은 명확한 지시가 있는 업무를 수행하기를 좋아하며, 사법적 양식을 지닌 사람들은 타인의 활동에 대하여 평가하는 것에 초점을 맞춘다. 형식면에서 군주적 사고양식을 가진 사람들은 한 번에 한 가지 일에 완전히 초점을 맞춰 과제를 수행하기를 좋아하며, 계층적 양식을 가진 사람들은 몇 가지 우선순위를 두고 그들의 관심을 분배하여 일을 처리한다. 과두적 사고양식을 지닌 사람들은 우선순위를 두지 않고 여러 가지 일을 동시에 수행하는 방식을 선호한다. 무정부적 사고양식의 사람들은 '무엇을, 어디에서, 언제, 어떻게 업무를 해야 한다'와 같은 형식과 절차를 싫어하고 규칙·규범·권위에 저항하며 임의적으로 문제를 해결하기를 좋아한다. 수준에서는 전체적 스타일은 문제에 대한 전체적 윤곽에 관심을 갖고 추상적인 문제를 좋아하는 경향이 있다. 반면에 지엽적 스타일의 사람들은 문제의 특수한 사항에 관심을 갖고 세부적인 작업과 정확성을 요구하는 문제를 좋아하는 경향이 있다. 범위는 내부적 사고양식을 지닌 사람들은 독립적·내성적으로 문제를 해결하는 경향이 있고, 외부적 사고양식을 지닌 사람들은 다른 사람들과의 상호작용으로 일을 해결하는 경향이 있다. 따라서 협동을 요하는 일을 대인관계를 가지고 해결하고자 한다. 경향에서는 진보적 스타일을 가진 사람들은 신기성과 모호성이 개입된 일에 종사하기를 좋아한다. 기존의 규칙과 절차에 탈피하고 변화를 추구한다는 면에서 입법적 스타일과 유사해 보일 수 있지만, 입법적 스타일은 자신만의 고유한 규칙이나 절차를 설정하는 데 비하여 진보적 스타일의 사람들은 그러한 수준까지는 미치지 못한다는 점에서 차이가 있다. 반면에 보수주의적 성향이 우세한 사람들은 과업수행에 있어서 기존의 규칙과 절차를 고수하려는 경향이 있다.

한편, 위와 같은 사고양식을 Zhang(2001)은 Type I (입법적·사법적·

전체적·계층적·진보적) 양식과 Type Ⅱ(행정적·지엽적·보수적) 양식으로 분류한다. Type Ⅰ을 사용하는 사람들은 기준에 도전적이고 위험을 감수하는 경향이 있고, Type Ⅱ 양식을 사용하는 사람들은 단순한 정보처리를 요구하는데 기존 준거의 틀을 좋아하면서 권위를 존중하는 경향이 있다고 주장한다.

3. 과학 영재와 사고양식

영재교육은 동서양 모두 예부터 강조되어 왔지만 시대에 따른 사회적 가치에 의하여 달라져 왔다. 그만큼 영재에 대한 정의에 대하여 완전한 합의가 이루어지지 않는 상태라고 할 수 있다. 다만 1950년대 초까지는 영재를 전통적 지능검사에 초점을 두고 정의하는 경향을 있었다. Terman(1925)을 들 수 있다. 그는 지능검사 결과 동일 연령집단에서 상위 1% 이상을 영재라고 하였다. 최근에 와서는 IQ뿐 아니라 비인지적 요인들에 대하여서 활발히 연구되어지는 경향이 있다.

Torrance(1969)와 Tannenbaum(1984)은 창의성이 영재성과 같은 개념으로 파악하였고, Renzulli(1978)는 삼원 모델(Three-ring model)에서 영재의 준거로서 평균 이상의 지능, 높은 창의력, 높은 과제 집착력을 제시하고, 영재성은 이 세 요소가 상호작용하여 나타나는 것으로 정의하였다.

Feldhusen(1986, 1992)은 재능을 "적성 또는 지능, 학습된 기능, 지식, 동기-적성-경향성 등의 복합체로 보았다. 지능에 관한 새로운 해석을 통하여 영재를 새롭게 정의하려고 시도한 사람으로서 Gardner(1983)는 자신의 다중 지능 이론(Multiple intelligence)을 통하여 인간의 신경체계에 바탕을 두고 있는 8가지의 지능을 제시하였고, 영재란 이러한 각 지능 분야별로 특별하게 뛰어난 사람을 가리키는 것이다. Sternberg(1985)는 영재성이란 새로운 상황에 적응하기 및 정보처리과정을 자동화와 같은 지적 행동을 표출하며, 지적 행동을 자신의 생활과 관련된 실제 환경에 직접 적용하며 아울러 자신에게 적절한 환경을 선택할 뿐만 아니라 바꾸어 나가는 능력이라고 정의하였다. 따라서 교육과 연결시켜서 영재성의 의미를 정의해 보면, 영재는 일반 지능, 창의적 사고력, 특정 학문분야의 적성, 사고력, 지도력, 예술 분야의 재능, 신체 운동 능력과 같은 여러 영역 중 한 영역에서라도 뛰어난 성취를 보이는 학생을 말한다(Renzulli, 1978).

특히 과학 영재를 규정함에 있어 여러 학자들은 대체로 수학적 능력, 과학적 사고력 등과 관련을 맺고 있는 추리력, 언어 능력, 공간 지각력 등을 고려해야 한다고 주장한다. 특히 과학영재는 과학에 대한 호기심을 가지고 지속성 있게 자연 현상을 탐구하고 분석하여 종합적으로 사고하는 능력과 과학에 대한 개방된 마음을 가지고 있다고 한다.

이상과 같은 영재에 대한 개념들을 볼 때 사고양식은 지능과 성격의 매개로서 인지적 요소와 정서적 요소가 중첩되는 심리적 구인이다. 특히 사고양식은 자신의 지적 능력을 이용하는 방법으로 Zhang(2001)이 언급한 Type I(입법적·사법적·전체적·계층적·진보적) 양식은 과학영재에서 중요한 창의성과 관련이 있는 것으로 앞으로 많은 연구의 축적이 필요하다.

4. 선행연구 고찰과 현장적용의 시사점

우선, 사고양식과 성취와 관련해서 Sternberg(1988, 1990, 1994a, 1994b, 1997)는 자신의 사고양식 개념으로 자체가 지적인 것은 아니지만, 사고양식을 활용하는 다양한 방법과 효과성 및 선택이 최소한 성취에 영향을 미칠 것이라는 점을 주장했다. Grigorenko와 Sternberg(1997a)는 예일대학교의 여름학기에 199명의 고등학생을 대상으로 심리학개론 수업을 하고 사고양식과 성취와의 관계연구에서 입법·사법·계층·진보주의적 사고양식과 유의한 정적 상관이 있었으며, 행정적 사고양식과는 유의한 부적 상관을 보였다. 그리고 중다회귀분석을 통하여 분석적·창의적·실제적 능력과 사고양식이 첨가되면 학업성취에 대한 설명력을 증가시키는 데 통계적으로 유의함을 확인시켜 주고 있다. 이때 기여한 사고양식으로는 입법적·행정적·사법적·진보적 사고양식 등이었다. 특히 사법적 사고양식은 모든 과목의 성취와 통계적으로 유의한 정적 상관관계가 있었다. 또한 학생들의 사고양식은 성별, 학년, 능력의 형태에 따라 차이가 없음을 밝혔다. 한편, Sternberg는 1988년 이후로 교육현장을 대상으로 연구를 계속 수행하여 왔다.

첫째, 학교의 기능에 따라서 교사들의 사고양식의 차이 연구에서 고학년 담당할수록 입법적이고 행정적 경향성을 보인다는 것을 밝혔다. 그리고 나이가 많을수록 행정적·지엽적·보수적 경향을 보이며 젊은 교사들은 창의성을 장려하는 사고양식을 보여주고 있으며 자연과학 교사들이 인문과학 교사보다는 진보적 성향이 있음을 보여주었다(Sternberg & Lubart, 1995, 1996). 둘째, 학생들의 배경에 따라 사고양식을 연구에서 부모님의 교육이나 직업 등이 사법적·지엽적·보수적, 과두제 양식과 부적관계가 있었고 동생이 형보다 입법적임을 밝혔다(Sternberg & Grigorenko, 1995). 그리고 교사들은 학생의 사고양식과 일치하면 교사는 학생들을 긍정적으로 평가하거나 과대평가한다고 하였다(Sternberg & Grigorenko, 1995).

한편, Zhang(2001)은 학교 현장에서 사고양식과 관련하여 지금까지 연구들을 다음과 같이 간략하게 요약하고 있다. 첫째, 학생들은 나이 · 출생순위 · 성 등 개인적 특성과 학습 환경에 따라 사고양식이 다르다. 둘째, 교사의 사고양식들은 개인적 특성과 교수경험 사이의 기능만큼 다양하다. 셋째, 학생들은 교사의 사고양식과 일치할 때 성적이 좋아지는 경향이 있다. 넷째, 사고양식과 성격양식은 관계가 있다. 다섯째, 사고양식과 학습접근은 유의미하게 관계가 있다. 위 연구의 자세한 결과는 Grigorenko와 Sternberg(1995), Sternberg와 Grigorenko(1995), Zhang(1999a), 그리고 Zhang과 Sternberg(1998)에 있다. Sternberg의 이론은 주로 중국문화(홍콩과 중국본토)로부터 얻은 자료에 의하여 연구되었고 지지되었다. 그러나 이 연구는 대체로 대학생과 중등학교 교사들로 한정되었다. 단지 중등학생 대상의 논문 2편이 있었는데 사례 수가 67명과 66명이었다. 두 연구(Tso, 1998; Ho, 1998) 각각 다른 초점을 둔 연구였다. 첫 번째는 사고양식과 학업성취 사이의 관계 연구였다. 두 번째는 사고양식과 학생의 개인특성(출생 순위, SES) 사이의 관계 연구였다. 두 연구 모두 사고양식의 질문지(TSI)의 신뢰성과 타당성을 확고하다 할지라도 미국에서 얻었던 결과와는 상당히 달랐다. 이것은 사고양식이 문화적 특성에 따라 달라질 수 있음을 의미한다. 예를 들어 Sternberg와 Grigorenko(1995)는 학업성취와 사법적 사고양식 사이에 의미 있는 긍정적 관계가 있었다. 반면에 Tso(1998)는 두 변인 사이에 부정적 관계가 있었다. 아주 흥미롭게 홍콩 대학생 622명의 연구에서 Zhang과 Sternberg(1998)는 학업성취와 사고양식의 관계는 Tso(1998)의 홍콩 중등학생들의 연구와 같은 결과를 밝혔다. 또 Sternberg와 Grigorenko(1995)는 늦게 태어난 것과 입법적 양식 사이에 긍정적 관계가 있었으나, Ho(1998)는 일찍 태어난 것과 입법적 양식 사이에는 긍정적 관계가 있었다. 이와 같은 재미있는 발견들은 좀 더 크고, 그러나 상당히 다른 홍콩 중등학생들의 표집 대상자의 연구를 필요하게 되었다. 국내에서 윤미선(1997)은 일반계 고등학생을 대상으로 사고양식의 표출 경향을 알아보았는데 Sternberg가 사고양식 구인 타당도 준거로 제시한 미국 9~10학년 학생들과의 연구(Sternberg & Wagner, 1991)와 비교해서 대부분 비슷하게 나타났다. 또 사고양식이 학업성취에 미치는 영향력을 알아본 결과 사법적·전체적·지엽적·계층적·과두적 사고양식이 학업성취의 예언에 통계적으로 유의한 결과를 가져온다는 사실을 입증하였다. 김소연(2000)의 연구에서도 역시 Sternberg의 연구결과(Sternberg & Wagner, 1991)와 비슷하게 학생들이 가장 선호하는 스타일이 입법적 스타일이며, 보수주의적 스타일에 대한 선호는 낮았다. 그러나 학년·성별에 따라 부분적으로 Sternberg 연구와는 차이를 보였다. 그리고 학업성취를 설명하는 정도를 알아본 결과 행정적 스타일·계층적 스타일·진보적 스타일에서 통계적으로 유의한 상관이 있었다. 특히 이들 중 행정적 스타일은 모든 과목의 성적과 유의한 상관이 있었다.

이상과 같이 사고양식에 대한 Sternberg의 연구와 일부 국내 연구들을 통하여 볼 때 학교 현장에서 학습자의 성취에서 비인지적 영역에서도 개인차가 존재한다는 사실이다. 따라서 학교 현장에서 과학 고등학생들의 사고양식에 대한 올바른 이해가 이루어진다면 이를 바탕으로 원활한 의사소통과 개인차를 고려하는 교수－학습 방법과 평가 체계를 연구하는 데 상당한 도움이 될 수 있을 것이다.

5. 연구가설

앞에서 언급한 서론과 이론적 배경을 바탕으로 우리나라 과학 고등학교 학생들의 사고양식과 관련된 사항을 알아보기 위하여 다음과 같은 연구가설을 설정한다.

가. 과학영재는 Type Ⅰ(입법적·사법적·전체적·계층적·진보적) 양식을 선호하고, Type Ⅱ(행정적·지엽적·보수적) 양식을 덜 선호할 것이다. 이것은 Zhang(2001), 윤미선(1997) 및 김소연(2000)의 연구에 근거하였다.

나. 과학영재는 학년, 성에 따라 사고양식에 차이가 있을 것이다. 이것은 김소연(2000)의 연구에 근거하였다.

다. 과학영재의 학업성취와 사고양식은 상관이 있을 것이다. 이것은 Grigorenko & Sternberg(1997)와 윤미선(1997) 및 김소연(2000)의 연구에 근거하였다.

Ⅲ. 연구방법

1. 연구대상

본 연구는 전북 익산시 소재 ○○ 과학고등학교 재학생을 대상으로 실시되었다. 설문지에 답한 학생은 총 86명으로 1학년 40명, 2학년 47명이며, 남 56명, 여 31명이다.

2. 검사도구

1) 사고양식 검사

본 연구의 설문지는 Thinking Styles Questionnaire Short Version(Sternberg & Wagner, 1991)다. 설문은 총 65문항으로 5개 영역 13가지 하위척도로 되었다. 1가지 하위척도마다 5개 문항으로 구성되어 1점에서 7점 사이에 반응함으로 최하 7점에서 최대 35점까지 범위다. 윤미선(1997)이 번역하여 예비조사 후에 문제점을 보완한 것이다. 검사지의 신뢰계수는 .84이었다.

2) 학업성적

본 연구대상자의 학업성적은 2002년 전라북도에서 실시한 학력검사로서 언어・수리・사회・과학・외국어 영역으로 표준점수로 변환하여 사용하였다.

3. 자료분석

본 연구에서는 연구문제에 따라 다음과 같이 분석하였다.

첫째, 과학 고등학교 학생들에서 나타나는 사고양식의 표출 경향
성을 알아보고자 사고양식의 하위 구인에 대하여 평균과 표
준편차를 구했다.

둘째, 사고양식의 학년·성별에 따른 차이를 알아보기 위하여 t검
증을 사용하였다.

셋째, 학업성취와 사고양식의 관계를 알아보기 위하여 상관관계를
사용하였다.

Ⅳ. 결과 및 해석

1. 사고양식의 표출 경향성

국내의 과학 고등학교 학생들의 사고양식의 평균과 표준편차 결과
는 <표 1>와 같다.

〈표 1〉 사고양식검사의 평균과 표준편차

변인	스타일	평균	표준편차
기능(functions)	입법	27.22	3.50
	행정	22.11	3.62
	사법	23.98	3.09
형식(forms)	군주	25.18	4.71

형식(forms)	계층	23.58	3.62
	과두	20.36	4.40
	무정부	22.45	3.34
수준(levels)	전체	22.96	3.53
	지엽	21.87	3.83
범위(scope)	내부	23.60	3.90
	외부	23.25	3.68
경향(leaning)	진보	25.91	4.99
	보수	16.75	5.63

위 <표 1>에서 볼 수 있듯이 사고양식의 하위 구인들의 평균점수는 16.75에서 27.22점 사이다. 학생들은 입법적(27.22)·진보적(25.91)·군주적 양식(25.18)을 선호하고, 특히 보수적 양식(16.75)을 덜 선호하는 것으로 나타났다. 즉, TypeⅡ의 사고양식보다는 TypeⅠ의 사고양식을 더 선호하는 경향이 있다.

2. 사고양식의 학년별 및 성별 차이

학년과 성에 따라 과학 고등학생의 사고양식에 차이가 있는지를 알아본 결과는 다음 <표 2>과 같다.

〈표 2〉 사고양식의 학년별 및 성별 차이

변인	학년별				성별			
	학년	평균	표준편차	t	성별	평균	표준편차	t
입법	1	26.42	3.51	-1.932	남	26.87	3.46	-1.256
	2	27.87	3.39		여	27.87	3.53	
행정	1	23.02	3.84	2.156*	남	21.00	3.64	2.126*
	2	21.36	3.28		여	22.71	3.49	

사법	1	23.61	3.41	-.996	남	23.82	3.10	-.637
	2	24.28	2.81		여	24.27	3.10	
군주	1	25.13	5.00	-.078	남	24.15	5.09	-2.843*
	2	25.21	4.53		여	27.07	3.22	
계층	1	23.53	4.20	-114	남	23.20	3.79	-1.305
	2	23.62	3.11		여	24.27	3.23	
과두	1	21.13	4.12	1.453	남	21.33	3.89	2.840*
	2	19.74	4.57		여	18.60	4.80	
무정부	1	22.79	3.81	-848	남	23.05	3.48	2.330*
	2	22.17	2.92		여	21.33	2.80	
전체	1	22.61	3.67	-815	남	22.95	3.80	-.026
	2	23.23	3.43		여	22.97	3.03	
지엽	1	22.71	3.26	1.844	남	22.22	3.90	1.135
	2	21.19	4.14		여	21.23	3.68	
내부	1	22.47	3.92	2.467*	남	23.18	3.57	1.346
	2	24.51	3.67		여	24.37	4.40	
외부	1	24.05	3.77	1.838	남	23.71	3.52	1.580
	2	22.60	3.52		여	22.40	3.88	
진보	1	25.63	5.13	-.453	남	26.04	4.91	-324
	2	26.313	4.92		여	26.67	5.22	
보수	1	18.66	5.10	2.932*	남	14.87	6.00	2.344*
	2	15.21	5.61		여	17.78	5.18	

* p<.05

위 <표 2>을 보면 학년별·성별에 따라 부분적으로 몇 가지 사고양식에서 통계적으로 유의한 평균 차이가 있었다. 이는 학년·성에 따라서 사고양식의 유의미한 차이가 없었다는 Sternberg의 연구(Sternberg & Grigorenko, 1995; Grigorenko & Sternberg, 1997a)와 Zhang(2001)의 연구와는 사뭇 다른 결과다. 우선 학년별 사고양식이 차이를 보면 행정(t=2.156 , p<.05)과 보수(t=2.932, p<.05)와 내부(t=-2.467, p<.05)적 사고양식에서 차이를 보인다. 1학년이 2학년에 비해서 행정적·보수

적 사고 경향을 나타내고 2학년이 1학년에 비해서 내부 지향적 사고 양식을 더 선호한다고 볼 수 있다. 성별에 따라 사고양식의 차이에서는 행정(t=2.126, p<.05)·보수(t=2.344, p<.05)·군주(t=2.843, p<.05)·과두(t=2.840, p<.05)·무정부(t=2.330, p<.05)적 사고양식에서 남녀 간에 차이가 있었다. 즉, 행정적·보수적·과두적·무정부적 사고양식이 남학생에게서 더 강하게 표출되고, 여학생이 남학생보다 보수적 사고양식을 더 선호하였다.

3. 사고양식과 학업성취와의 관계

사고양식과 학업성취와 상관관계를 알아본 결과는 <표 3>에 제시되었다.

〈표 3〉 사고양식과 학업성취와의 관계

변인	언어	수리	사회	과학	외국어	전체(평균)
입법	.026	-.051	-.022	-.069	.154	.016
행정	.362**	.364**	.280**	.290**	.230*	.371**
사법	.239*	.106	.270*	.025	.241*	.250*
전체	-.115	.009	-.008	.029	.182	.036
지엽	.168	.177	.133	-.024	.117	.144
진보	.092	.041	.086	.011	.189	.100
보수	.126	.294**	.047	.223*	.011	.225*
군주	.196	-.011	.048	.063	.119	.121
계급	.001	.043	.153	.057	.152	.108
과두	-.041	.027	.045	.178	.106	.140
무정부	-.180	.105	-.110	-.101	-.004	-.071
내부	.095	-.049	.037	.029	.125	.057
외부	.025	.152	.016	.144	.105	.116

** p<.01. * p<.05

<표 3>를 살펴보면 학업성취와 통계적으로 유의한 상관이 있는 사고양식이 존재하였다. 전체 평균과 상관이 있는 것은 행정(r=·371, p<.05)·사법(r=·250, p<.05)·보수(r=·225, p<.05)적 사고양식이었다. 특히 행정적 스타일은 모든 영역에서 상관이 있었고, 사법적 양식은 전체 5과목 중 3개 과목과 상관이 있었고 보수적 사고양식은 전체 중 2과목에서 유의한 상관이 있었다. 세부적으로 보면 언어영역은 행정(r=·362, p<.01)과 상관이 있었고, 수리 영역은 행정(r=·364 p<.01)·보수(r=·294, p<.01)적 사고양식과 상관이 있었으며, 사회영역은 행정(r=·280, p<.01)·사법(r=·231, p<.05)적 양식과 상관관계가 있었고, 과학탐구는 행정(r=·290, p<.01)·보수(r=·223, p<.05)적 양식과 관계가 있었다. 외국어 영역은 행정(r=·230, p<.05)과 사법(r=·241, p<.05)적 사고 양식에서 상관이 있었다.

V. 논의

지금까지 본 연구는 국내 과학 고등학교 학생들이 선호하는 사고양식의 경향을 알아보고, 학년·성에 따라 사고양식의 차이가 있는가? 또 학업성취와 상관관계가 있는 사고양식이 존재하는지를 알아보는 것이었다. 본 연구에서는 다음과 같은 결과를 얻었다.

첫째, 과학 고등학교 학생들은 Type II 사고양식보다는 주로 Type I 사고양식을 선호하였다.

둘째, 학년·성에 따라 사고양식의 차이가 있었다.

셋째, 학업성취와 상관관계가 있는 사고양식이 존재한다.

위와 같은 결과에 대하여 다음과 같이 논의를 한다.

1. 사고양식의 표출 경향성

국내 과학 고등학생들은 입법적 · 진보적 · 군주적 · 사법적 사고양식을 선호하고, 지엽적 · 과두적 · 보수적 사고양식을 덜 선호하는 경향이 있었다. 미국 영재 중등학생들에 대한 Sternberg 등의 연구 결과(Sternberg & Wagner, 1991)와 관련하여 볼 때, 국내 과학 고등학생들은 보수적 · 내부적 사고양식을 훨씬 많이 선호하였다. 반면에 과두적 · 외부적 사고양식에서 미국보다 덜 선호하는 결과가 있었는데 이것은 우리의 대학진학 · 학습방법의 차이 · 협동과 자유로운 표현 능력의 권장 등 양국 교육문화 차이가 반영된 것으로 생각된다.

한편 Zhang(2001)은 13가지 사고양식을 크게 Type Ⅰ과 Type Ⅱ로 나누었는데 이와 관련하여 국내 과학 고등학생들은 Type Ⅱ보다는 Type Ⅰ사고양식을 더 선호한다고 볼 수 있다. 즉, 기존의 기준을 좋아하고 권위 지향적인 성향보다는 기준에 도전적이고 좀 더 복잡한 정보체계를 요구하는 사고양식을 선호한다고 볼 수 있다. 또한 Martin(1989)는 행정적 사고양식은 보수적 사고양식과 상관이 있고, 입법적 사고양식과 관련이 있다고 주장하였다. 이와 관련하여 본 연구에서 입법적 사고양식과 진보적 사고양식의 선호가 비슷하고, 지엽적 사고양식과 행정적 · 지엽적 · 보수적 사고양식 표출 순위가 비슷한 결과를 보임으로써 사고양식의 공간이 다차원적(Stenberg, 1997, Zhang, 2000)이라는 사실을 알 수 있다.

2. 학년·성별 사고양식의 차이

  우선, 학년별로 사고양식의 차이를 알아본 결과, 10가지 사고양식
에서 차이가 없어서 Sternberg의 연구결과(Sternberg & Grigorenko, 1995;
Grigorenko & Sternberg, 1997)와 김소연(2000)의 연구와 비슷하였다. 다
만 행정·보수·내부적 양식과는 유의미한 차이가 있었다. 이것은
Sternberg의 정신적 자기-통치 이론이 연령이나 학년이 올라감에 따
라 사고양식의 선호가 달라질 수 있다는 견해를 부분적으로 입증한
다고 볼 수 있다. 행정·보수적 사고양식이 2학년보다 1학년에서 높
게 나타나는데 신입생으로 기존의 전통적인 교육상황에서 스타일을
유지하고 있음을 알 수 있다. 하지만 2학년이 1학년보다 내부적 사고
양식이 높다. 이것은 Sternberg(1997)이 언급했듯이 학교에서는 주로
개인적으로 수행하는 일에 더 많은 보상을 한다는 것과 관련시켜 생
각할 수 있는데 국내 과학 고등학생들은 학년이 올라감에 따라 학교
장 추천 입학제도에 따라서 대학진학이 이루어지는 현실에 비추어
학교내신이 무엇보다 중요한 학교환경에 학생 개개인이 적응하고 있
다고 볼 수 있다. 한편 성별에 따른 사고양식의 결과를 보면 5가지에
서 차이가 있었다. 이것은 Sternberg의 연구와는 상당히 달랐다(Sternberg
& Grigorenko, 1995; Grigorenko & Sternberg, 1997a). 또한 김소연(2000)
의 연구에서는 사법·지엽·보수·계층적 사고양식에서 유의미한 차
이가 있었는데 본 연구에서는 행정·보수·과두·무정부·보수적 사
고양식에서 차이가 있었다. 남자가 여자보다 과두·무정부적 사고양
식을 선호하였고, 여자가 남자보다 군주적 사고양식을 덜 선호하며,
여자가 남자보다 행정적·보수적 사고양식을 더 선호하였다. 이상과

같이 아직까지 남녀에 따라 사고양식에 차이가 존재한다는 것을 알
수 있다. 남자가 여자보다는 우선순위를 가지지 않고 구속을 싫어하
며 여자가 남자보다는 지침에 잘 따르는 전통적인 교육상황을 더 선
호하고 한 가지 목표에 대하여 집중력 있는 사고양식을 덜 표출하는
성차 특성이 문제해결 과정에서도 일반화되어 나타난 것으로 추론할
수 있다.

3. 사고양식과 학업성취

　수학능력고사에 입각한 영역별 학업성취와 상관이 있는 특정한 사
고양식이 있는지를 알아본 결과 행정・사법적・보수적 사고양식이
전체 평균과 유의미한 관계가 있었다. 학업성취를 설명하는 데 예언
변인으로서 사고양식이 존재한다는 사실을 알 수 있다. 즉, 다양한 성
취에 적합한 사고양식이 있다는 것이다. 특히 행정적 사고양식은 모
든 과목에 걸쳐 통계적으로 유의미한 상관이 있었다. 이와 관련하여
김소연(2000)의 연구는 행정적 사고양식과 모든 과목에서 유의한 상
관이 있었다. 반면에 Sternberg는 사고양식과 학업성취 사이의 관계
연구에서 입법・사법・계층・진보적 사고양식과 통계적으로 유의한
정적상관이 있으며, 특히 사법적 사고양식은 모든 과목의 성취와 통
계적으로 유의한 정적 상관관계가 있었다. 행정적 사고양식은 통계적
으로 유의한 부적상관이 있음을 보였다(Grigorenko & Sternberg, 1997).
　따라서 본 연구는 김소연(2000)의 연구 결과와 일치하고 Sternberg
의 연구와는 매우 다르다. 이런 현상을 통해서 우리나라 교육체제가
미국에 비하여 교사에 의하여 구성된 활동을 수동적으로 받아들이는

양식을 권장하고 있음을 보여준다. Sternberg(1992b)는 학교가 대체로 행정적인 사고양식을 보상한다고 가정하였으며 학업성취의 근거 역시 행정적 사고양식이 단답형이나 선다형 형식에 적합하다고 주장했는데 이와 비슷한 결과를 보이고 있다. 세부적으로 볼 때 언어영역은 행정·사법적 사고양식과, 수리영역은 행정·보수적 사고양식과, 사회탐구영역은 행정·사법적 사고양식과, 과학탐구 영역은 행정·보수적 사고양식과 외국어 영역은 행정·사법적 사고양식과 통계적으로 유의미한 상관이 있었다.

이것은 일반적으로 사고양식이 학업성취에 공헌하는 측면이 영역-특수적이라는 Zhang(2001)의 주장을 지지하는 결과다. 즉, Zhang(2001)은 인문과학과 사회과학은 사법적이거나 계층적 사고양식과 관계가 있고, 자연과학은 행정적이거나 보수적인 사고양식과 관계가 있음을 밝혔는데 본 연구 역시 이와 비슷한 결과가 있었다. 한편, 사고양식과 학업성취와의 관계 연구 중 지금까지 창조성을 만드는 사고양식과 학업성취 사이에 긍정적인 관계가 없었다는 Zhang(2001)의 주장처럼 본 연구에서도 그런 발견은 없었다.

이런 결과들을 통해서 우리나라 과학영재 학생들은 창의성을 요구하는 것과 관련된 Type I 사고양식을 선호하는 경향이 있지만 학업성취는 Type II 사고양식과 상관이 있었다. 다시 말해서 현재 과학영재 교육체제가 창조력을 요구하는 사고양식에 대하여 충분한 보상과 격려를 하지 못하고 있음을 암시한다.

Ⅵ. 결 론

본 연구는 우리나라 과학 고등학교 학생들의 사고 양식의 표출경향성을 알아보고 학년·성별 사고양식의 차이가 있는가? 또 학업성취와 관련하여 과학 고등학교 학생들은 입법·진보적 사고양식을 선호하고 보수적 사고양식을 덜 선호하였다. 즉, Zhang이 언급한 Type Ⅰ 사고양식을 선호하였다. 다만 미국학생에 비하여 과학 고등학교 학생들은 군주·내부적 사고양식을 선호하였다. 사고양식의 학년·성별 차이에서 학년별로는 행정·내부·보수적 사고양식을 제외한 나머지는 차이가 없었고, 성별에서는 행정·군주·과두·무정부적 사고양식에서 차이가 있었다. 이것은 기존 연구(Sternberg & Grigorenko, 1995; Grigorenko & Sternberg, 1997)와 부분적으로 차이가 있는데 국가 간의 문화의 차이가 반영된 것으로 생각된다. 끝으로 사고양식과 학업성취와의 관계에서 행정·사법·보수적 사고양식과 전체 평균 사이에 통계적으로 유의미한 상관이 있었으며, 특히 행정적 사고양식은 전 과목에 걸쳐 상관관계가 있었다.

이것은 과학 고등학교 학생들이 창조력과 관계되는 Type Ⅰ의 사고양식이 표출되나 평가체제는 타인에 의하여 주어진 업무를 추구하는 것과 연관이 있는 Type Ⅱ 사고양식과 관계가 있다는 점에서 아직까지 과학영재 교육이 대학입시 위주의 틀에서 벗어나지 못하고 있다는 점을 말해준다. 즉, 과학영재 교육체제의 개혁이 필요하다고 볼 수 있다. 그렇지만 본 연구의 표집 대상자가 높은 동질성을 지닌다고 볼 수 있다. 그리고 사례수가 적고 지엽에 국한된다는 점을 강조한다.

따라서 앞으로 다양한 교육배경을 지닌 학생들의 사고양식의 연구가 필요하다. 그리고 국내 교사들의 사고양식 표출 경향을 탐색하고, 교수-학습과 평가에 있어서 학생과 교사의 사고양식이 상호 결부되는 연구가 필요하다.

6. 초·중등교사의 사고양식과 직무스트레스 대처방식에 관한 연구[1]

≪요약≫

　　본 연구는 초·중등교사의 사고양식에 차이가 있는가, 그리고 그 차이가 그들의 직무스트레스 대처방식에 어떤 효과를 나타내는가를 알아보고자 하는 데 목적이 있었다. 이를 위해 145명의 초·중등교사들을 대상으로 사고양식 검사와 스트레스 대처방식 검사를 실시하여 초·중등교사의 사고양식과 스트레스 대처방식의 차이를 분석하고, 초·중등별, 사고양식 및 스트레스 대처방식의 상호관계에 대한 구조방정식 모형을 설정하고 분석하였다.

　　주요 결과는 다음과 같다.

　　첫째, 초·중등교사의 사고양식은 초등교사가 중등교사에 비해 군주적 사고양식과 지엽적 사고양식을 선호하는 것으로 나타났다. 그러나 본 연구에서 측정된 13개 사고양식 가운데 위의 두 가지 양식을 제외하고 나머지 양식에서는 초·중등 간에 거의 차이가 없었다. 교사의 성별에 따른 차이는 여교사는 남교사에 비해 보수적·전체적 양식을 선호하는 것으로 나타났다. 둘째, 교사의 스트레스 대처방식은 성별에 따라서는 아무 차이가 없으나, 학교급별에 따라서는 상당한 차이가 있었다. 초등교사들이 중등교사들보다 대체적으로 스트레스 대처의 모든 방식에서 좀 더 적극적인 성향을 나타냈다. 셋째, 사고양식과 스트레스 대처방식은 매우 밀접한 상관이 있었다. 사고양식의 모든 하위요인에서 그 요인이 더욱 강할수록 스트레스 대처방식은 더욱 적극적이 된다. 넷째, 구조방정식 모형에 대한 분석 결과 초·중등교사의 스트레스 대처방식의 차이가 어느 정도 그들의 사고양식의 차이에 기인하는 것으로 나타났다. 즉, 초등교사들이 중등교사에 비해 보다 적극적으로 사회적 지지 추구 스트레스 대처방식을 사용하는 것은 초등교사들의 상대적으로 높은 군주적 성향과 지엽적 성향에 기인하는 것으로 나타났다.

핵심어: 사고양식, 직무스트레스 대처방식

---

1) 한국교육학회 교육학연구(2003) 제41권 제3호, pp.325-347.

I. 서 론

사람들이 정보처리 과정에서 선호하는 방식, 즉 인지양식, 학습양식, 사고양식 등에 관한 연구들이 꾸준히 계속되어 왔다. 그러나 최근 10여 년에 걸쳐서 이러한 정보처리 양식에 관한 연구들은 사고양식이라는 개념으로 통합이 시도되었다(Curry, 1983; Sternberg & Grigorenko, 1995). 특히 Sternberg(1988, 1997)는 정신자치제 이론에 입각한 '사고양식'이라는 개념을 제시하였다. 이 이론에 의하면, 사회를 통제·관리하는 많은 방법이 있듯이 개인의 생활을 통제·관리하는 데에도 여러 가지 다른 방식들이 존재한다는 것이다. 이 이론은 인간의 사고를 단일 차원에서 보지 않고 기능, 형식, 수준, 범위, 경향성이라는 5가지 차원에서 개념화하고 있는데, 이처럼 여러 차원으로 나누어 개념화한 것은 사고라는 현상의 복잡성에 비추어 매우 타당한 것처럼 보인다. 그러나 국내에서 정신자치제 이론에 기초를 둔 사고양식과 관련한 연구는 극소수에 불과하다(윤미선, 1997, 1999; 김소연, 2000).

본 연구의 일차적 목적은 초·중등교사의 사고양식에 차이가 있는가를 알아보고자 하는 것이다. Sternberg(1988, 1997)와 Zhang(1999)이 언급했듯이 사고양식은 근본적으로 사회화를 통해 형성되며, 따라서 문화적 배경에 따라 다르게 발현될 수 있다. 미국을 배경으로 한 Sternberg(1997)의 연구와 홍콩과 중국대륙을 중심으로 한 Zhang(1999)의 연구에서 상당히 다른 결과가 나타나는 것이 이것을 입증한다. 이와 같은 논리에 의하면, 초·중등교사들은 학교급별에 따른 사고양식의 차이뿐만 아니라 그들의 성별, 경력 등에 따라서도 차이가 날 가능성이 있다. Sternberg & Grigorenko(1995)의 연구는 교사의 성별, 경력 및 전공영역에 따라 사고양식에서 차이가 있다는 사실을 확인한 바 있다. 이런 차이는 교사들의 학습접근이 사고양식에 따라서 달라질 수 있다는 점을 밝힌다는 점에서 의의가 있다.

본 연구의 또 하나의 목적은 초·중등교사의 사고양식의 차이가 그들의 직무 스트레스 대처방식에 어떤 효과를 나타내는가를 밝히고자 하는 것이다. 두 구인의 관계에 대한 직접적 연구는 아직 발견되지 않고 있지만, 성격이라는 매개변인을 통해 두 구인의 관계를 간접적으로 추론해 볼 수 있다. 우선, 사고양식과 성격의 관계에 대한 많은 연구가 있어 왔으며, 양자는 매우 깊은 관계가 있다는 것이 공통적인 결론이다(Eysenck, 1978; Messick, 1996; Hashway, 1998; Sternberg, 1994). 예를 들면, Drummond와 Stoddard(1992)는 학습양식과 MBTI에 의해 측정된 성격 유형이 매우 밀접하게 관련된다는 사실을 확인한 바 있다. 그리고 Furnham, Jackson, Miller(1999)는 Eysenck의 성격검사와 Mumford의 학습양식 검사가 유의미한 관계가 있음을 밝혔다. 최근에 Sternberg와 Wagner(1991)의 사고양식 질문지가 성격특성 검사와 관계가 있다는 것을 입증하였고(Zhang, 2000), 다른 대상자를 상대로 한 반복 연구에서도 동일한 결과를 입증하였다(Zhang, 2001). 이런 일련의 연구들은 결국 사고양식이 개인의 성격 유형과 밀접한 관련이 있다는 것임을 암시해 준다.

한편, Holahan(1986)과 Eysenck(1983)는 개인의 성격 특성이 스트레스의 대처방식, 즉 적응에 영향을 준다고 하였다. 이것은 앞에서 언급한 성격 특성과 사고양식과의 많은 연구를 고려해 보면, 동일한 스트레스 상황에 직면하더라도 문화적 특성을 반영하는 개인의 사고양식에 따라 스트레스 대처방식에 차이가 있을 수 있다는 가설이 가능하다. 이와 같이 본 연구는 교사들의 사고양식과 스트레스 대처방식을 좀 더 잘 이해하는 계기를 마련해 주고, 사고양식 구인에 대한 활용의 폭을 확장하는 데 기여할 것이다.

본 연구에서 검증하고자 하는 연구 문제들을 요약하면 다음과 같다.
첫째, 초·중등고사의 사고양식에 차이가 있는가?
둘째, 초·중등교사의 직무 스트레스 대처방식의 차이는 그들의 사고양식의 차이에서 기인하는가?

Ⅱ. 이론적 배경

1. 사고양식의 유형

지각, 문제해결, 학습 등의 과정에서 사람들은 정형화된 반응 양식을 나타내는 경우가 많다. Grigorenko & Sternberg(1995)는 이러한 정형화된 반응양식에 관한 연구들을 세 가지 유형으로 분류하고 있다. 첫째는 인지 중심적 접근이다. 이 분야의 연구들은 인지활동에서 개인들이 나타내는 기능에 대한 자기 일관적 모델(Witkin, Oltman, Raskin, & Karp, 1971)에 초점을 맞춘다. 장 독립성과 장 의존성(Witkin et al., 1971), 충동성과 사려성(Kagan, 1958) 등이 여기에 포함된다. 이러한 개념들은 사고양식이라기보다는 인지양식이라는 이름으로 더 많이 알려져 있다. 둘째는 성격 중심적 접근이다. 예를 들어, Myers(1985)는 융의 이론에 기초하여 외향성과 내향성, 직관과 감각, 사고와 감정,

판단과 지각 등으로 성격유형을 구분하고 있다. Miller(1987, 1991)는 분석적인 것과 전체적인 것, 객관적인 것과 주관적인 것, 그리고 정서적으로 안정된 것과 정서적으로 불안전한 개인들 사이의 구분을 주장한다. 셋째는 활동 중심적인 접근으로 학습과 교수의 스타일에 초점을 두는 경향이 있다. 이 이론들은 교실에서 가장 직접적으로 적용을 해 왔는데 예를 들면, Kolb(1974)는 학습의 네 가지 양식들은 구별하는데, 수렴적인 것과 확산적인 것, 동화적인 것과 조절적인 것으로 나눈다. 이와 같은 세 가지 접근법들은 그들의 관심의 초점과 양식의 기능에서 다르다. 인지-성격중심의 접근법에서 양식은 전형적으로 양자택일의 구조로 이루어져 있다. 즉, 사람은 장 독립이나 장 의존이지 둘 다 될 수는 없다. 양식은 또한 다양한 상황들에서 일관적으로 나타나며, 일생동안 훈련을 통하여 수정하기 어렵다는 것이다. 인지-성격중심 이론들은 또한 이미 구축된 평가 태도를 가지고 있다. 예를 들면, 현대 사회에서 충동적인 것보다는 심사숙고하는 것이, 또는 장 의존적인 것보다는 장 독립적인 것이 좋다고 생각한다. 반면에 활동 중심적 접근법은 양식을 하나의 정보처리과정으로 보는데, 이것은 영원히 변화하지 않는 것이 아니라 역동적인 것으로 본다. 또한 양식은 '좋은 것' 또는 '나쁜 것'이 없는 것으로 특정 상황에서 적절한 양식을 발견하거나 개발하는 것이 목적이다.

Sternberg와 그의 동료들(Grigorenko & Sternberg, 1995; Sternberg, 1988, 1997; Sternberg & Grigorenko, 1995; Zhang, 1999; Zhang & Sternberg, 1998)은 사고양식에 관한 이상과 같은 다양한 접근들을 통합하여 사고양식의 연구에 관한 새로운 방향을 제시하고 있다. 그들은 이것을 정신자치제 이론(mental self-government theory)이라고 부른다. 정신자

치제 이론의 기본 개념은 사람들이 집 밖의 생활에서뿐 아니라 학교에서까지 자신들의 일상적인 행동에 어떤 식의 지배나 관리를 필요로 하며 그러한 방법은 여러 가지가 있을 수 있다는 것이다(Sternberg, 1988). 즉, 사람들은 자신에게 편안한 스타일을 선택한 후 최소한 선택한 스타일에 대한 이용과 시도에 있어서 성공의 수준이나 상황적 요구에 대한 적응 등의 차원에서 다소 융통성을 발휘하게 된다. 정신자치제 이론에 있어서 융통성 있게 정신을 이용한다는 의미는 사고양식의 다양성을 설명하는 것이다(Sternberg, 1994a). 정신자치제에서 사고양식은 능력이 아니라, 하나 또는 그 이상의 능력을 표현하거나 사용하는 데 선호하는 방식이다. 능력이 비슷한 사람들일지라도 매우 다른 사고양식을 갖는다. 또한 비슷한 성격 특성을 가진 사람들도 사고양식에서 서로 다를 것이다.

그러므로 사고양식은 능력의 영역이나 성격의 영역에 있는 것이 아니라 둘 사이의 중간에 존재하는 것이다. 이러한 기본 전제 하에 정신자치제 이론은 개인에게 적용되는 정부의 기능・형식・수준・범위・경향 등으로 나누어 설명된다.

가. 기능

정부가 입법・행정・사법 기능을 가진 부서로 구성되듯이 인간의 정신도 같은 기능을 수행한다는 의미이다. 입법적 사고양식이 강한 사람들은 창조성을 요구하는 일에 종사하는 것을 좋아한다. 행정적 사고양식이 강한 사람들은 명확한 지시가 있는 업무를 수행하기를 좋아하며, 사법적 양식이 강한 사람들은 타인활동에 대하여 평가하는 것에 초점을 맞춘다.

나. 형식

네 가지 형식이 있는데 군주적 사고양식을 가진 사람들은 한 번에 한 가지 일에 완전히 초점을 맞춰 과제를 수행하기를 좋아하고, 계층적 양식을 가진 사람들은 몇 가지 우선순위를 두고 그들의 관심을 분배하여 일을 처리한다. 과두적 사고양식을 지닌 사람들은 우선순위를 두지 않고 여러 가지 일을 동시에 수행하는 방식을 선호한다. 무정부적 사고양식의 사람들은 '무엇을, 어디에서, 언제, 어떻게 업무를 해야 한다'와 같은 형식과 절차를 싫어하고 규칙, 규범, 권위에 저항하며 임의적으로 문제를 해결하기를 좋아한다.

다. 수준

정부의 수준을 전체와 지엽으로 구분하듯이 정신자치제의 기능을 발휘하는 데 있어도 특정한 수준이 있음을 말한다. 전체적 스타일은 문제에 대한 전체적 윤곽에 관심을 갖고 추상적인 문제를 좋아하는 경향이 있다. 반면에 지엽적 스타일의 사람들은 문제의 특수한 사항에 관심을 갖고 세부적인 작업과 정확성을 요구하는 문제를 좋아하는 경향이 있다.

라. 범위

범위는 개인의 내적 혹은 외적 문제를 다루는 것을 의미한다. 내부적 사고양식을 지닌 사람들은 독립적이고 내성적으로 문제를 해결하는 경향이 있고, 외부적 사고양식을 지닌 사람들은 다른 사람들과의 상호작용으로 일을 해결하는 경향이 있다. 따라서 협동을 요하는 일을 대인관계를 가지고 해결하고자 한다.

마. 경향성

정신자치제 이론에서 나타나는 경향은 진보적 경향과 보수주의적 경향이 있다. 진보적 스타일을 가진 사람들은 신기성과 모호성이 개입된 일에 종사하기를 좋아한다. 기존의 규칙과 절차에 탈피하고 변화를 추구한다는 면에서 입법적 스타일과 유사해 보일 수 있지만, 입법적 스타일은 자신만의 고유한 규칙이나 절차를 설정하는 데 비하여 진보적 스타일의 사람들은 그러한 수준까지는 미치지 못한다는 점에서 차이가 있다. 반면에 보수주의적 성향을 지닌 사람들은 과업 수행에 있어서 기존의 규칙과 절차를 고수하려는 경향이 있다.

한편, 사고양식을 Zhang(2001)은 Type Ⅰ(입법적·사법적·전체적·계층적·진보적) 양식과 Type Ⅱ(행정적·지엽적·보수적) 양식으로 분류한다. Type Ⅰ을 사용하는 사람들은 기준에 도전적이고 위험을 감수하는 경향이 있고, Type Ⅱ를 사용하는 사람들은 단순한 정보처리를 요구하는데 기존 준거의 틀을 좋아하면서 권위를 존중하는 경향이 있다고 주장한다.

Grigorenko와 Sternberg(1997)는 예일 대학교의 여름학기에 199명의 고등학생을 대상으로 심리학개론 수업을 한 후, 사고양식과 성취와의 관계를 조사한 연구에서 학생들의 사고양식은 성, 학년, 능력의 형태에 따라 차이가 없음을 밝혔다. 그 후로도 그는 교육현장을 대상으로 연구를 계속해서 수행하였는데, 학교의 기능에 따라서 교사들의 사고양식의 차이 연구에서 고학년을 담당할수록 입법적이고 행정적 경향성을 보인다는 것을 밝혔다. 그리고 나이가 많을수록 행정·지엽·보수적 경향을 보이며 젊은 교사들은 창의성을 장려하는 사고양식을 보여주고 있으며 인문과학 교사들이 자연과학 교사들보다 진보적 성향이 있음을 보여주었다(Sternberg & Lubart, 1995, 1996). 그리고 교사의 사고양식과 일치하는 사고양식을 가진 학생들은 교사들로부터 긍정적인 평가를 받게 되고 교사들은 그러한 학생에 대하여 과대평가를 한다고 연구하였다(Sternberg & Grigorenko, 1995).

학교 현장에서 사고양식과 관련하여 Zhang(2001)은 지금까지 연구들을 다음과 같이 간략하게 요약하고 있다. 첫째, 학생들은 나이, 출생순위, 성 등 개인적 특성과 학습 환경에 따라 사고양식이 다르다. 둘째, 교사의 사고양식들은 개인적 특성과 교수경험 사이의 기능만큼 다양하다. 셋째, 학생들은 교사의 사고양식과 일치할 때 성적이 좋아지는 경향이 있다. 넷째, 사고양식과 성격양식은 관계가 있다. 다섯째, 사고양식과 학습접근은 유의미한 관계가 있다. 자세한 결과는 Grigorenko와 Sternberg(1995), Sternberg와 Grigorenko(1995), Zhang(1999), 그리고 Zhang과 Sternberg(1998)의 연구 결과를 통해 알 수 있다. Sternberg의 이론은 주로 중국문화(홍콩과 중국본토)로부터 얻은 자료에 의하여 연구되었고 지지되었다. 그러나 이 연구는 대체로 대학생과 중등학교 교사들로 한정되었다. 단지 중등학생 대상의 논문 2편이 있었는데 사례수가 67명과 66명이었다. 두 연구(Tso, 1998, Ho, 1998)는 각각 초점을 달리하고 있는데, 첫 번째는 사고양식과 학업성취 사이의 관계 연구였고, 두 번째는 사고양식과 개인특성(출생 순위, SES) 사이의 관계 연구였다. 두 연구 모두 TSI의 신뢰성과 타당성이 확고하다고 할지라도 미국에서 얻었던 결과와는 상당히 달랐다. 이것은 사고양식이 문화적 특성에 따라 달라질 수 있음을 의미한다. 예컨대 Sternberg와 Grigorenko(1995)의 연구에서는 학업성취와 사법적 사고양식 사이에 의미가 있는 긍정적 관계가 있었다. 반면에 Tso(1998)의 연구에서는 두 변인 사이에 부정적 관계가 있었다. 아주 흥미롭게도 홍콩 대학생 622명을 대상으로 하여 학업 성취와 사고양식과의 관계를 조사한 Zhang과 Sternberg(1998)의 연구결과는 홍콩 중등학생들에 대한 Tso(1998)의 연구와 같은 결과를 나타내고 있음을 밝혔다. 또 Sternberg와 Grigorenko(1995)의 연구에서는 늦게 태어난 것과 입법적 양식 사이에 긍정적 관계가 있었으나, Ho(1998)의 연구에서는 일찍 태어난 것과 입법적 양식 사이에 긍정적 관계가 있었다. 즉, 다양한 표집을 통한 연구가 더 필요하게 되었다.

2. 사고양식과 스트레스 대처방식의 관계

많은 학자들(Eyesenck, 1983; Folkman & Lazarus, 1980; Moos & Billings, 1982)에 의하여 이론적으로 구분된 스트레스 대처방식은 대처방식의 초점 또는 목표에 따라 문제중심, 정서중심, 생리중심 대처방식 등이다. 첫째, 문제 중심적 대처는 개인이 문제가 되는 행동을 변화시키거나 환경적 조건을 변화시켜 스트레스를 처리하고자 하는 노력이다. 이 대처방식은 체계적으로 문제해결의 계획을 세워서 문제를 해결하고자 노력하고 친구, 가족, 동료 등으로부터 적절한 도움을 구하거나, 대안적으로 보상을 줄 수 있는 것을 개발하며, 여러 가지 인생의 문제를 극복하기 위한 행동적 자기 통제를 발전시켜 가는 과정을 통해 스트레스에 대처하는 방식이다. 둘째, 정서 중심적 대처방식인데 스트레스를 유발하는 문제를 직접 다루기보다는 스트레스에 의해 유발된 정서적 반응, 즉 불안이나 초조 등의 정서적 고통을 감소시키는 노력을 말한다. 이 방식의 목표는 정서적 균형을 되찾는 데 있다. 이 대처방식은 스트레스를 유발하는 상황 자체를 변화시키기보다 그 상황에서 경험하게 되는 정서적 고통을 감소시키기 위해 스트레스 원인을 회피하거나 스트레스 상황을 인지적으로 재구성하는 대처방식이다. 정서 중심적 대처방식이 현실을 그대로 받아들이면서 스트레스 상황에서 불안을 감소시킬 수도 있으나, 때로는 현실을 왜곡하여 받아들임으로써 자신을 기만하게 되는 문제를 발생시키게 된다. 이를 정신분석학적 입장에서 설명하면 무의식적으로 위협적인 상황에서 자신을 방어하기 위해 사용되는 방어기제들이 이에 해당된다고 볼 수 있다. 이 밖에도 스트레스에 대한 대처방식을 다양한 기준에 따라 구분할 수 있지만 사람들은 보통 어느 한 가지 전략을 집중적으로 사용하지 않는다. 대부분의 사람들은 여러 대처전략을 절충해서 사용하고 있다. 예를 들어, 스트레스 상황에서 환경이나 상황을 바꾸기 위한 대안이 없다고 평가될 때는 정서적 대처를 이용할 가능성이 높으며, 스트레스의 조건들을 변화시킬 수 있다고 평가될 때는 문제 중심적 대처를 이용할 가능성이 높아진다. 일반적으로 문제 중심적 대처를 더 건전하고 효과적인 것으로 생각하고, 정서적 대처는 임시적인 긴장의 완화나 회피에 불과하다고 보고 있다. 위와 같은 사실들을 볼 때, 직무스트레스와 그 대처방식에 관한 연구는 교사들의 직무 스트레스는 상황 그 자체보다는 스트레스를 받아들이고 대처하는 다양한 양식에 의하여 크게 영향을 받는다고 볼 수 있다. 이러한 차이는 스트레스 요인에 반응하는 데 있어서 개인차가 작용하고 있음을 알 수 있다. 이를 뒷받침해 주는 선행연구들은 대개 이분법적으로 성격유형을 분류한 연구였는데, 이것보다 다면적인 특징을 갖는 사고양식에 의해서도 직무 스트레스의 대처방식은 다를 것이라고 생각된다. 생리 중심 대처방식은 신체를 건강하게 함으로써 스트레스를 해소하는 것이다. 본 연구에서는 역동적 상호작용의 측면에서 스트레스를 보고 Lazarus와 Folkman의 스트레스 대처 모델을 토대로 적극적 대처방식에 문제 중심적 대처와 사회적 지지 추구로, 소극적 대처방식에 정서적 대처와 소망적 사고로 구분하여 측정해본다.

한편, 직무스트레스 대처와 관련하여 Folkman & Lazarus(1980)가 분류한 것 중에서 사고양식과 관련되는 관점은 스트레스의 대처를 성격적 혹은 기질적 특성으로 보는 입장이다. 이런 입장은 개인의 건강 상황에서의 행동양식을 A형과 B형 성격, 억압-민감형, 대처-회피형 등의 성격 특성으로 나누고 있다. 이 분야의 연구 중 가장 대표적이라 할 수 있는 A형 성격인 사람들은 위협을 받거나 좌절될 때 통제력을 강화하기 위하여 과도한 노력을 한다. 그뿐 아니라 자신의 통제 부족에 대한 실망이 커져서 생리적으로 카테콜라민(catecholamine)을 분비시키고, 이것이 심장기능과 관련된 생리·심리적 변화를 유도하게 되어 심장병에 걸릴 확률이 높다고 보고하고 있다. 또 다른 대표적인 연구로서, Friedman & Rosenman(1977)은 심장병 환자들과의 면접 및 관찰을 통하여 성격을 A형, B형으로 구분하였다. A형은 공격적, 야망, 권력추구, 인내부족, 시간 강박적인 성격이다. 이에 반하여 B형은 성취 노력이 없고, 시간의 급함, 초조함 등이 없는 태평하고 여유가 있는 사람들이다. A형은 스트레스를 많이 받는 성격임을 알 수 있다. 따라서 이들은 과제수행에 있어서 업적을 산출하기 위하여 지나치게 적극적이고 강박관념 속에서 이루어지기 때문에 혹시라도 과제가 실패하게 되면 부정적 대처가 나타날 수 있다. 또 안정성과 관련하여 비교적 근심이 적고 신경질적이지 않는 것에 비하여 그 반대로 과도한 정신불안, 심리적 긴장, 신경과민 등의 성격이 있다. Frederic(1980)

은 높은 안정성의 사람이 낙관적인 행동으로 충격을 덜 받고 긴장을 덜 느낀다고 하였다. 반면에 안정성이 낮은 사람들은 적응이 떨어지고 회피적, 부정적 스트레스 대처를 많이 할 것으로 예상된다. 성격과 관련하여 개인차를 말할 수 있는 요인으로 사회성을 들 수 있다. 스트레스는 사회적 상호작용에 의하여 많이 경험한다. 따라서 사회성이 낮으면 낮은 자기 신뢰와 개성을 보이고, 고립의 충격이나 현실세계에 대하여 방어적 자세를 나타내고 우울 경향을 보인다고 하였다. 그렇다면 사회성이 높은 사람은 스트레스의 충격을 덜 받고, 생산적인 대처를 하겠지만 사회성이 떨어지면 스트레스 상황에서 방어적인 대처방식을 사용할 것으로 예상된다.

한편, 사고양식과 스트레스 대처방법의 관계에 대한 직접적 연구는 아직까지 발견되지 않고 있다. 그러나 사고양식과 스트레스 대처방법의 상관관계는 성격이라는 매개변인을 통해서 간접적으로 추론이 가능하다. 왜냐 하면 위에서 살펴본 바와 같이 성격이 스트레스 대처방식과 상관이 있고, 성격이 또한 사고양식과 상관이 있다는 연구결과가 많기 때문이다(Eysenck, 1983). 많은 학자들은 사고양식과 성격과의 관계를 연구해왔다. Furnham, Jackson & Miller(1999)는 Eysenck의 성격검사와 Honey & Mumford의 학습양식검사 사이에 유의미한 관계가 있다고 밝혔다. 외향적인 사람은 행동적이고, 내성적인 사람은 숙고형인 경향이다. 최근 연구로서, Zhang은 사고양식검사도구(Sternberg & Wagner, 1991)로 측정한 사고양식과 Holland(1994)의 직업흥미 이론에 입각한 성격유형은 상관이 있음을 확인하였다. Holland의 성격유형이론(1973)에서 제안했던 성격유형과 사고양식 사이의 관계에서 두 구인은 60% 이상의 공변량을 가지고 있음을 밝혔다(Zhang, 2000, 2001).

이상과 같은 이론적 고찰을 바탕으로 본 연구에서 검증하고자 하는 초·중등교사의 스트레스 대처방식의 차이가 어느 정도 초·중등교사의 사고양식의 차이에 기인할 것이라는 가설을 구조방정식 모형으로 제시하면 [그림 1]과 같다. 이 모형에서 보면 스트레스 대처방식의 각 하위요인들에 영향을 미치는 예측변인으로 학교 급별과 사고양식의 하위요인들이 포함되게 된다. 이 구조방정식에 포함될 사고양식의 하위요인들은 학교 급별과 유의한 상관이 있는 요인들만 포함될 것이다. 따라서 1차 분석이 이루어지기 전까지 그 하위요인들이 어떤 것들이, 그리고 몇 개나 될지 알 수 없다. 점선으로 표시한 것은 그것을 나타낸다. 내생변수인 스트레스 대처의 4개 하위요인들은 각각 별도로 구조방정식 모형의 적용 여부가 분석될 것이다.

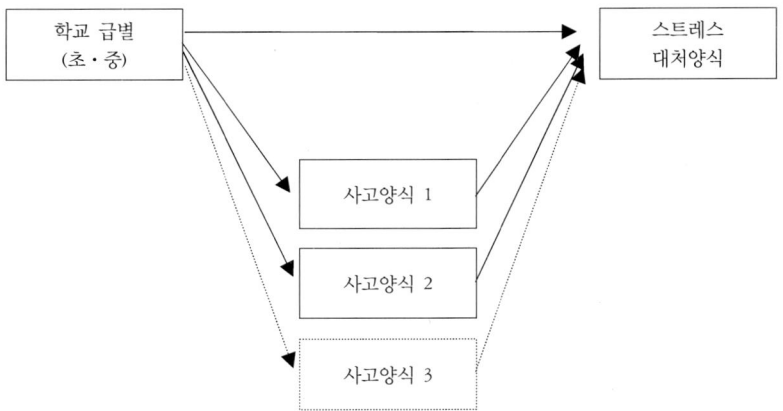

[그림 1] 학교 급별, 사고양식, 및 스트레스 대처양식의 상호관계에 대한 구조모형

Ⅲ. 연구방법

1. 연구대상

본 연구는 2003년 겨울방학 중 전북교원연수원에서 연수를 받았던 전북지엽 소속 초등·중등교사 151명을 대상으로 설문조사를 실시하였는데, 불성실하거나 누락된 6명의 자료를 제외하고 최종적으로 145명의 자료를 분석하였다. 응답자 특성은 <표 1>과 같이 대체로 고른 분포를 보였다.

〈표 1〉 연구대상자의 배경 변인별 사례수(N=145)

변인		남	여	계
초등	10년 이상	20	11	61
	10년 이하	20	10	
중등	10년 이상	24	20	84
	10년 이하	18	22	
	계	82	63	145

2. 측정도구

가. 사고양식

사고양식 검사도구는 Thinking Styles Questionnaire Short Version(Sternberg & Wagner, 1991)을 번역하여 사용하였다. 이 검사는 원래 5개 영역 13개의 하위 검사로 구성되어 있으며, 하위 검사들은 각기 5개의 문항들로 이루어져 있다. 하위 검사별 Cronbach-α 신뢰도를 산출한 결과 모든 하위요인에서 비교적 높은 신뢰도(.50에서 .70)를 나타냈다. 이 검사는 박도순·하대현·성태제(2000)의 신지능검사에도 하나의 하위검사로 포함되어 있다.

나. 직무 스트레스 대처방식

교사들의 직무 스트레스의 대처방식은 Folkman과 Lazarus(1985)가 개발한 설문지를 기초로 김정희(1987)가 개편한 것을 사용하였다. 이 검사는 문제해결 대처, 사회적 지지, 정서 대처, 소망 대처의 4개 하위검사로 구성되어 있다. 각 하위 검사의 신뢰도 Cronbach-α는 평균 .68이고 하위척도들은 .51에서 .75까지로 비교적 높은 신뢰도를 보여 주었다.

Ⅳ. 연구결과

1. 초·중등교사의 사고양식의 차이

사고양식에 있어서 교사의 성별 및 학교 급별에 따른 차이는 군주적, 전체적, 진보적, 지엽적 사고양식 등 몇 개의 사고양식을 제외하고는 거의 없었다. 성별 및 학교 급별에 따른 집단별 사고양식의 평균과 그 차이의 t검증 결과가 <표 2>에 제시되어 있다.

〈표 2〉 교사의 성별 및 학교 급별에 따른 사고양식의 차이 검증[( )는 표준편차]

사고양식	성별			학교 급별		
	남(n=82)	여(n=63)	t	초등(n=61)	중등(n=84)	t
입법적	14.36(1.96)	14.45(2.25)	.25	14.48(1.99)	14.32(2.14)	.46
행정적	14.01(1.82)	14.13(1.88)	.37	14.18(1.93)	13.96(1.77)	.73
사법적	13.73(1.77)	13.88(2.01)	.46	13.92(1.79)	13.68(1.89)	.66
군주적	13.36(1.84)	12.98(2.39)	1.08	13.92(1.97)	12.74(1.96)	3.65**
계층적	15.02(2.26)	14.74(2.21)	.73	14.87(2.37)	14.97(2.16)	.27
과두적	13.50(1.84)	12.98(2.39)	.42	13.90(2.20)	13.29(1.79)	1.89
무정부적	13.38(1.76)	13.82(1.89)	1.42	13.73(1.95)	13.38(1.70)	1.18
전체적	13.61(1.76)	14.23(2.08)	1.92*	13.93(1.90)	13.74(1.89)	.63
지엽적	12.77(1.89)	13.27(2.37)	1.41	13.42(2.26)	12.59(1.86)	2.47*
진보적	13.77(2.15)	14.66(2.42)	2.31*	14.14(2.40)	14.02(2.20)	.31
보수적	13.13(2.16)	12.84(2.49)	.73	13.40(2.21)	12.76(2.29)	1.73
내부적	13.54(2.07)	13.49(2.39)	.16	13.60(2.28)	13.47(2.10)	.38
외부적	14.39(1.62)	14.37(2.35)	.06	14.62(1.18)	14.21(1.93)	1.33

* p<.05, ** p<.01(양방검증)

위 <표 2>와 같이 교사의 성별에 따라 여자가 남자보다 전체적 (t=1.92, p<.05) 및 진보적 사고양식(t=2.31, p<.05)에서 높게 나타났고, 다른 사고양식에서는 통계적으로 유의한 차이가 없었다. 그리고 학교 급별에서는 초등교사가 중등교사보다 군주적(t=3.65, p<.01) 및 지엽적 사고(t=2.47, p<.05)에서 높게 나타났다.

2. 초 · 중등교사의 사고양식과 스트레스 대처방식의 관계

초 · 중등교사의 사고양식의 차이가 스트레스 대처방식에 어떤 효과를 나타내는가를 알아보기 위해 우선 초 · 중등교사의 직무스트레스 대처방식의 차이에 대한 t검증을 실시하고, 여기에서 확인된 차이가 사고방식에 기인하는지를 알아보기 위해 사고양식과 스트레스 대처방식의 상관관계를 분석하였다.

가. 초 · 중등교사의 스트레스 대처방식의 차이

직무 스트레스 대처방식에 있어서 교사의 성별 및 학교 급별에 따른 집단별 평균 및 t검증 결과가 <표 3>에 제시되어 있다.

〈표 3〉 성별 및 학교 급별에 따른 스트레스 대처방식의 차이 검증

스트레스 대처	성별			학교 급별		
	남(n=82)	여(n=63)	t	초등(n=61)	중등(n=84)	t
문제해결	17.50(2.18)	17.64(2.42)	.38	18.03(2.23)	17.20(2.22)	2.09*
사회지지	17.18(2.35)	17.17(2.48)	1.36	18.12(2.12)	16.52(2.35)	4.47**
정서대처	15.36(2.88)	15.17(2.88)	.37	15.85(3.32)	14.89(2.34)	2.27*
소망대처	17.92(2.36)	17.35(2.55)	.07	18.29(2.61)	17.32(2.22)	4.30**

* p<.05, ** p<.01(양방검증)

위 <표 3>에서와 같이 성별에 따라서 교사의 직무스트레스 대처방식은 통계적으로 의의 있는 차이가 없었다. 그러나 학교 급별로 살펴보면 초등이 중등보다 모든 스트레스 대처방식에서 보다 적극적으로 대처하는 것으로 나타났다.

나. 사고양식과 스트레스 대처방식의 관계

사고양식의 하위 요인들과 스트레스 대처방식의 하위요인들 간의 관계를 확인하기 위하여 단순상관계수(r)를 산출한 결과, 모든 조합에서 r=.25부터 .50까지 통계적으로 유의한 비교적 높은 상관관계를 나타냈다. 이것은 사고양식과 스트레스 대처방식이 밀접하게 관련되어

있음을 보여주는 것이다.

사고양식과 스트레스 대처방식의 관계를 좀 더 심층적으로 분석하기 위해 사고양식의 모든 하위요인들을 독립변인으로 하여 각 스트레스 하위요인들에 대한 단계적 회귀분석을 실시한 결과가 <표 4>에서 <표 7>까지 제시되어 있다. 이 표를 보면, 스트레스 대처방식의 하위요인별로 예측에 영향을 미치는 주요 사고양식 요인들에 차이가 있음을 알 수 있다. 문제해결 방식의 스트레스 대처방식의 예측에 영향을 미치는 주요 요인들로는 계층적, 무정부적 및 사법적 사고양식이 포함되어 있으며, 사회적 지지 추구 방식의 스트레스 대처방식의 예측에 영향을 미치는 요인들로는 외부적 양식과 과두적 양식, 정서적 대처방식의 예측에는 지엽적 및 보수적 양식, 소망적 대처방식의 예측에는 행정적 및 내부적 양식이 포함되어 있다.

〈표 4〉 문제 해결 방식의 스트레스 대처방식에 대한 회귀분석

변인	R	R^2	β	SD	t
계층적 양식	.499	.249	.330	.027	4.57**
무정부적 양식	.619	.134	.385	.089	4.34**
사법적 양식	.638	.024	.235	.095	2.57**

* p<.05, ** p<.01

〈표 5〉 사회적 지지 추구 방식의 스트레스 대처방식에 대한 회귀분석

변인	R	R^2	β	SD	t
외부적 양식	.515	.265	.506	.119	4.26**
과두적 양식	.561	.049	.318	.128	2.48*

* p<.05, ** p<.01

〈표 6〉 정서적 스트레스 대처방식에 대한 회귀분석

변인	R	R^2	β	SD	t
지엽적 양식	.319	.102	.358	.126	2.85**
보수적 양식	.395	.054	.241	.102	2.36*

* p<.05, ** p<.01

〈표 7〉 소망적 스트레스 대처방식에 대한 회귀분석

변인	R	R^2	β	SD	t
행정적 양식	.391	.153	.380	.125	3.04**
내부적 양식	.477	.075	.305	.105	2.89**

* p<.05, ** p<.01

한편, 초·중등교사의 사고양식의 차이가 스트레스 대처방식에 어느 정도나 기여하는가를 알아보기 위해 스트레스 대처방식의 각 하위요인과 2개의 사고양식 하위요인들을 내생변인으로 하고 외생변인으로 학교 급별을 포함하여 구조방정식 모형을 분석하였다. 사고양식의 13개 하위요인들 가운데 군주적 양식과 지엽적 양식만 분석에 포함되었는데, 이 두 사고양식만이 학교 급별과 유의한 상관이 있는 것으로 확인되었기 때문이다. 스트레스 대처방식의 각 하위요인들에 대해 차례로 분석한 결과, 사회적 지지 요인만 이론적 배경에서 제시된 모델과 GFI=.90 및 카이자승=40.19(df=55, p=.10)에서 부합되는 것으로 나타났다(그림 2). 이 그림을 보면, 초·중등교사의 사회적 지지 추구를 통한 스트레스 대처방식에서의 차이가 그들의 군주적 사고양식 및 지엽적 사고양식의 차이에 어느 정도 기인한다는 것을 알 수 있다. [그림 3]은 이론적 모델과 부합되지 않는 것으로 나타난 문제해결 스트레스 대처방식과의 구조모형을 제시한 것이다. 이 그림을 보면 이론적 배경에서 제시된 모형에 비해 두 개의 경로(군주적 사고양식−스트레스 대처, 학교 급별−스트레스 대처)가 탈락된 것을 알 수 있다.

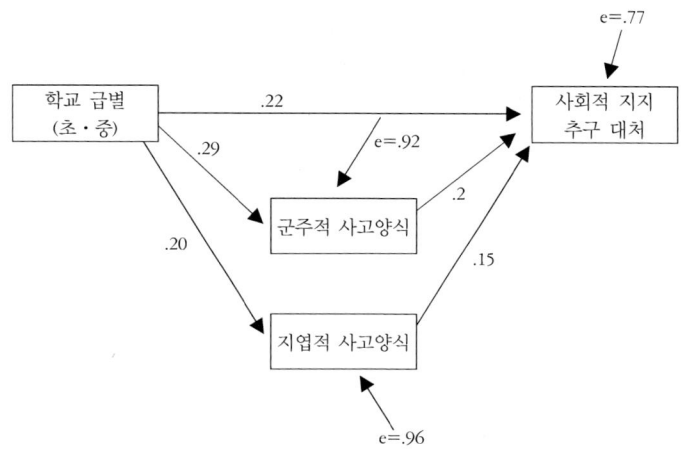

[그림 2] 학교 급별, 사고양식, 및 사회적 지지 추구
스트레스 대처방식의 상호관계에 대한 구조모형

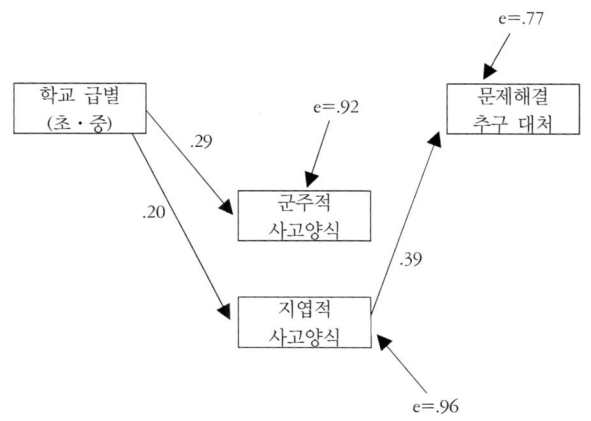

[그림 3] 학교 급별, 사고양식 및 문제해결
스트레스 대처방식의 상호관계에 대한 구조모형

V. 논의 및 결론

본 연구는 Sternberg(1988)가 제안한 사고양식이 교사들을 대상으로 어떻게 표출되고 직무스트레스 대처방식과 어떤 관계를 갖는지를 규명해 봄으로써 교사들을 이해하고, 성격의 개인차 구인으로서 사고양식의 유용성을 확인하는 데 그 목적이 있었다. 이상의 연구결과들에 대한 논의 내용은 다음과 같다.

첫째, 초·중등교사의 사고양식은 초등교사가 중등교사에 비해 군주적 사고양식과 지엽적 사고양식을 선호하는 것으로 나타났다. 그러나 본 연구에서 측정된 13개 사고양식 가운데 위의 두 가지 양식을 제외하고 나머지 양식에서는 초·중등 간에 차이가 없었다. 교사의 성별에 따른 차이는 여교사는 남교사에 비해 전체적·진보적 사고양식을 선호하는 것으로 나타났다. 사고양식에 있어서 교사의 성별 및 학교 급별에 따른 차이는 군주적, 전체적, 진보적, 지엽적 사고양식을 제외하고는 거의 없었다. 이것은 교사들의 교직생활이 타 직종보다는 좀 더 동질적 특성을 보인다는 것을 암시해 준다. 특히 Sternberg 등 (1995, 1996)은 젊은 교사가 창의성을 장려하는 사고양식을 보여주고, 인문사회 과목 담당교사는 자연과학 과목 담당교사보다 진보적 사고양식을 선호한다고 주장한 것과는 다른 결과를 보였다. 또 다른 논점은 아마도 우리나라의 초등교사와 중등교사 모두 교직생활에 큰 차이가 없음을 보여준다고 볼 수 있다. 이런 결과는 우리나라의 교직생활과 미국의 교직생활과의 문화적 차이가 반영된 것으로 생각할 수 있다. 즉, 우리나라에서는 교사의 사고양식이 다양하게 표출되는 것을 장려하는 교육체제가 아닐 수 있음을 암시해 준다.

둘째, 스트레스 대처방식에 있어서 교사의 성별에 따른 차이는 없었으나, 학교 급별에 따른 스트레스 대처방식의 하위구인 모두에서 유의한 차이가 있었다. 이런 현상은 교사들이 교직생활에서 직면하는 문제들을 회복하는 방법이 대체로 동일하다는 것으로 앞에서 언급한 사고양식이 차이가 없다는 것과 관련시켜 볼 때 직무스트레스 대처방식 역시 교직사회에서 비슷하게 사회화되어진 결과라고 볼 수 있다. 다만 초·중등에 따라서만 차이가 있었다. 초등이 중등보다 문제해결, 사회적 지지, 정서적, 소망적 직무 스트레스 대처 등 모든 대처방식에서 높게 나타났다. 이런 결과는 두 가지 측면에서 고찰해 볼 수 있을 것이다. 즉, 적극적 대처와 소극적 대처에서 모두 높았는데 초등교사가 중등교사보다는 직무스트레스를 다양한 전략 또는 여러 대처전략을 절충해서 사용하고 있다는 점이다.

셋째, 스트레스 대처방식과 사고양식은 밀접한 상관이 있으나, 스트레스 대처방식의 하위요인별로 예측에 영향을 미치는 주요 사고양식 요인들에 차이가 있음을 알 수 있다. 문제해결 방식의 스트레스 대처방식의 예측에 영향을 미치는 주요 요인들로는 계층적, 무정부적 및 사법적 사고양식이 포함되어 있으며, 사회적 지지 추구 방식의 스트레스 대처방식의 예측에 영향을 미치는 요인들로는 외부적 양식과 과두적 양식, 정서적 대처방식의 예측에는 지엽적 및 보수적 양식, 소망적 대처방식의 예측에는 행정적 및 내부적 양식이 포함되어 있다.

넷째, 구조방정식 모형에 대한 분석 결과는 초·중등교사의 스트레스 대처방식의 차이가 어느 정도 그들의 사고양식의 차이에 기인한다는 것을 말해주고 있다. 초등교사들이 중등교사에 비해 보다 적극적으로 사회적 지지 추구 스트레스 대처방식을 사용하는 것은 초등교사들의 상대적으로 높은 군주적 성향과 지엽적 성향에 기인하는 것으로 나타났다. 그러나 스트레스 대처방식의 다른 하위요인들에서는 이와 같은 구조방정식 모형이 확인되지 않았는데, 이것은 그들의 사고양식의 차이가 사회적 지지 추구 이외의 다른 스트레스 대처 하위 요인들에는 별다른 영향을 미치지 않는다는 것을 말해준다고 하겠다.

이상과 같은 연구 결과와 논의를 통해서 다음과 같은 결론을 내릴 수 있을 것이다.

첫째, 초·중등교사의 사고양식은 초등교사가 중등교사에 비해 군주적 사고양식과 지엽적 양식을 선호하는 것을 제외하고는 거의 차이가 없다. 즉, 본 연구에서 측정된 13개 사고양식 가운데 위의 2가지 양식을 제외하고 나머지 사고양식에서는 초·중등 간에 거의 차이가 없다. 교사의 사고양식은 성별에 따라서도 몇 개 요인을 제외하고 거의 차이가 없다. 다만, 여교사는 남교사에 비해 전체적·진보적 사고양식을 선호한다. 둘째, 교사의 스트레스 대처방식은 성별에 따라서는 아무 차이가 없으나, 학교 급별에 따라서는 상당한 차이가 있다. 초등 교사들이 중등교사들보다 대체적으로 스트레스 대처의 모든 방식에서 좀 더 적극적인 성향을 나타낸다. 셋째, 사고양식과 스트레스 대처방식은 매우 밀접한 상관이 있다. 사고양식의 모든 하위요인에서 그 요인이 더욱 강할수록 스트레스 대처방식은 더욱 적극적이 된다. 넷째, 구조방정식 모형에 대한 분석 결과는 초·중등교사의 스트레스 대처방식의 차이가 어느 정도 그들의 사고양식의 차이에 기인한다는 것을 말해주고 있다. 초등교사들이 중등교사에 비해 보다 적극적으로 사회적지지 추구 스트레스 대처방식을 사용하는 것은 초등교사들의 상대적으로 높은 군주적 사고성향과 지엽적 사고성향에 기인하는 것으로 나타났다.

한편, 본 연구를 통해서 볼 때 교사들은 동질적이라는 문화특성을 지녔다. 그리고 교사들이 직무 스트레스를 해소하는 방식과 사고양식이 관계가 있었다. 이런 현상은 사고양식의 다양성에 비추어 볼 때 상황적 요구에 대한 교사들의 적응력이 부족할 수 있음을 의미한다. 따라서 교육현장에서 교사들의 다양한 사고양식이 발현될 수 있는 교육환경의 조성이 필요할 것이다. 그리고 본 연구가 사례수의 한계성이 있음을 밝힌다. 다양한 교사의 배경변인을 고려한 추후 연구를 제안한다.

7. 사고양식과 학업성취의 관계에 대한
과학고생과 일반학생의 차이[1]

───────────────── ≪요약≫ ─────────────────

　　본 연구는 과학고와 일반고의 사고양식의 차이를 학업성취와 관련하여 검증하였다. 과학고 122명, 일반고 93명 등 총 211명을 대상으로 연구를 한 결과, 주요 내용은 다음과 같다. 첫째, 과학고와 일반고 학생들의 사고양식이 다른 것으로 나타났다. 둘째, 과학고생이 일반학생보다 학업성취를 설명하는 다양한 사고양식이 존재하였다. 그리고 과학고의 경우, 경로분석을 통해서 지능이 전체 성취에 직접적 영향을 미칠 뿐만 아니라 사법적 사고양식과 군주적 사고양식을 통해서도 간접적 영향을 미치고 있었다. 끝으로 과학영재의 사고양식의 특성을 통해서, 현 과학영재교육의 개선과 방향에 대하여 시사점을 제공하였다.

주요어: 과학고, 일반학생, 사고양식, 학업성취

I. 서 론

　　지능과 창의성이 영재를 정의하는 데 있어서 중요한 준거가 된다는 것은 잘 알려진 사실이다. 그러나 지능이나 창의성 자체의 본질에 대해서도 아직 확실한 결론이 내려지지 않고 있기 때문에 영재에 대

───────────────

1) 한국영재학회 영재교육연구(2003) 제13권 제3호, pp.69-85.

한 정의는 그렇게 명확한 것은 아니다. 더구나 지능의 심리 측정 심리적인 접근에 대한 비판은 오래전부터 제기되어 왔다.

이와 관련하여 Sternberg(1988, 1997)는 마음의 작용을 묘사하는데 '정신자치제(the theory of mental self-government)'라는 은유를 사용하였다. 정신자치제는 사회를 지배하는 데 많은 방법이 있듯이 일상생활을 지배하거나 관리하는 데도 많은 방식이 있다고 주장한다. 우리의 활동을 지배하고 관리하는 여러 방식들을 Sternberg는 '사고양식(thinking styles)'이라고 불렀다. 사고양식이 영재의 판별에 어느 정도 시사점을 줄 수 있을 것이라는 주장의 근거는 사고양식과 학업성취의 관계에 관한 연구결과들에서 찾아볼 수 있다.

Grigorenko와 Sternberg(1997)는 고등학생들을 대상으로 한 연구에서 입법, 사법, 계층, 진보주의적 사고양식이 학업성취와 정적 상관관계를 나타내며, 행정적 사고양식은 부적 상관관계를 나타낸다는 것을 확인한 바 있다. 그들은 또한 사고양식들이 지능의 효과를 통제한 경우에도 학업성취를 의의 있게 예측한다는 사실을 확인하였다. 따라서 과학영재와 일반학생의 학업성취의 차이가 적어도 부분적으로 사고양식의 차이에서 기인할 수 있다는 예측이 가능하다.

사고양식과 학업성취의 관계에 관한 연구에 있어서 연구 대상의 문화적 차이에 따라 다른 결과가 나온다는 사실도 과학영재와 일반학생의 사고양식의 차이를 예측할 수 있는 또 다른 근거가 될 수 있다. Zhang과 Sternberg(1998)는 홍콩의 중등학생들을 대상으로 하는 연구에서 학업성취와 사법적 사고양식이 부적 상관을 나타낸다는 결과를 확인하였다.

이와 같은 사실을 바탕으로 과학고 학생과 일반고 학생의 사고양식에 있어서도 차이가 있을 것이라는 가설의 설정이 가능하다. 이상과 같은 사고양식 구인은 기존의 인지적 요인에 의존하여 영재성을 규명해왔던 관점에서 벗어나 영재들의 비인지적 요인에서의 특성을 밝히는 점에서 의의가 있다. 특히 국내에서는 영재들의 사고양식에 대한 연구는 거의 없다. 영재의 본질을 밝히는 것은 최근에 강조되고 있는 영재교육에서 무엇보다 중요한 영재의 발굴과 교육과정의 프로그램이 개발에 있어서 핵심이기 때문이다.

이상과 같은 논지를 바탕으로 본 연구에서는 과학고 학생의 사고양식의 특성을 알아보기 위해 사고양식의 여러 차원에서 일반 학생들의 사고양식과 차이를 비교하고, 또한 각 집단에서 사고양식이 학업성취에 영향을 미치는 패턴을 비교하고자 한다. 연구문제는 다음과 같이 설정하였다.

첫째, 과학고 학생과 일반고 학생 간에 사고양식은 어떤 차이가 있는가?

둘째, 사고양식과 학업성취의 관계에서 과학고 학생과 일반고 학생 간에 어떤 차이가 있는가?

Ⅱ. 이론적 배경 및 선행연구

1. 과학영재의 특성과 사고양식

영재에 대한 전통적인 견해는 선천적으로 타고난 변하지 않는 단일 능력 요인으로 정의된다(Gallagher & Courtright, 1986; Humphreys,

1986; Terman, 1925). 그러나 이런 입장은 영재를 협소하게 보는 것이다(Tannenbaum, 2000). Renzulli(1986)에 의하면 상위 15~20% 학생은 평균 이상의 지능을 보이지만 과제집착력이나 동기뿐 아니라 높은 창의성을 보여야 한다. 여기에서 과제 집착력과 동기는 일반지능과는 다른 영역이다. Tannenbaum(1979)은 지능수준, 탁월한 특수 적성, 비인지적인 특성, 환경 영향, 기회 또는 행운 등을 영재성의 결정요인으로 파악하였다.

이처럼 영재의 개념에 비인지적 요인을 포함시키는 것은 비 인지적 촉진제(Tannenbaum, 2000), 성취동기와 긍정적 자아개념(Feldhusen, 1986), 유머 감각, 강한 집념, 사회성이나 정서적 민감성(Van Tassel-Baska, 1998) 등 여러 학자들에서 공통적으로 발견된다. 비인지적 요인과 관련하여 Sternberg와 그의 동료들(Grigorenko & Sternberg, 1995; Sternberg, 1990, 1997; Zhang, 1999; Zhang & Sternberg, 1998)은 사고양식에 관한 다양한 접근들을 통합하여 사고양식의 연구에 관한 새로운 방향을 제시하고 있다.

Sternberg는 지능과 성격 사이의 매개체로서 지적 양식을 뜻하는 정신자치제 이론을 제안했다. Sternberg에 의하면 자신들의 일상적인 행동에 어떤 식의 지배나 관리를 필요로 하며 그러한 방법은 여러 가지가 있을 수 있다는 것이다(Sternberg, 1988). 이처럼 융통성 있게 정신을 이용한다는 의미는 사고양식의 다양성을 설명하는 것이다(Sternberg, 1994). 사고양식은 능력이 아니라, 하나 또는 그 이상의 능력을 표현하거나 사용할 때 선호하는 방식이다. 능력이 비슷한 사람들일지라도 매우 다른 사고양식을 갖는다. 또한 비슷한 성격 특성을 가진 사람들도 사고양식에서 서로 다를 것이다. Sternberg는 자신의 새로운 이론이 스타일에 관한 전통적인 접근들의 대안으로서 여러 가지 장점들을 갖는다고 하였다(Sternberg, 1988).

정신자치제 이론은 기능, 형식, 수준, 범위, 경향성이라는 5가지 차원에서 개념화한다. 기능에 따라서 입법적 양식은 창조성을 요구하는 일을 좋아한다. 행정적 양식은 명확한 지시가 있는 업무를 수행하기를 좋아하며, 사법적 양식은 타인의 활동에 대하여 평가하는 것을 선호한다.

형식에 따라서 네 가지가 있는데 군주적 양식은 한 번에 한 가지 일에 완전히 초점을 맞춰 수행하기를 좋아하며, 계층적 양식은 몇 가지 우선순위를 두고 일을 처리한다. 과두적 양식은 우선순위를 두지 않고 여러 가지 일을 동시에 수행하는 방식을 선호한다. 무정부적 양식은 형식과 절차를 싫어하고 규칙·규범·권위에 저항하며 임의적으로 문제를 해결하기를 좋아한다.

수준에 따라서 전체적 스타일은 전체적 윤곽에 관심을 갖고 추상적인 문제를 좋아하는 경향이 있다. 반면에 지엽적 스타일은 세부적인 작업과 정확성을 요구하는 문제를 좋아하는 경향이 있다. 범위에 따라서 내부적 양식은 독립적이고 내성적으로 문제를 해결하는 경향이 있고, 외부적 양식은 타인과 상호작용으로 일을 해결하는 경향이 있다. 경향성에 맞춰서 진보적 스타일은 신기성과 모호성이 개입된 일에 종사하기를 좋아하는데, 보수주의 양식은 기존의 규칙과 절차를 고수하려는 경향이 있다.

한편, 위와 같은 사고양식을 Zhang(2001)은 Type Ⅰ(입법적·사법적·전체적·계층적·진보적) 양식과 Type Ⅱ(행정적·지엽적·보수적) 양식으로 분류하면서, Type Ⅰ의 선호는 규준에 도전적인 경향이 있고, Type Ⅱ의 선호는 기존 준거의 틀을 좋아하면서 권위를 존중하는 경향이 있다고 주장한다.

또 Dai와 Feldhusen(1999)는 96명의 미국 고등학교 영재를 대상으로 요인분석을 했는데, 첫 번째 요인은 입법, 진보, 사법, 내부, 지엽적 양식으로 개방적, 비판적 사고를 지향하는데, '지적 독립성'으로 명명한다. 두 번째 요인은 체계적인 방식으로 규칙을 따르는 행정, 보수, 군주, 계급적 양식으로 '집행적-조직적 기능'으로 명명한다. 세 번째 요인은 외부, 전체, 내부적 양식은 중복되어 나타난다. 그리고 일반학생들보다 영재학생들이 더 입법적이고, 진보적이고, 사법적이었다.

영재교육과 관련하여 사고양식이라는 관점은 많은 시사점을 줄 수 있다(Sternberg & Grigorenko, 1993). 우선, 영재학생들은 학업 과제에 대한 스타일의 접근이 다양할 것이다. 따라서 영재학생들이 다양한 과제와 수행 조건을 효과적으로 다룰 수 있도록 학습과 수행 조건을 제공해야 한다. 그리고 영재가 학습과 수행을 최대화하기 위하여 최적의 환경을 제공해야 한다. 그 이유는 영재들이 능력과 양식에 맞을 때 과제와 기능을 잘하기 때문이다. Renzulli(1986)는 영재의 유형을 학교에서 시험을 잘 치르는 '학교 영재성(schoolhouse gifted)'과 새로운 아이디어와 산출물을 계획하고 만들 수 있는 '창의적-생산적 영재성'으로 구분한다. 그리고 Simonton(1996)은 어떤 영역의 규칙과 기능을 숙달하고 철저히 따르는 따르지만 그 이상은 넘어서지 않는 '표준적 전문가(received expertise)'와 새로운 규칙을 생성하는 '창의적 전문가'로 구분하였다. 사고양식의 관점에서 보면 과제에 대한 전통적인 접근(행정적, 보수적 양식)은 첫째 유형의 영재 행동이나 전문성을 개발시키고, 창의적 접근(입법적, 진보적 양식)은 둘째 유형의 것을 기른다. 특히 고등학교 교실수업과 학습은 전통적인 접근을 취하는 경향이 있다(Sternberg, 1997; Sternberg & Grigorenko, 1995).

따라서 학교에서의 수월성과 실생활에서의 창의적-생산적 성취 사이의 차이를 줄이기 위해서는 영재 교육자들이 효과적인 교육과정과 적절한 평가를 통해 창의적 사고 성향을 길러 주어야 한다. 영재교육 담당교사들이 영재학생들의 사고양식 개인차를 알게 될 경우 학생들의 바람직한 개인적 특질이나 성향을 기르는 데 도움을 얻을 수 있다. 예를 들면, 보수적인 학생은 애매한 과제 상황에 접하게 될 때 불안해할 수 있고, 한편 영재들은 반복적이고 일상적인 활동에 지루해할 수 있다.

2. 사고양식과 학업성취

사고양식과 성취와 관련해서 Grigorenko와 Sternberg(1997)는 사고양식과 학업성취와의 연구에서 입법·사법·계층·진보주의적 사고양식과 유의한 정적 상관이 있었으며, 행정적 사고양식과는 유의한 부적 상관을 보였다. 사법적 사고양식은 모든 과목의 성취와 통계적으로 유의한 정적 상관관계가 있었다. 그리고 영재학생은 그들의 능력과 스타일에 부합되는 과제를 추구하게 되면 매우 성공적인 과제수행을 할 수 있다.

Zhang(2001)은 지금까지 연구들을 다음과 같이 간략하게 요약하고 있다. 첫째, 학생들은 나이·출생순위·성별 등 개인특성과 학습환경에 따라 사고양식이 다르다. 둘째, 교사의 사고양식들은 개인특성과 교수경험 사이의 기능만큼 다양하다. 셋째, 학생들은 교사의 사고양식과 일치할 때 성적이 좋아지는 경향이 있다. 넷째, 사고양식과 성격양식은 관계가 있다. 다섯째, 사고양식과 학습접근은 유의미한 관계가 있다. Sternberg의 이론은 중국 중등학생을 대상으로 한 타당화 연구가 2편이 있었다(Tso, 1998, Ho, 1998). 두 연구결과는 모두 미국연구와 사뭇 달랐다. 이것은 사고양식이 문화적 특성에 따라 달라질 수 있음을 의미한다. 국내연구로서 윤미선(1997)은 Sternberg의 연구(Sternberg & Wagner, 1991)와 비교해 보면, 국내 학생들도 미국 학생들과 비슷한 사고양식이 표출함을 밝혔다. 또 사법·전체·지역·계층·과두적 양식이 학업성취의 예언에 통계적으로 유의한 결과를 가져온다는 사실을 입증하였다. 김소연(2000) 연구에서는 입법 스타일을 가장 선호하였고, 보수주의 스타일을 덜 선호하였다. 그리고 학업성취와 행정적 스타일은 유의한 상관이 있었다. 윤미선(1997)과 김소연(2000) 연구는 모두 일반 고등학생을 대상으로 하였다. 최근에 배미란 등(2002)은 중학생의 영재를 대상으로 연구했는데 중학교 과학영재는 입법, 행정, 지엽, 자유주의, 군주, 위계, 내적 사고양식을 선호하는 것으로 밝혔다. 이상과 같이 사고양식에 대한 연구들을 종합해서 볼 때, 영재의 특성이 비인지적 영역에서도 개인차가 존재함을 알 수 있다. 따라서 영재들이 선호하는 사고양식을 고려하는 교수-학습 방법과 평가체제가 교육현장에서 매우 중요하다는 것을 알 수 있다.

Ⅲ. 연구방법

1. 연구대상

본 연구의 대상은 과학영재 교육을 목적으로 설립된 3개 과학 고등학교 2학년 122명(남 71명, 여 51명)과 전북소재 3개 일반 고등학교 2학년 학생 93명(남 53명, 여 40명)이었으나 불성실한 응답자 4명을 제외하고 총 211명(남 121명, 여 90명)의 자료가 분석되었다.

2. 검사도구

가. 사고양식

사고양식은 Thinking Styles Questionnaire Short Version(Sternberg & Wagner, 1991)을 기초로 하여 박도순 외(2000)가 제작한 신 종합지능 검사를 사용하였다. 이 검사는 5개 영역 13개의 하위검사로 구성되어 있으며, 하위 검사들은 각각 5개의 문항들로 이루어져 있다. 검사도구의 Cronbach-α 신뢰도 계수는 .51~.90 범위(평균 .67)에서 나타났다. 대표적인 문항들은 다음 <표 1>과 같다.

〈표 1〉 사고양식 예문

영역	유형	내용
기능	입법	어떤 일을 할 때, 나는 내 아이디어대로 일을 시작하는 것을 좋아한다.
	행정	나는 정해진 지시 사항에 따라 일하는 것을 좋아한다.
	사법	나는 분석이나 평가 혹은 비교하는 과정이 포함된 있는 일을 즐긴다.
형식	군주	나는 한 번에 한 가지 일에만 집중하는 것을 좋아한다.

형식	계급	많은 일들이 있을 때, 일의 우선순위를 분명하게 안다.
	과두	나는 보통 몇 가지 중요한 일을 한꺼번에 수행한다.
	무정부	문제들이 사소해 보여도 모든 종류의 문제들을 다루는 것을 좋아한다.
수준	전체	나는 일의 세부적인 사항보다 전체적인 효과에 관해 더 신경을 쓴다.
	지엽	나는 일반적인 문제보다 특정문제를 다루는 것을 더 좋아한다.
범위	내부	나는 혼자서 독립적으로 완수할 수 있는 일을 좋아한다.
	외부	나는 다른 사람들과 상호작용하고 함께 일하는 상황을 좋아한다.
경향	진보	문제 직면을 하면 새로운 전략이나 방법으로 해결하는 것을 좋아한다.
	보수	나는 관습적으로 따라 할 수 있는 일을 좋아한다.

나. 학업성적

성취의 준거로서 학업성취는 2003년 6월 11일 전국 연합학력평가로서 언어·수리·외국어 영역으로 구성되었는데, 모두 변환표준점수로 처리되었다.

다. 자료분석

본 연구의 자료는 SPSS/Win 10.0을 사용하여 처리하였다. 첫째 문제는 표준점수화(T점수) 사고양식 평균 차에 대하여 t검증을 하였고, 순수한 사고양식의 차이를 알아보기 위하여 지능을 독립변인으로 하고 사고양식의 하위요인들을 각기 종속변인으로 하는 회귀분석 방법을 적용하여 산출하였다. 지능은 신 종합지능검사에서 분석지능으로 산출된 것이다. 둘째 문제는 적률상관관계, 회귀분석과 경로분석을 하였다.

Ⅳ. 연구 결과

1. 과학고와 일반고의 사고양식의 차이

과학영재와 일반학생의 사고양식의 평균 차에 대한 결과는 <표 2>와 같았다. 사고양식의 13가지 스타일 중 11가지 사고양식에서 의의가 있는 차이가 있었다. 세부적으로 입법, 행정, 사법, 군주, 계급, 전체, 내부, 진보적 사고양식은 과학고가 일반학생보다 높았고, 과두, 무정부, 보수적 사고양식은 일반학생이 높았다. 한편, 전통적인 IQ개념을 가장 잘 설명하는 분석지능과 집단을 독립변인으로 하고 사고양식의 하위요인들을 각기 종속변인으로 하는 회귀분석 방법을 적용한 결과, 과학고 집단이 행정, 사법, 내부적 사고양식을 선호하고, 일반고는 과두, 무정부, 보수적 사고양식을 선호하였다.

〈표 2〉 과학고와 일반고의 사고양식의 차이

변인		과학고(122명)	일반고(93명)	차이	t	지능 통제 후 차이
사고양식	입법	55.40(8.33)	51.80(7.67)	3.59	3.19**	1.55
	행정	59.53(10.76)	53.44(8.46)	6.08	4.42**	2.38*
	사법	62.23(9.09)	54.75(8.06)	7.47	6.15**	3.01**
	단일	57.56(5.07)	55.53(6.94)	2.02	2.44*	1.57
	계급	59.43(9.74)	53.36(8.57)	6.07	4.70**	2.56*
	과두	51.67(6.28)	55.02(6.69)	-3.33	-3.70**	-4.10**
	무정부	50.51(6.98)	53.01(6.91)	-2.49	-2.57**	-2.33*
	전체	57.93(6.00)	55.83(7.40)	2.10	2.27*	0.53
	지엽	53.68(7.52)	3.47(7.52)	.20	.20	0.39
	내부	62.12(8.30)	55.04(7.96)	7.07	6.21**	4.04**
	외부	50.42(7.46)	49.95(6.98)	.47	.46	0.81

진보	56.86(4.83)	53.85(7.26)	3.00	3.60**	1.84
보수	48.76(8.80)	54.91(8.53)	-6.14	-5.07**	-3.92**

* p<.05, ** p<.01

2. 사고양식에 의한 학업성취의 예측에서 양 집단 차이

가. 상관관계

우선, 사고양식과 학업성취의 관계에서 두 집단의 차이를 알아보기 위하여 과학고 집단과 일반고 집단을 대상으로 각기 Pearson 상관계수를 구했는데, 이에 대한 결과는 <표 3>과 같다. <표 3>과 같이 전체적으로 보아 사고양식과 학업성취의 관계는 다양한 양상을 보인다. 우선, 전체 학업성취와 사고양식의 하위 변인과의 상관에서 과학고는 행정, 사법, 군주, 계급, 과두, 내적, 외적 등 7가지 사고양식에서 상관이 있었는데 군주와 계급적 스타일과는 부적 상관을 보였다. 일반고의 경우, 전체 학업성취와 상관을 보인 스타일은 계급과 보수적 사고양식이었다.

사고양식의 하위 변인과 과목별로 보면 조합 가능한 39가지에서 과학고는 17가지(약 45%)에서 상관이 있었는데, 일반고의 경우, 8가지(약 20%)에서 상관이 있었다. 그리고 전체 학업성취와의 상관 값은 과학고 경우, .20(-포함)~.61의 범위이고, 일반고의 경우, .21이었다. 이상과 같이 사고양식과 학업성취의 관계는 일반고보다 과학고의 경우가 더욱 설명력을 지녔다. 세부적으로 보면, 행정적, 사법적, 계급적, 내부적 사고양식은 모든 영역에서 유의미한 상관이 있었고, 과학고의 입법적, 계급적 사고양식과 언어영역, 외부와 수리영역, 군주적 스타일과 외국어 영역사이에서는 부적상관이 있었다. 한편, 일반고는 행정적, 사법적 사고양식과 수리영역은 정적상관이 있었고, 행정적, 사법적, 계급적 스타일과 외국어 영역 역시 정적상관을 보였으나, 전체, 외부적, 진보적 사고양식과 언어영역과는 부적상관이 있었다.

〈표 3〉 사고양식과 학업성취의 상관관계

사고양식	과학고(n=122)				일반고(n=93)			
	영어	언어	수리	총점	영어	언어	수리	총점
입법	-	-.28**	-	-	-	-	-	-
행정	.59**	.52**	.30**	.61**	.22*	-	.25*	-
사법	.41**	.47**	.43**	.60**	.25*	-	.33**	-
군주	-.22*	.33**	-	-.29**	-	-	-	-
계급	.54**	-.26**	.23*	.46**	.26**	-	-	.21*
과두	-	-	.23*	-.27*	-	-	-	-
무정부	.22*	-	-	-	-	-	-	-
전체	-	-	-	-	-	-.23*	-	-
지엽	-	-	-	-	-	-	-	-
내부	.28**	.32**	.35**	.43**	-	-	-	-
외부	-	-	-.26**	-.20*	-	-.25*	-	-
진보	-	-	-	-	-	-.26**	-	-
보수	-	-	-	-	-	-	-	.21*

* $p < .05$, ** $p < .01$

다음으로 지능과 사고양식을 동시에 투입하여 학업성취도를 예측할 경우, 과학고와 일반고 사이에 차이가 있는가를 알아보기 위해 지능의 하위요인 가운데 지능과 사고양식의 모든 하위요인들을 독립변인으로 하고 전체성취를 종속변인으로 하는 단계적 회귀분석을 실시하였다. <표 4>는 과학고를 대상으로 한 회귀분석 결과이다. 일반고들을 대상으로 해서도 같은 변인들을 투입하여 단계적 회귀분석을 했으나, 분석지능을 제외하고 사고양식의 하위 변인들은 유의한 예측 변인으로 추출되지 않았기 때문에 이 분석에서 제외시켰다. <표 4>에서와 같이 과학고 경우 분석지능과 사고양식이 학업성취를 예측하는 데 동시에 기여함을 알 수 있다. 특히, 행정적 사고가 가장 높은 기여를 하고 있으며, 사법적, 과두적, 내부적, 지능, 입법적 사고양식의 순으로 학업성취도의 예측에 기여하고 있음을 알 수 있다.

〈표 4〉 과학고의 전체성취도에 대한 지능과 사고양식의 회귀분석

투입변인	R	B	Berror	Beta	t	Sig.
상수		205.83	10.65		19.32**	.00
행정적 사고양식		.32	.075	.37	4.32**	.00
사법적 사고양식		.18	.095	.18	1.92*	.05
과두적 사고양식	.774	-.25	.092	-.17	-2.73**	.00
내부적 사고양식		.23	.082	.20	2.75**	.00
지능		.29	.071	.26	4.13**	.00
입법적 사고양식		-.30	.071	-.27	-4.28**	.00

* p<.05, ** p<.01

다. 경로분석

회귀분석을 통해 지능과 사고양식이 학업성취를 예측하는 데 있어서 동시에 기여하는지의 여부를 알 수 있지만, 그 경로를 알려주지는 않는다. 따라서 여기에서는 사고양식이 지능에 영향을 받아 성취에 간접적 영향이 있는지를 알아보기 위해 경로분석을 실시하였다. 지능, 사고양식, 학업성취의 하위요인들의 수가 많기 때문에 다양한 경로의 설정이 가능하나, 여기에서는 위에서 실시된 중다회귀분석 결과를 토대로 지능-사고양식-전체성취의 조합만을 분석 대상으로 선정하였다.

이 분석은 과학고들만을 대상으로 실시하고 일반고는 분석에서 제외되었는데, 그 이유는 일반고 집단의 경우 위에서 언급한 것과 마찬가지로 지능과 사고양식을 동시에 예측변인으로 투입할 경우 오직 지능만 유의한 예측변인으로 나타났기 때문이다.

영재들을 대상으로 하는 경로분석에서도 위의 중다회귀분석에서 유의한 예측변인으로 추출되었던 사고양식 하위요인들 가운데 사법적 사고양식과 군주적 사고양식만이 경로분석에 포함되었다. 경로분석에 사고양식의 하위요인들 가운데 이 두 가지 요인만 포함시킨 이유는 이 사고양식들만이 지능과 유의한 상관관계를 나타냈기 때문이다.

과학고의 지능, 사고양식, 학업성취의 구조적 관계에 대한 모형이 [그림 1]과 같이 설정되었다. 이 모형은 지능이 전체 성취에 직접적 영향을 미칠 뿐만 아니라 사법적 사고양식과 군주적 사고양식을 통해서도 간접적 영향을 미치고 있으며, 두 가지 사고양식도 학업성취에 직접적 영향을 미치고 있다는 것을 보여주고 있다(모든 경로계수는 $p < .05$ 수준에서 유의하다). 이 모형의 적합도는 GFI=.95, Chi square=1.99(df=1, p=.15), root mean-square error of approximation=.02로 비교적 적합한 것으로 판정되었다. 사고양식을 통한 지능의 학업성취에 대한 간접적 효과를 더욱 확실하게 하기 위해 그것을 부정하는 상대적 모형을 설정하여 분석하였다.

다시 말하면, [그림 1]에서 지능과 사고양식의 경로계수를 '0'으로 설정한 구조모형을 분석한 결과, 이 모형의 적합도는 GFI=.94, Chi square=29.48(df=4, p=.00), root mean-square error of approximation=.17로 부적합한 것으로 판정되었다. 사고양식 하위요인간의 상관관계를 허용하는 또 다른 구조모형의 분석도 부적합한 것으로 나타났다. 따라서 이상의 경로분석 결과는 사고양식은 지능의 영향을 받아 학업성취에 간접적 영향도 미친다는 사실을 확인하고 있다.

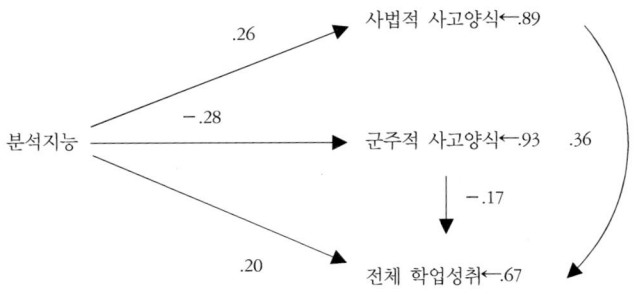

[그림 1] 과학고의 지능, 사법적·군주적 사고양식, 종합학업성취의 구조모형

V. 논의 및 결론

본 연구결과를 종합해 볼 때, 우선, 과학고 집단은 일반고보다 사고양식에서도 차이를 보였다. 지능을 통제한 후에서 과학고는 일반고보다 행정, 사법, 계급, 내부적 사고양식을 선호하였고, 과두, 무정부, 보수적 사고양식을 덜 선호하였다. 이런 결과는 사고양식에서 영재성의 단서를 찾을 수 있음을 의미한다. 또한, 미국 고등학교 1학년 학생들이 입법적, 외부적, 계급적 양식을 선호하고, 내부, 군주, 외부적 양식을 덜 선호한다는 Sternberg(1991)의 결과와는 다소 차이가 나타나는데 이는 사고양식의 구인이 문화적인 차이를 반영하는 특성을 보여준다.

둘째, 학업성취, 사고양식과의 관계를 보면 과학고가 일반고보다 학업성취에 대하여 사고양식이 민감하게 반영하고 있었다. 한편, 지능과 사고양식을 동시에 투입하여 학업성취를 설명함에 있어서 회귀분석을 한 결과, 일반고의 경우는 계층적 사고양식이 예측변인이었다. 이는 윤미선(1998)의 연구에서도 밝혀진 양식이다. 반면에 과학고 집단은 회귀분석 결과, 분석지능과 행정, 사법, 과두, 내부, 입법적 스타일 등이 예언변인이었다. 특히, 행정스타일의 설명량이 크다는 것은 우리의 영재교육이 창의력을 장려하지 못하고 있음을 보여주는 증거가 될 수 있다.

과학고의 고교 입학전형을 보면 주로 중학교 때 국어 · 수학 · 과학 · 영어 등의 내신성적(학년 석차의 상위 10% 이내)이 결정적 역할을 한다는 점에서 과학고 특성이 충분히 반영되지 못했다는 점이 이를 뒷받침해 준다. 그러나 과학고에 있어서 지능과 다양한 사고양식이 연결되어 영재의 성취에 영향을 미친다는 것은 교사의 수업방법과 학생의 지능 및 사고양식과의 조화가 중요하다는 것을 의미한다(Sternberg & Grigorenko, 1995). 예컨대, 강의식 수업방법은 행정적 스타일을 지닌 학생에게는 유익할 수 있으나 창의적 지능이 높고 입법적인 학생에게는 최적의 수업방법이 되지 않을 수 있다.

한편, 과학고는 단순한 과학 지식위주의 학습보다는 창의적인 문제 발견과 해결이 강조되어야 한다(Arlin, 1989). 즉, 생산적-창의적 사고양식이 장려되어야 할 것이다. 이런 측면에서 본 연구를 통하여 첫째, 과학고학교는 학생들이 잠재력 능력을 발견하고 발휘할 수 있도록 과학 동아리 활동, 특기 적성활동 등이 활발하게 장려되어야 할 것이다.

둘째, 사고양식은 Sternberg의 제안처럼 사회화되고 변화가 가능하기 때문에 영재의 특성에 맞는 교육프로그램이 이루어져야겠다. 셋째, 인지적 요인만으로 과학고를 판별하고 선발하는 것은 적합하지 않음을 시사한다. 그러나 본 연구는 과학고생들이 고르게 표집되지 못했고, 일반고도 특정지역으로 이루어졌다는 한계점이 있었다. 끝으로, 후속연구의 필요성을 언급하고자 한다. 첫째, 과학뿐 아니라 수학, 외국어, 예술 등 다양한 분야의 영재를 대상으로 연구하여 그들의 사고양식에 대한 탐구가 필요하다. 둘째, 학생의 사고양식을 고려한 교수−학습 모형의 개발과 평가체제에서의 적용이 필요하다. 예컨대, 창의력에 적합한 사고양식을 장려하기 위해서는 선다형보다는 논술형이나 프로젝트형 평가형식이 활발하게 이루어져야 할 것이다. 셋째, 지금까지 사용되어 왔던 Sternberg와 Wagner(1991)의 설문지에 의존하기보다는 우리의 문화적 상황을 고려한 질문지 개발이 필요하다. 그리고 전통적인 자기보고 측정에서 벗어나서 다양한 기법에 의한 측정되는 검사 도구개발이 요구된다. 삼원지능, 사고양식은 문화적 차이가 민감하게 반영되는 심리적 구인이기 때문이다.

8. 사고양식과 학업성취 간의 관계구조에서 특목고와 일반고의 차이[1)]

≪요약≫

　본 연구의 목적은 특목고 학생들의 사고양식이 일반고 학생들과 어떤 차이를 나타내는가와, 또한 사고양식과 학업성취와의 관계구조의 양상에서 특목고와 일반고간에 어떤 차이를 나타내는지를 검증하여 교육적인 시사점을 도출하는 데 있다. 연구대상의 특목고생은 과학고와 외고 학생(147명)이고, 일반고생은 128명으로 총 275명의 자료가 분석되었다. 연구결과, 첫째, 특목고가 일반고보다 입법, 행정, 사법, 위계, 내부, 진보적 사고양식의 평균이 높았으며, 보수적 사고양식에서는 일반고가 특목고보다 높았다. 그리고 지능과 성취총점을 공변인으로 이를 통제한 후에도 특목고가 일반고보다 행정, 보수적 사고양식이 높았고, 진보적 사고양식에서는 특목고가 일반고보다 낮았다. 둘째, 행정, 내부, 보수적 사고양식들이 집단의 판별에 통계적인 예측력을 지녔다. 판별식의 Hit Ratio는 약 67%의 예측력을 나타냈다. 셋째, 학업성취 영역에 따라서 사고양식의 관계구조의 형성 패턴에서 특목고와 일반고간에 차이가 있었다. 특목고의 학업성취는 군주, 위계, 내부적 사고양식이 그 속성을 결정한 반면에, 일반고의 학업성취는 행정, 전체, 보수적 사고양식들이 그 속성을 나타내 주고 있다. 본 연구가 교육현장에 시사하는 바는 집단의 성격과 학습영역에 따라서 학생들의 사고양식이 고려된 학습 환경의 조성이 필요하며, 창의적 사고를 할 수 있는 담당교사교육의 프로그램, 창의력을 유발하고 장려하는 교수법과 평가체제가 필요함을 논의하였다.

주제어: 사고양식, 정신자치제 이론, 학업성취

---

1) 한국교육방법학회 교육방법연구(2005) 제17권 제1호, pp.1-17.

I. 서 론

최근에 지능연구의 동향이 고전적인 IQ 중심의 협소한 인지적 지능관에서 벗어나 동기, 성격 등의 비인지적 개념이 포함되어야 한다는 주장이 제기됨에 따라서 "사고양식"에 대한 연구가 국내에서도 활발하게 진행되고 있다(김소연, 2000; 나동진·김진철, 2003, 2004; 윤미선, 1997). 사고양식의 개념은 Sternberg에 의해서 최초로 제안되었는데, Sternberg와 그의 동료들(Sternberg, 1988, 1990, 1993, 1994a; Sternberg & Grigorenko, 1993, 1995; Sternberg & Wagner, 1992; Zhang & Sternberg, 2000)은 일련의 연구들을 통해서 기존의 "인지양식(cognitive style)" 혹은 "학습양식(learning style)" 등에 관한 연구들을 통합하여 "사고양식(thinking style)" 이론으로 발전시켰다.

사고양식은 인간의 사고기능과 구조를 정부의 통치기능과 구조에 비유하여 규정하였다. 정신자치제 모형을 기초로 한 최근의 연구들을 고찰해 보면, 사고양식 유형의 타당화, 사회 문화적 배경, 학업성취, 교수방법 등 다른 개인차 변인들과의 관계를 밝히기 위한 연구 등에 집중되어 있다(Zhang & Sternberg, 2000).

최근에 국내에서도 개인차를 보다 심층적으로 이해하는 데 있어서 사고양식에 대한 이론적 소개와 교육현장에서의 적용가능성에 대한 연구가 이루어지고 있다. 이들의 연구들을 통해서 볼 때, 교육현장에서 학생의 사고양식을 이해하는 것은 다음의 3가지 연구 결과로 인해 매우 중요해졌다(나동진·김진철, 2003, 2004).

첫째, 사고양식은 성장과정에서 가정환경이나 학교특성 등에 의해서 사회화된다. 사고양식이 문화나 사회적 배경 등에 따라 차이가 나타난다는 것은 많은 연구에서 확인되고 있다(Bernardo, Zhang & Callueng, 2002; Sternberg, 1994a; Sternberg & Grigorenko, 1997).

둘째, 사고양식은 창의성과 어느 정도의 상관관계가 있다. Zhang과 그녀의 동료들(Zhang, 2000a, 2001a, 2002a, 2002b; Zhang & Huang, 2001; Zhang & Postiglione, 2001; Zhang & Sternberg, 2000)은 창의성을 이끌어 내는 사고양식이 존재함을 밝혔다. 이것은 지식기반사회에서 더욱 중시되는 창의성 교육과 관련하여, 창의성을 유발하는 사고양식을 권장하는 교육환경을 조성하고 학습과정에서 사고양식과 조화를 이루는 교수처치와 과제상황에 맞는 사고양식의 개발이 가능하다는 점에서 창의성 교육에 시사하는 바가 매우 크다. 예컨대, 학습에서 피상적인 접근을 시도하는 학습자들은 행정, 지엽, 보수적 사고양식 등을 사용한다. 그러나 심도 있는 접근을 사용하는 학습자들은 입법, 사법, 진보적 사고양식 등 복잡하고 창의성과 관련된 사고양식을 가지고 있다(Zhang, 2000a).

셋째, 사고양식은 학업성취와도 밀접한 관계가 있다는 연구결과가 제시되고 있다(김소연, 2000; 나동진·김진철, 2003, 2004; 윤미선, 1997; 윤소정·윤미경·유순화, 2003; Grigorenko & Sternberg, 1997). 최근 나동진과 김진철(2004), 윤미선과 김성일(2004a, 2004b) 등은 사고양식이 다른 학습변인과의 조합을 통해서도 학업성취를 유의미하게 설명할 수 있음을 밝혔다.

위와 같은 연구결과들을 종합해 보면, 사고양식은 학교에서 학생들의 행동에 영향을 줄 뿐 아니라, 학습상황에도 영향을 준다. 따라서 사고양식을 고려한 교육적 처치는 지적 능력을 최대로 극대화하고 잠재능력을 발휘하는 데 도움이 된다고 볼 수 있다. 지금까지 사고양식에 대한 연구는 미국, 홍콩, 중국, 필리핀 등 주로 외국에서 활발하게 연구되어 왔다. 최근에 국내에서도 사고양식에 관하여 다양한 주제의 논문들이 발표되고 있지만 우리나라의 교육현장에서 학습수준과 관련한 사고양식의 검증은 거의 미비한 실정이다.

21세기 창의적 한국인육성을 위해 "제7차 교육과정(2000)"으로 개편하고, "영재교육진흥법(2000)"과 "영재교육진흥법시행령(2002)"이 공포되어 시행중에 있다. 특히, 최근에는 창의적 인재육성을 위한 교육인적자원부의 "수월성교육종합대책(2004. 12.)"이 발표되면서, 국가의 교육목표를 공평성 교육원칙과 더불어 수월성 교육원칙에도 교육정책의 역량을 결집하고 있는 상황이다. 앞으로 수월성 교육은 더욱 활성화될 것으로 기대되기 때문에 학습수준에 따른 사고양식과 학업성취와 관련된 연구는 더욱 필요하다고 보여진다.

본 연구의 목적은 특수목적고등학교(이하 특목고) 학생들의 사고양식이 일반계 고등학생(이하 일반고)들과 어떤 차이가 있으며, 사고양식과 학업성취와 관계구조의 양상에서 특목고와 일반고 간에 어떤 차이를 보이는지를 검증하는 것이다. 이것은 Sternberg에 의해서 제안된 사고양식 구인에 대한 이론적 타당화를 위한 경험적인 자료를 축적하는 것뿐만 아니라, 학생들의 개인차에 따라서 사고양식과 관련하여 학업성취를 보다 심층적으로 이해할 수 있는 계기가 될 것이다. 연구문제를 구체적으로 기술하면 다음과 같다.

> 연구문제 1: 특목고와 일반고 간에 사고양식에는 차이가 있을 것이다. 이 가설의 가장 중요한 근거는 사고양식이 사회화과정을 통해 형성된다는 주장과 그와 관련된 실증적 연구들이다(한기순·배미란, 2004; Bernardo, Zhang &

Callueng, 2002; Dai & Feldhusen, 1999; Sternberg, 1994a, 1988, 1997a; Sternberg & Grigorenko, 1997; Zhang, 2001a; Zhang & Sternberg, 2000). 이 밖에도 나동진 · 김진철(2003, 2004)의 연구에서는 과학 고등학생이 지능을 통제한 후에도 일반학생보다 행정, 사법, 내부, 보수적 사고양식에서 높았고, 과두와 무정부적 사고양식에서는 일반학생이 높았다.

연구문제 2: 집단차이를 극대화하는 잠재변인의 구조가 존재할 것이다. 이 가설은 연구문제 1의 선행연구들과 피상적인 접근을 시도하는 학습자들과 심도 있는 접근을 시도하는 학습자들 간에 스타일의 선호도가 다르다고 밝힌 Zhang(2000a)의 주장에 근거하였다.

연구문제 3: 사고양식과 학업성취의 관계구조가 두 집단 간에 차이가 있을 것이다. 이 가설은 사고양식이 영역 – 특수성으로 해석됨(하대현, 2003; Sternberg, 1997a)에 따라서 집단의 성격에 따라서 학업성취가 달리 나타날 수 있다는 점과, 선행 연구들(나동진 · 김진철, 2003, 2004; 윤미선, 1997; Grigorenko & Sternberg, 1997)에서 그 근거하였다.

II. 이론적 배경

1. 정신자치제 이론과 사고양식

정신자치제 이론(mental self-government theory)은 지난 25년간에 걸쳐 연구해온 Sternberg의 지능이론의 3기에 걸친 발달과정(제1기-1977년의 유추의 요소이론, 제2기 – 1985년의 삼원 지능이론, 제3기 – 1996년의 성공지능) 중에서 제2기에서 제안되었다(하대현, 2004). 이론의 핵심적 개념은 사람들이 자신들의 일상적인 행동에 다양한 방식의 지배나 관리가 필요하다는 것이다(Sternberg, 1988, 1990, 1997a). Sternberg는 인간의 사고양식을 인간세계에 존재하는 통치형태 및 통치조직과 관련시켜 이해하고자 했다. 인간의 정신세계에도 개인의 행동을 다스리는 심리적 구인으로서 정부가 존재한다고 보고, 정부가 기능(functions), 형태(forms), 수준(levels), 범위(scopes), 경향성(leanings) 등에서 통치하듯이, 인간에게도 이를 적용할 수 있다고 가정하였다(Sternberg, 1988, 1990, 1997a).

정신자치제의 기능에서 입법적(legislative)인 사고양식은 창의성을 갖고 새로운 것을 산출해 내는 것과 관련이 있는 것으로 이런 유형의 사람은 자신만의 규칙을 설정하여 창의적으로 문제를 해결하고 구조화되지 않은 과제를 선호하는 경향을 갖는다. 행정적(executive)인 사고양식은 어떤 지침에 의해서 과제를 수행하는 것과 관련이 있는데, 이런 유형의 사람은 자신의 역할이 분명하게 설정된 상황과 구조화된 업무를 좋아한다. 사법적(judicial)인 사고양식은 판단, 평가, 비교 등과 관련이 있는데, 이런 유형의 사람은 기존의 규칙과 절차 또는 관념이나 사물에 대하여 평가하고, 판단하고, 분석하는 경향을 보인다.

정신자치제의 형식에서 군주적(monarchic)인 사람들은 한 가지 일에 초점을 맞춰 그 일이 완성될 때까지 과제수행에 전념하는 경향을 갖는다. 위계적(hierarchic)인 사고양식을 선호하는 사람은 다양한 목표를 갖고 그 목표들에 대한 우선순위를 정하고 체계적으로 접근하여 문제를 해결하려는 경향을 갖는다. 과두적(oligarchic)인 사고양식은 다양한 목표를 설정한다는 면에서 위계적 스타일과 동일하나 여러 목표들에 대한 중요성에 대한 우선순위의 설정이 어려워서 한 가지 일에 몰두하기보다는 여러 가지 일을 동시에 수행하는 방식을 선호한다.

넷째, 무정부적(anarchic)인 사고양식은 규칙, 절차, 지침, 체제, 형식들을 싫어하고 상당히 임의적으로 문제를 해결하기를 좋아하며, 규칙, 권위에 저항하기도 한다.

정신자치제의 수준은 연방, 주, 지엽, 도시, 기타 등의 수준에서 정부의 기능을 발휘하듯이 정신자치제의 기능도 특정한 수준에서 기능이 발휘된다는 것이다. 첫째, 전체적(global)인 사고양식 유형은 문제에 대한 전체적 윤곽에 관심을 갖고 추상적인 문제를 좋아하는 경향이 있다. 둘째, 지엽적(local)인 사고양식 유형을 지닌 사람들은 문제의 특수한 사항에 관심을 갖고 세부적인 작업과 정확성을 요구하는 문제를 좋아하는 경향을 갖는다.

정신자치제의 범위에서 첫째, 내부적(internal)인 사고양식은 독립적, 내성적, 과제 지향적이고 혼자 문제해결의 경향이 있다. 둘째, 외부적(external)인 사고양식의 선호는 외향적, 대인관계 지향적이어서 타인과 상호작용으로 문제해결의 경향을 갖는다.

정신자치제의 경향성에서 진보적 사고양식을 선호하는 사람들은 신기성(novelty)과 모호성이 개입된 일을 좋아한다. 보수적 사고양식을 선호하는 사람들은 과업수행에 있어서 규칙과 절차를 고수하려는 경향이 있다. Sternberg(1997a)는 5가지 차원과 13가지 사고양식은 완벽하지는 않지만 지적 기능에 대한 중요한 측면을 표현해 준다고 하였다. 예컨대, 특정과제(예: 창의적 작문)나 교수법(예: 발견학습)은 다른 사고양식(예: 사법적 사고양식)보다는 어떤 사고양식(예: 입법적 사고양식)에 좀 더 적합할 수 있으므로 그런 특정 사고양식의 표출을 길러주고 촉진시켜야 한다. 이런 의미에서 사고양식은 개인의 성격뿐만 아니라, 과제나 상황적 요구를 반영한다. 즉, 상황 맥락에 따라서 인간은 입법과 행정적 사고양식을 동시에 선호할 수도 있고, 지엽적이면서 전체적 사고양식을 선호할 수도 있으며, 군주적이면서 위계적인 사고양식을 동시에 선호할 수도 있다(Bernardo, Zhang & Callueng, 2002; Csikszentmihalyi, 1993; Sternberg & Grigorenko, 1997).

위의 내용을 종합해 보면, 개인의 사고양식은 능력이라기보다는 문제해결 상황에서 정보를 처리하고 가지고 있는 능력을 사용하는 방법에 대한 선호라고 할 수 있다. 그리고 사고양식의 독특한 특성은 단일 차원이 아니라 다차원으로 이루어지고, 기존의 이분법적인 (dichotomous) 차원이 아니라 연속적인(continuous) 차원이며, 개인마다 하나의 양식이 발견되기보다는 여러 양식들의 프로파일이 얻어진다는 점에서 기존의 스타일 개념과는 많은 차이가 있다. 따라서 사고양식은 학습자의 다양성을 이해하고 이에 맞는 교육적인 처치를 할 수 있다는 점에서 유용한 구인이다.

2. 사고양식과 학업성취의 관계

지금까지 학업성취에 대한 최근 논의에서 자아개념, 학습동기, 자기효능감 등 정의적 특성이 학업성취에 많은 영향을 미치고 있다고 보고되고 있다(Dweck & Elliott, 1983; Gottfried & Gottfried 1996; Lens & Rand, 2000; Marsh, 1993). 이와 관련하여, Sternberg(1988, 1990, 1994a, 1994b, 1997a)는 학업성취에 대하여 사고양식이 예언력이 있다고 하였다. 특히, 사법적 사고양식은 모든 영역의 학업성취와 긍정적 관련을 갖는다고 밝혔다(Grigorenko & Sternberg, 1997). 국내의 선행연구로서, 윤미선(1997)은 사법, 전체, 지엽, 위계, 그리고 과두적 사고양식을 투입한 모델에서 전체 학업성취의 설명량에 통계적으로 유의한 증가가 있음을 확인하였다. 김소연(2000)은 학업성취에 대한 설명력을 유의하게 증가시키는 데 기여하는 사고양식으로 특히, 행정적 사고양식이 학업성취에 대한 설명력이 매우 높았다고 보고했다. 나동진과 김진철(2003, 2004)은 영재의 학업성취와 관련하여, 행정적 사고양식이 가장 강력한 예언변인이고 사법, 위계, 내부적 사고양식이 총점과 정적상관을 있으며, 군주, 과두, 그리고 외부적 사고양식은 학업성취와 부적상관이 있음을 밝혔다. 또한, 지능이 학업성취를 설명함에 있어서 사고양식은 매개변인이 될 수 있음을 밝혔다. 최근에 윤미선과 김성일(2004b)은 사고양식의 지나친 다면적 접근이 교육현장에서 학생의 학업성취를 이해하거나 개인차 진단에서 실제적 유용성을 제한한다고 보고, 학업성취의 예측변인으로서 분석(사법), 전체, 그리고 위계적 사고양식으로 축소하여 실용으로 사용할 수 있는 가능성을 확인하였다. 사고양식의 프로파일 접근이 학습자의 학업성취를 설명함에 있어서 다양한 정보를 제공하였다. 그럼에도 불구하고 사고양식이 지능과 성격의 연계점이라는 점에서 어느 정도 지능과 중첩된다고 볼 때, 순수하게 학업성취와 관련이 있는 사고양식이 무엇인지를 밝혀져야 할 것이다. 더구나 기존의 연구들은 주로 일반학생을 대상으로 했기 때문에 학습수준이 높은 집단을 함께 고려하여 학업성취와 관계가 있는 스타일을 탐색할 필요가 있다. 또한, Sternberg(1997a)와 하대현(2003)의 지적처럼, 사고양식이 영역-특수성으로 해석된다고 볼 때, 집단에 따라서 사고양식과 학업성취의 관계는 다를 수 있을 것이다. 즉, 능력에 따라서 사고양식의 시너지 효과가 다르게 발현될 수 있기 때문이 이에 대한 검증이 필요하다.

Ⅲ. 연구방법

1. 연구대상

본 연구에 참여한 특목고의 연구대상자는 과학고 2개교에서 76명 (남 42명, 여 34명)과 외국어고 2개교에서 71명(남 32명, 여 39명)으로 총 147명(남 74, 여 73)이 표집되었다. 일반고의 대상자는 J시 인문계 열 2개 고등학교에서 총 130명(남 69명, 여 61명)이 표집되었다. 일반 고 2명의 성적자료가 확인되지 않아서 이를 제외하고 총 275명(특목 고 147명, 일반 128명)의 자료가 최종적으로 분석되었다.

2. 측정도구

가. 지능검사

통제변인(control variable)으로 사용된 지능검사는 Sternberg의 성공지 능을 바탕으로 박도순·하대현·성태제(2000)에 의해서 제작된 "신 종합지능검사"의 분석지능이다. 본 연구에서 분석지능으로 한정한 것은 창의, 실제지능과는 달리 분석지능이 학업 성취도와 가장 관련 이 있기 때문이다. 지능검사의 규준 Cronbach a 계수는 .61이다.

나. 사고양식

Thinking Styles Inventory(TSI-sv; Sternberg & Wagner, 1992)를 기초로 국내 고등학생을 대상으로 박도순·하대현·성태제(2000)에 의해 제 작된 검사도구가 사용되었다. 예를 들어, 입법적 양식은 '나는 문제해결에 있어서 내 나름대로 방식을 이용할 수 있는 문제가 좋다', 계급적 양식은 '나는 어떤 일을 수행하는 방법들을 비교·평가할 수 있는 상황이 좋다', 지엽적 양식은 '나는 일반적인 문제보다는 구체적인 특정한 문제를 다루는 것을 좋아한다', 내부적 양식은 '나는 다른 사람과 의논하기보다는 혼자서 일을 해결하는 것을 좋아한다', 보수적 양식은 '어떤 일을 할 때 나는 표준적인 규칙이나 방법을 고집한다' 식으로 구성되었다. 이 검사는 피험자가 제시된 65개의 문항을 읽고 4점 척도로 반응하는 자기-보고형태로 구성되었다. Cronbach a 계수는 .51~.90(평균 .67)의 범위다. 최근 연구들(윤미선·김성일, 2004a, 2004b; 한기순·배미란, 2004)에서 무정부 척도가 낮은 신뢰도를 보였으며, 조작적 정의과정에서 과두적 사고양식이 오류가 있다는 주장 (Dai & Feldhusen, 1999)을 참고로 두 가지 척도들은 분석에서 제외되었다. 사고양식의 각 하위변인 점수는 표준점수로 처리되었다.

다. 학업성취

본 연구의 학업성취 준거는 2004년 6월에 실시된 전국 연합학력평가로서 언어·수리·외국어 영역, 그리고 전체 성취로 구성되었으며, 모두 표준점수로 처리되었다.

3. 자료 분석방법

본 연구의 자료는 SPSS(Win Ver 11.0) 프로그램을 통해서 분석되었다. 첫째, 두 집단 간 사고양식의 차이는 t-test를 통해서 검증하였다. 그리고 지능과 학업성취요인을 공변인으로 통제한 후, 집단을 독립변인으로 하고 각 사고양식의 하위변인을 종속변인으로 한 중다회귀분석을 실시하여 두 집단 간에 사고양식의 차이를 Enter 방식을 통하여 알아보았다. 둘째, 두 집단 간 사고양식 변인들의 판별양상을 위하여 판별분석을 단계적 입력방법을 적용하여 실시하였다. 셋째, 정준상관분석을 실시하여 사고양식과 학업성취의 관계구조가 특목고와 일반고 간에 어떤 차이를 보이는지 알아보았다.

V. 연구결과

1. 기술 통계 및 가정의 검토

가. 집단별 변인의 기술통계

가설 검증 전에 집단별 통제변인으로 활용된 변인들의 평균점수(SD)를 알아보았는데, 특목고의 지능평균 129.78(6.31)이 일반고 105.31(15.62)보다 높았고, 학업성취의 전 영역에서도 높은 점수를 보였다. 한편, 과학고와 외국어과 학생의 사고양식의 차이를 알아본 결과 통계적으로 의의가 있는 차이가 없었기 때문에 동일한 특목고 집단으로 구성하였다.

나. 가정의 검토

자료의 분석에 앞서서 자료에 대한 가정의 검토를 하였다.

우선, 연구문제 1의 검증을 위하여 단변인 정규성으로 검토한 왜도는 −.690에서 .413까지 분포하였으며, 첨도는 −.669에서 .992까지의 분포를 이뤄 절댓값 1을 넘는 왜도나 첨도가 없었기 때문에 단변인

정규성에 심한 문제는 없었다. 또한, 사고양식의 하위변인들에 대한 Levene의 등분산성의 검토 결과도 군주적 사고양식에서만 약간의 문제가 발견되었을 뿐[F(1, 273)=5.009, p=.026], 입법, 행정, 사법, 위계, 전체, 지엽, 내부, 외부, 진보, 보수적 사고양식 등의 F값은 .090, 1.342, 2.780, .609, .017, .024, 2.009, 6.366, 2.825, .669 등으로 p<.05 수준에서 통계적으로 의의가 없었다. 다음으로, 종속변인인 사고양식에 대한 히스토그램, 예측된 값과 잔차의 산포도, 잔차에 대한 정상확률곡선에서 극단치가 없었고, 잔차의 정규분포성과 선형성도 히스토그램에서 종속변인인 사고양식 점수가 거의 정상분포를 이루고 있었다. 이밖에 잔차의 독립성에 대한 검증에서 Durbin-Watson 통계치는 약 1.5이었다. 지수 V의 크기가 2에 근접하면 잔차 간에 자기상관이 존재하지 않는다(박광배, 2003). 따라서 본 자료의 잔차는 비교적 독립적이라고 본다. 또한, 다중공선성 검증에서 최대가 1인 Tolerance 값은 모두 1.0에 근접(1.032~1.149)하고 있고, 분산확대지수 VIF(Variance Inflation Factor)의 값도 모두 1.0에 가까운 값들로서 다중공선성의 문제는 없는 것으로 보인다. 끝으로, 정준상관분석을 위한 가정으로서 변인 간에 '적당한' 관계가 있어야 한다. 관계성이 없으면 단변인 분석을 실시해야 하고 관계성이 매우 크면 개념과 계산의 양자에서 문제가 심각하기 때문이다(박병기, 2004). 본 연구의 두 변인군 간 조합이 가능한 91개 상관계수 중 67개(73.6%)가 유의미한 상관이 있으므로 적당한 관계가 있었으며, 11가지의 사고양식 요소변인과 3개의 성취변인들을 각각 준거변인으로 하는 산포도 역시 대체로 선형성과 조건적 등분산성의 가정을 충족하고 있었다.

2. 특목고와 일반고의 사고양식의 차이

두 집단 간에 각 사고양식의 하위변인의 평균값에 대하여 t검증을 하였다. 지능과 학업성취 총점을 통제하기 전과 두 변인을 통제한 후의 결과는 <표 1>과 같다.

먼저, 통제 전에는 사고양식의 하위변인의 상당한 부분에서 양 집단의 차이가 있었다. 구체적으로, 특목고가 일반고보다 입법(t=3.220, p<.01), 행정(t=2.109, p<.05), 사법(t=2.038, p<.05), 위계(t=3.329, p<.01), 내부(t=3.133, p<.01), 진보적 사고양식(t=3.716, p<.01)의 평균이 통계적으로 의의가 있게 더 높았으며, 보수적 사고양식에서는 일반고가 특목고보다 통계적으로 의의가 있게 높았다(t=-3.474, p<.01).

다음으로, 지능과 학업성취 총점을 공변인(covariate)으로 통제한 후 영재성을 독립변인으로 하고 각 사고양식의 하위변인을 종속변인으로 한 중다회귀분석을 실시하여 회귀계수에 대한 t검증으로 두 집단 간의 사고양식의 차이를 알아보았다. 공변인을 통제한 후, 집단 간에 차이를 보인 것은 사고양식은 행정, 진보, 보수적 사고양식이었다. 공변인을 통제하기 전과 마찬가지로 특목고가 일반고보다 행정적 사고양식(t=1.977, p<.05), 보수적 사고양식(t=4.356, p<.01)에서 의의가 있게 높았고, 진보적 사고양식에서는 특목고가 일반고의 평균보다 의의가 있게 낮아졌다(t=-2.447, p<.05). 즉, 두 집단 간에 차이가 있었던 사고양식 중에서 지능과 학업성취에 영향을 받은 사고양식이 존재했는데, 이는 입법, 사법, 위계, 내부적 사고양식이었다. 입법, 사법, 위계, 내부적 사고양식은 차이변인에서 제외되었으며, 진보적 사고양식과 보수적 사고양식은 지능, 학업성취를 통제한 후에도 차이가 있었다.

<표 1> 집단별 사고양식의 평균 차이 검증

사고양식		특목고(n=147)	일반고(n=128)	통제 전	통제 후
영역	유형	M(SD)	M(SD)	t	회귀계수 t검증
기능	입법	54.90(8.26)	51.70(8.19)	3.220**	.032
	행정	55.67(9.47)	53.37(8.47)	2.109*	1.977*
	사법	56.36(7.18)	55.48(8.15)	2.038*	1.444
형식	군주	55.82(5.29)	54.86(6.99)	1.299	1.896
	위계	56.05(8.62)	52.52(8.62)	3.329**	.272
수준	전체	56.64(7.39)	55.99(7.00)	.776	.486
	지엽	54.61(7.88)	53.11(7.65)	1.599	.569
범위	내부	57.35(8.72)	54.23(7.69)	3.133**	.486
	외부	50.11(9.20)	51.35(7.68)	-1.206	.936
경향	진보	56.97(6.59)	53.93(6.95)	3.716**	-2.447*
	보수	50.84(9.91)	54.96(9.51)	-3.474**	4.356**

*$p<.05$, **$p<.01$ *통제변인(control variable): 지능, 학업성취 총점

3. 사고양식의 집단 판별구조

특목고와 일반고를 종속변인으로 하고, 이들에 대한 사고양식의 하위변인들을 독립변인으로 하여 판별분석(Two-group discriminant analysis)을 하였으며, 결과는 <표 2>, <표 3>, <표 4>와 같다. 우선, 판별함수에 대한 분석이 단계적 입력방법으로 이루어졌기 때문에 $p<.05$보다 큰 군주, 전체, 지엽, 외부적 사고양식은 통계적으로 집단 간 차이가 없는 것으로 간주되어 판별분석에서 제외되어 최종분석에 투입된 스타일은 행정, 내부, 보수적 사고양식이었다.

<표 2>에서와 같이 정준판별함수 계수(canonical discriminant coefficient)를 기준으로 볼 때, 보수, 행정, 내부적 사고양식 사고양식의 순서대로 판별함수에 영향을 주었다(비표준화 회귀계수). <표 3>에서 eigen

value 값은 집단 내 변량에 비해 집단 간 변량이 얼마나 큰가를 알려주는데, 집단 내 변량과 집단 간 변량이 큰 차이가 없음을 알 수 있다. 판별함수와 집단 간의 상관을 의미하는 정준상관계수는 .341로서 크다고 볼 수는 없다.

정준상관계수의 자승으로 설명되는 eta^2 값은 결정계수로 해석되는데 결과적으로 판별함수와 집단 간에는 11.7%의 관계성이 있다. Wilk's Lambda는 .883으로 투입된 변인들을 기준으로 볼 때, 연구 집단은 대체적으로 집단 간 분산이 작고 집단 내 분산이 큼을 알 수 있다. 하지만 본 연구의 사고양식 설문이 4점 척도이기 때문에 분산이 크지는 않을 가능성이 있다. Wilk's Lambda 값 .883은 자유도가 3인 χ^2=33.641로 변환될 수 있는데, χ^2값이 p<.001 수준에서 유의하였으므로 결과적으로 세 가지의 사고양식들에 따른 판별함수는 통계적으로 예측력이 있는 유의한 판별함수임을 알 수 있다. <표 4>와 같이, 판별식의 Hit Ratio는 약 67%로서 비교적 양호한 예측력을 나타냈다.

〈표 2〉 투입변인과 정준판별함수 계수

투입변인	함수
	1
행정적 사고양식	.079
내부적 사고양식	.055
보수적 사고양식	-.091
상수	-2.566

〈표 3〉 도출 정준판별함수의 유의도

함수	eigen value	정준상관	Wilks' Lamda	χ^2	df	p
1	.132	.341	.883	33.641	3	.008

<표 4> 사고양식의 집단분류 결과

실제집단	예측 소속집단		전체
	특목고(%)	일반고(%)	
특목고	95(64.6)	52(35.4)	147
일반고	40(31.3)	88(68.8)	128

예측정확도(hit ratio): 67%

4. 사고양식과 학업성취의 관계구조 차이

특목고와 일반고 간에 사고양식과 학업성취의 관계구조의 차이를 알아보기 위하여 정준상관분석을 했다. 우선, 특목고에 있어서 사고양식과 학업성취 간의 정준상관분석의 결과는 <표 5>, <표 6>에 제시되었다. <표 5>에서 보듯이, 사고양식의 하위변인과 학업성취 변인들을 의의가 있게 관련을 짓는 함수는 .45~.35까지 세 경우가 산출되었으며, 이는 모두 $p < .05$ 수준에서 통계적으로 의의가 있었다. 그런데 정준함수가 모두 해석이 가능한지는 정준중복지수의 결과를 검토를 한 후에 결정해야 한다(박병기, 2000). <표 6>처럼 중복지수의 검토 결과, 세 가지 함수의 사고양식 변인군은 .024, .015, .009이었고, 학업성취는 .51, .27, .21이었다. 해석 가능한 정준함수의 선택은 중복지수 값이 급격하게 떨어지는 지점에서 결정하는데, 그와 같은 뚜렷한 현상이 없기 때문에 세 개의 정준함수 모두 통계적으로 의의가 있는 것으로 선택하였다. 정준함수는 정준교차부하량을 검토함으로써 변인 간의 관계구조를 알 수 있다. 정준함수는 원래 변인 간 관계가 아니라 합성된 정준변인 간의 관계성에 근거하기 때문이다. 정준교차부하량은 사고양식 변인군과 학업성취 변인 간의 관계성을 가장 잘 드러내는 지수이다. 함수 1을 보면, 사고양식 정준변인의 속성은 군주와 위계 및 외부적 사고양식이 강하게 반영되었다. 학업성취의 속성은 모든 영역의 학업성취가 강하게 반영되었다. 함수 1은 군주와 위계적 사고양식으로 특징을 짓는 사고양식 정준변인과 모든 학업성취 정준변인의 관계성으로 이해된다. 하지만 관계의 양상이 양의 값과 음의 값이 동시에 나타나는 것으로 보아서 사고양식과 학업성취는 영역에 따라서 정적, 부적 관계성이 있음을 알 수 있다. 즉, 특목고의 학업성취는 구조적 사고(군주, 위계적 사고양식)와 긍정적 관계를 갖고, 협력적 사고(외부적 사고양식)와는 부적 관계성을 갖는다고 볼 수 있다. 함수 2는 전체, 지엽 및 보수적 사고양식이 특성을 이루는 사고양식 정준변인과 언어영역의 학업성취의 속성으로 나타난 학업성취 정준변인의 관계성으로 표출되었다. 특히, 전체적 사고양식 특성을 지닌 것과 언어성취의 속성은 정적인 관계성을 보이고 있음을 알 수 있다. 함수 3은 입법, 지엽, 내부, 진보 및 보수적 사고양식의 속성을 보이는 사고양식 정준변인과 수리성취속성의 정준변인 간의 관계성으로 이해된다. 모든 관계가 음의 값을 가짐으로서 사고양식과 수리성취는 부적 관계성이 있는 것으로 보인다.

〈표 5〉 특목고 집단의 정준상관계수

근 번호	eigen value	설명비율	누적설명비율	정준상관계수
1	.259	43.80	43.80	.45[*]
2	.187	31.61	75.42	.39[*]
3	.145	24.57	100.00	.35[*]

[*]$p<.05$

측정변인		정준함수1	정준함수2	정준함수3
사고양식 변인군	입법	.20	-.08	-.32
	행정	-.06	.26	-.08
	사법	-.03	.13	.02
	군주	.54	.02	.27
	위계	.49	.06	.06
	전체	.25	.65	.01
	지엽	.13	-.41	-.45
	내부	.50	-.09	-.38
	외부	-.55	-.21	.19
	진보	.01	-.24	-.33
	보수	-.20	.38	-.33
학업성취 변인군	언어 영역	.53	.79	.27
	수리 영역	.52	.00	.85
	외국어 영역	.98	-.05	-.14

한편, 일반고의 사고양식과 학업성취 간의 정준상관분석의 결과는 <표 7>, <표 8>과 같다. <표 7>에서와 같이, 일반고의 사고양식과 학업성취의 정준상관계수는 $p < .05$ 수준에서 .45로서 한 가지만 통계적으로 의의한 것으로 나타났다. 정준함수의 정준중복지수는 사고양식이 .02였고, 학업성취는 .70이었다. <표 8>은 일반고의 측정변인과 정준변인의 정준교차부하량을 보여주고 있다. 함수 1은 보수, 전체, 행정적 사고양식 등은 정적으로 높은 관련성을 가지고 있는 반면에 진보적 사고양식은 부적으로 관련이 있었다. 이로 미루어 보아 일반고의 모든 영역의 학업성취는 행정, 전체 및 내부적 사고양식과 높은 관련성을 가진다고 예측할 수 있다. 즉, 일반고의 학업성취와 관련을 보이는 사고양식은 비판적이거나 개방적 사고보다는 집행적이고 소

직적인 기능을 갖는 사고양식의 성격이라고 볼 수 있다.

<표 7> 일반고의 정준상관계수

근 번호	eigen value	설명비율	누적설명비율	정준상관계수
1	.262	59.46	59.46	.45**
2	.105	23.73	83.19	.30
3	.074	16.80	100.00	.26

*p<.05

<표 8> 일반고의 정준변인의 정준교차부하량

측정변인		정준함수1	측정변인		정준함수1
사고양식 변인군	입법	.06	학업성취 변인군	언어	.95
	행정	.36		수리	.66
	사법	.28		외국어	.87
	군주	.18			
	위계	.01			
	전체	.51			
	지엽	.04			
	내부	.32			
	외부	.02			
	진보	-.32			
	보수	.60			

이상과 같이 특목고와 일반고의 두 변인군 간의 구조관계의 양상을 종합해 보면, 일반고보다는 특목고가 다양하게 나타나고 있다. 즉, 특목고의 경우가 일반고 경우보다는 학업성취영역에 따라 사고양식의 하위변인들이 다양하게 반영하고 있음을 보여주는 것이다. 또한 학업성취영역에 따라서 사고양식의 관계구조의 형성 패턴도 특목고

와 일반고 간에 많은 차이가 있었다. 예를 들어, 특목고의 학업성취는 군주, 위계, 내부적 사고양식이 그 속성을 결정한 반면에, 일반고의 학업성취는 행정, 전체, 보수적 사고양식들이 그 속성을 나타내 주고 있다. 또한 일반고의 측정변인들이 주로 사고양식과 학업성취와는 정적 관계구조를 형성하고 있는 반면에 특목고의 경우는 학업성취의 영역에 따라 정적, 부적인 관계구조를 모두 형성한다고 볼 수 있다.

VI. 논의 및 결론

본 연구에서는 특목고와 일반고의 사고양식의 차이, 사고양식의 두 집단 간의 판별구조, 그리고 두 집단 간에 사고양식과 학업성취의 관계구조의 차이를 알아보기 위해 다양한 통계적 기법을 적용하여 분석하였다.

첫째, 두 집단 간에 차이를 보이는 사고양식은 11가지 하위변인 중 7개 변인(64%)으로서 상당한 분야에서 차이가 나타났다. 사고양식의 구인이 영역별로 개념상 서로 배타적이거나 상반적인 개념일지라도 사고양식의 하위변인 대부분이 특목고가 일반고보다 높았다(보수적 사고양식은 반대). 그리고 지능 및 학업성취도를 공변인을 통제한 이후에도 특목고는 일반고보다 입법, 진보적 사고양식에서 통계적으로 의의가 있게 높았고, 일반고는 외부와 보수적 사고양식의 평균이 높았다. 이것은 특목고의 사고양식이 비교적 다양함을 보여주는 것이다. 이는 사고양식은 단순한 이분법적인(dichotomous) 차원이 아니라, 연속적인(continuous) 차원이라는 특성을 잘 반영해 주는 결과라 할 수 있다.

둘째, 집단을 판별함에 있어서 동일한 판별절차에 의해서 집단이 분류되지 않고 특목고와 일반고 등 명목척도로 이루어졌다는 점에서 표집의 동질성이 이루어졌을 가능성이 있음에도 불구하고, 집단을 구별하는 데 영향력이 있는 사고양식의 하위변인이 나타났다. 집단을 판별하는 상대적 중요도는 보수, 행정, 내부적 사고양식의 순서로 나타났다.

셋째, 사고양식과 학업성취의 관계구조가 두 집단 간에 나타나는 차이에서, 두 변인군 간의 관계구조의 양상이 일반고보다는 특목고가 다양하게 나타나고 있었다. 즉, 특목고가 일반고보다는 학업성취영역에 따라 사고양식의 하위변인들이 다양하게 반영하고 있음을 보여주는 것이다. 또한 학업성취영역에 따라서 사고양식의 관계구조의 패턴도 특목고와 일반고 간에 많은 차이가 있었다. 일반고의 요소변인들이 주로 정적인 관계구조를 형성하고 있는 반면에 특목고 학생들의 경우는 학업성취의 영역에 따라 정적, 부적인 관계구조를 형성하고 있었다.

본 연구결과를 우리나라의 교육현장과 관련지어 볼 때, 다음과 같은 교육적 시사점을 논의할 수 있다. 첫째, 사고양식의 하위변인들은 집단의 성격과 학업 성취영역에 따라 다양하게 반영되고 있다. 이는 사고양식이 영역-특수성(domain-specific)의 성격을 지닌 구인이라는 Zhang(2001a)의 주장을 지지해주는 것이다. 따라서 학교 현장에서 학습영역에 따른 학습 환경의 설계는 학생들의 사고양식에 맞게 잘 고려되어야 함을 보여주는 것이다. 예를 들어, 특목고의 학업성취는 '협력적 사고'보다는 '구조적 사고'를 갖는 사고양식과 관련을 갖는 반면에, 일반고의 성취는 개방적이거나 진보적인 사고보다는 '행정적-

방법적 기능'을 갖는 사고양식과 관련을 맺고 있다. 따라서 특목고 학생들의 학업성취를 향상하기 위해서는 구조적 사고(군주, 위계적 사고양식)를 유발하기 위한 자기 주도식 교수-학습방법이 강조되는 반면에, 일반학생들은 협력적 사고(외부적 사고양식)를 장려하는 조별 토론학습이 더 효과적이라는 것이다. 둘째, 수월성 교육과 관련시켜 볼 때, 전체적으로 특목고 학생들은 일반고보다 사고양식에 대한 이용과 시도를 융통성 있게 발휘하고 있음을 보여주고 있지만 그들의 사고양식의 특성은 대체로 교사 등 자신에게 영향력을 행사하는 사람들의 지침을 잘 따르면서 개방, 비판적 사고를 갖으면서 독립적으로 문제를 해결하려는 경향을 갖는다고 보인다. 즉, 특목고 학생들은 학업적 수월성과 창의적-생산적 수월성이 복합적으로 잘 구성되었음을 알 수 있다. 따라서 학교에서의 수월성과 실생활에서의 창의적-생산적 학업성취 사이의 차이를 줄이기 위한 노력이 필요하다. 최근에 이정규(2004)는 우리나라 초~고등학생을 대상으로 "학업성취도에 대한 창의성의 상대적인 예측력"의 연구를 통해, "학년이 올라갈수록 창의성이 저하되고 있는 연구 결과는, 현재 '제7차 교육과정의 개편(2000)'과 '영재교육진흥법(2000)', '창의적 인재육성을 위한 수월성교육 종합대책(2004. 12.)' 등 창의성 계발과 창의적 인재 육성을 위해 국가의 교육정책의 역량을 더욱 집중하고 있는 교육적·시대적 상황에 비추어 볼 때, 오히려 정형화되어 가고 있는 학교 교육이 창의성을 저해하고 있다"고 우려를 표명하였다. 창의성을 계발하는 데는 여러 가지 변인들이 있으나 그중에서도 교사와 교실환경도 매우 중요한 변인이다. "교육의 질은 교사의 질을 넘지 못한다."라는 함의와 같이 무엇보다도 교사들이 창의성의 모델이 되어야 한다. 또한 창의성이란 단지 한 사람의 노력으로 얻어지는 것은 아니다. 창의성 교육에서 중요한 것은 교실환경이다. 학생의 엉뚱한 대답이 기발한 아이디어라고 긍정적으로 평가하는 교사가 있는 반면에, "말도 안 되는 소리"라고 평가절하하는 교사의 반응이 있을 수 있다. 창의적인 교사는 학생들이 창의적인 사고를 할 수 있는 학습 환경을 만들어 주어야 한다. Dai와 Feldhusen(1999)의 주장처럼, 절대적인 의미에서 좋거나 나쁜 사고양식이 있는 것은 아니지만 창의적인 학생들로 하여금 좀 더 창의적이고 비평적인 사고자가 되기를 바라기 때문에 우리가 기대하는 창의적인 학생들이 행정 또는 보수적 사고양식보다는 입법, 진보, 또는 사법적 사고양식이 추구되기 위한 노력이 필요하다. 이를 위해서는 창의적 사고를 할 수 있는 영재교육 담당 교사교육의 프로그램이 필요하고, 창의력을 유발하고 장려하는 교실환경, 교수법, 평가체제가 이루어져야 하며, 진학에서도 이를 반영하는 제도적 장치가 필요하다고 하겠다.

9. Snyder 희망의 학업성취에 대한 영향력과 그 결과가 중학교 교육과정에 주는 시사점[1]

≪요약≫

이 연구는 중학생 학업성취에 대한 예언변인으로서의 Snyder 희망의 설명력을 분석하고, 희망의 프로파일에 따른 학업성취 차이를 조사하기 위해 실시되었다. 2010년 2학기에 경기도 부천시 S중학교 2학년 남학생 340명을 대상으로 희망척도 검사를 실시하였으며, 같은 시기의 기말고사 결과가 자료의 분석에 이용되었다. 통계 분석 방법으로는 상관분석, 중다회귀분석, 일원변량분석이 채택되었다. 연구결과는 다음과 같다. 첫째, 희망의 경로사고와 주도사고는 국어, 사회, 수학, 과학, 영어 영역의 학업성취와 통계적으로 유의한 상관관계를 보였다. 특히 주도사고가 경로사고보다 학업성취도와의 상관 정도가 높고, 주도사고는 위의 모든 영역 학업성취에 대해 예언변인의 역할을 하는 것으로 나타났다. 둘째, 희망의 네 가지 프로파일에서 경로사고와 주도사고 모두 상 수준(PAH)으로 구성된 집단에 속한 학생들이 사회를 제외한 모든 교과 영역에서 가장 높은 학업성취를 보였으며, 주도사고 상－경로사고 하(AH), 경로사고 상－주도사고 하(PH), 주도사고 하－경로사고 하(PAL) 순으로 학업성취가 나타났다. 이와 같은 연구결과는 희망이 중학교 교육과정과 연계되어 가르쳐지는 데 유용한 자료가 될 수 있다는 점에서 의의가 있을 것이다.

주제어: 희망, 주도사고, 경로사고, 중학생 학업성취, 교육과정

---

1) 한국열린교육학회 열린교육연구(2011) 논문심사 진행 중.

I. 서 론

최근 미국 펜실베이니아 대학 Seligman 박사의 긍정심리학(positive psychology)이 많은 관심을 받고 있다. 그는 사람들이 부정적인 측면에서 탈피하고 긍정적인 심리 요소들에 대해 관심을 가져야 함을 역설하고 있으며, 학생들의 성취 역시 그들의 지혜, 창의성, 용기, 인내, 도덕성, 협동 등과 같은 긍정적 심리 요소들과 연관 지어 이해되어야 함을 강조하고 있다. 이와 함께 긍정심리학과 비슷한 맥락에서 이해될 수 있는 Snyder의 희망이론(hope theory)도 학교교육 분야의 연구주제로서 많은 주목을 받고 있다.

희망(hope)을 사전적으로 정의하면 미래에 대하여 어떤 기대를 가지고 바라거나, 앞으로 잘 될 수 있는 가능성이다. 즉, 희망은 자신이 바라는 어떠한 상황이 벌어질 것이라는 기대나 예측에 관한 것이다. 희망은 멀리 그리스 신화에서 출발하지만, 심리학 분야에서 변인으로 연구되기 시작한 것은 1960년대 중반부터이다. 예를 들면, Erickson(1964)은 희망이 인간의 건강한 인지발달의 한 가지 요소라고 정의하였다. 그리고 Stotland(1969)는 희망이 성공에 대한 높은 기대감을 의미하며, 개인의 희망수준이 높으면 목표달성에 대한 가능성이 높게 지각되는 경향이 있다고 주장하였다. 그러나 Snyder는 이와 같은 기존의 희망에 대한 정의가 다소 모호한 면이 있다고 지적하면서, 희망의 인지적 측면과 희망을 일으키는 수단 및 동기에 대하여 다차원적으로 새롭게 이론화하였다(Snyder, 1994a, 1994b).

Snyder 희망이론은 무엇보다도 인간 행동이 목표지향적이라는 특성을 가정한다(Snyder, 1994b, 2000). 즉, 인간은 스스로 자신의 목표를 설정하고, 이 과정에서 필요한 가치를 생성시킨다. 그리고 이를 실현하기 위한 방법을 탐색하고, 목표달성을 위해 필요한 강한 동기를 스스로 제공한다. 희망이론은 목표(goals), 경로사고(pathway thinking), 주도사고(agency thinking)라는 세 가지 요소로 구성되는데, 이를 좀 더 구체적으로 살펴보면 다음과 같다. 첫째, 인간은 심리학적 특성으로 인해 목표를 설정하게 된다(Snyder, 2002). 목표는 특성에 따라 그것을 성취하는 데 단기간 혹은 장기간에 걸쳐 노력해야 하는 것일 수 있으며, 가능성이 높은 혹은 낮은 목표일 수도 있다(조한익, 2009a). 이때 목표는 그것을 설정하는 사람이 충분한 가치가 있다고 판단해야 한다. 둘째, 경로사고는 목표를 달성하기 위하여 각 개인이 설정한 계획이나 방법과 관계가 있다(Snyder, 2002). 예를 들어 어떤 사람이 목표를 설정하고 그것을 달성하는 다양한 방법을 찾을 수 있다면, 이 사람은 경로사고가 높은 것으로 이해될 수 있다(조한익, 2009a). 셋째, 주도사고는 목표 설정을 위한 방법들을 꾸준히 실천하도록 동기를 부여하는 역할을 한다(Snyder, 2002). 예를 들어 주도사고가 높은 사람은 목표에 다다를 수 있다는 내적인 자신감을 부여하는 등의 과정을 통해 자신에 대한 자기주도적 격려를 실시하는 경향이 높다고 할 수 있다. 특히, 주도사고는 목표 추구 과정에서 나타날 수 있는 어려움을 극복하고 필요한 동기를 이끌어내어 문제를 해결할 수 있는 방법을 찾도록 도와준다는 점에서 매우 중요하다(조한익, 2009a). 마지막으로 Snyder와 그의 동료들은 경로사고와 주도사고는 상호보완적 관계를 가지고 있다고 설명한다(Snyder, Irving, & Anderson, 1991). 이상에서 살펴본 내용을 정리하면, Snyder의 희망이란 인간이 목표를 달성하기 위해 갖는 높은 수준의 경로사고(목표달성을 위한 계획)와 주도사고(목표 달성 에너지)의 상호작용으로 이루어진 긍정적인 동기라고 볼 수 있다(Snyder, Irving et al., 1991).

한편, Snyder와 그의 동료들은 특성희망척도를 개발하여 경로사고와 주도사고를 측정하였다(Snyder, Harris, Anderson, Holleran, Irving, Sigmon, Yoshinobu, Gibb, Langelle, & Harney, 1991). 특성희망척도는 환경이 변화할지라도 안정적이고 지속적인 희망의 특성이 성인에게 나타남을 전제로 하여 개발된 것으로서, 모두 12문항(경로사고 4문항, 주도사고 4문항, 허위문항 4문항)으로 구성되어 있다. 그러나 희망의 수준이 상황에 따라 변화될 수도 있다는 연구 결과가 제시되자 Snyder, Sympson, Ybasco와 Higgins(1996)는 곧 상태희망척도(State Hope Scale)를 개발하게 되었다. 이 척도는 희망을 측정함에 있어 현재라는 시점에 초점을 맞추고 있으며, 모두 6문항(주도사고 3문항, 경로사고 3문항)으로 구성된다. 이와 함께 청소년을 대상으로 희망을 측정하는 척도 역시 Snyder를 포함한 그의 연구팀에 의해 개발되었는데(Snyder, Hoza, Pelham, Rapoff, Ware, Danovky, Highberger, Rubinstein, & Stahl, 1997), 이 척도는 6문항(주도사고 3문항, 경로사고 3문항)을 통해 희망을 검사한다.

위와 같이 희망을 측정할 수 있는 척도에 대한 연구가 지속됨에 따라 희망을 중점적으로 탐구한 Snyder를 비롯하여 국내외 여러 학자들은 그동안 연구를 통해 희망이 학업성취의 개인차와 관련이 있는 변인으로서 이해될 수 있음을 밝혀왔다. 먼저 희망과 초등학생 학업성취와의 관계를 탐구한 연구를 정리하면 다음과 같다. 조한익(2010)은 희망이 초등학생 학업성취도에 대하여 긍정적인 영향을 주는 것으로 보고하였다. 그리고 Snyder와 그의 동료들(Snyder, Hoza et al., 1997)은 희망이 초등학생의 학업성취와 정적 상관을 가지고 있음을 밝히고 있다. 둘째, 중학교 학생들을 대상으로 희망에 대한 연구가 수행되었는데, 예를 들면 한수희(2007)는 학업성적이 높은 중학생들의 희망수준이 그렇지 않은 학생들보다 더 높게 나타나고 있음을 확인하였다. 셋째, 희망은 고등학생의 학업 성취와 상관관계를 보이고 있는 것으로 나타났다(Snyder, Hoza, Pelham, Rapoff, Ware, & Danovsky, 1997). 넷째, 대학생을 대상으로 수행된 연구결과에서 희망은 그들의 학업성취도와 정적 상관관계를 보이는 것으로 나타났으며(조한익, 2007), Snyder와 그의 동료들은 희망이 심리학개론을 수강한 대학생의 성적에 대하여 예언변인의 역할을 하는 것으로 보고하였다(Snyder, Harris et al., 1991). 그리고 Chang(1998)이 대학생을 대상으로 수행한 연구결과에 따르면, 희망의 수준이 높을수록 학업만족도 역시 높은 것으로 나타났다. 이 밖에 희망과 학업 요인과의 관계를 분석한 연구결과를 살펴보면 다음과 같다. 먼저 희망은 졸업과 학업 낙제를 예측하는 변인으로 밝혀졌으며 (Snyder, Wicklund & Cheavens, 1999), 희망과 학업지연 행동은 부적 관계가 있는 것으로 나타났다(Alexander & Onwuegbuzie, 2007).

그러나 희망이 교육과정과 관련하여 이론적 측면뿐만 아니라 실천적 측면에서 중요한 심리적 변인으로 자리매김하기 위해서는 그에 대해 좀 더 폭넓은 차원에서 검증하는 연구 활동이 필요할 것이다. 예를 들면, 희망의 하위 요인별 프로파일과 관련된 연구는 아직 수행되지 않은 것으로 분석되었다. 그러나 희망이 주도사고와 경로사고라는 두 개의 하위 요인으로 구성되었다는 사실을 감안한다면, 두 요인의 조합 결과에 따른 (희망의 프로파일) 학업성취의 차이를 검증하는 연구는 반드시 수행되어야 할 필요가 있을 것이다. 그 구체적인 이유는 다음과 같다. 첫째, 각각의 과목에 대하여 학생들이 인식하는 중요성의 정도는 다르게 나타날 수 있으며, 이에 따라 과목별 학업성취에 대한 경로사고와 주도사고의 적용이 달라질 수 있기 때문이다. 둘째, 희망의 구성요소인 주도사고와 경로사고가 서로 다른 능력이다(조한익, 2009a; Snyder, 1994a). 예를 들어 주도사고가 높고 경로사고가 낮은 사람은 목표달성을 위한 추진동기가 높지만, 그에 대한 구체적인 실천 계획이나 방법들을 모색하는 단계에서는 어려움을 겪을 수 있다. 반대로 경로사고가 높고 주도사고가 낮은 사람은 목표달성을 위해 여러 가지 방법을 모색하는 능력은 갖추고 있지만, 그것을 추진하기 위한 노력이나 의지는 약한 것으로 해석될 수 있다. 이와 관련하여 주도사고는 성취가능성과 상관관계가 있고 경로사고는 목표수준과 상관관계가 있음을 밝힌 최동옥(2005)의 연구 결과와 학업성취도에 대해 경로사고는 영향을 미치지 않는 것으로 보고한 조한익(2007)의 연구 결과는 이 연구의 필요성에 대한 적절한 근거가 될 수 있을 것이다.

따라서 이 연구의 목적은 희망과 중학생 학업성취와의 관계를 살펴보고, 희망의 프로파일과 학업성취와의 관계를 분석하는 것이다. 그리고 이 연구는 희망과 학업성취와의 관계를 탐구한 선행연구에 대하여 실증적 근거를 제시하는 동시에, 희망의 프로파일에 따른 학업성취의 차이를 분석함으로써 희망의 유용성에 대해 보다 심층적으로 확인할 수 있는 계기가 될 수 있을 것이다.

이 연구에서 탐구할 구체적인 연구문제는 다음과 같다.

첫째, 희망과 중학생 학업성취는 어떤 관계인가?

셋째, 희망의 프로파일에 따라 중학생의 학업성취에 차이가 있는가?

II. 연구방법

1. 연구대상

경기도 부천시 S중학교 2학년 학생 중 연구 참여에 동의한 356명을 대상으로 하였다. 그리고 불성실하게 답변한 16명의 자료를 제외한 340명(남자 187명, 여자 153명)의 자료가 분석에 이용되었다.

2. 측정도구

이 연구에서 이용된 측정도구는 희망 검사이며, 2010학년도 2학기 기말고사 결과를 학업성취도로서 사용하였다.

가. 희망 검사

학생들의 희망 수준을 측정하기 위해 Snyder와 그의 동료들(Snyder, Hoza et al., 1997)이 개발한 Children's Hope Scale(학생용 희망 검사)을 사용하였다. 이 척도는 8세에서 16세까지의 학생을 대상으로 하여 사용할 수 있는 것으로서, 주도사고를 측정하는 세 문항과 경로사고를 측정하는 세 문항을 포함한 11개의 문항으로 구성되어 있다. 주도사고를 측정하는 문항의 예를 들면 "나는 내 또래 친구들만큼 잘하고 있다" 등이 있고, 경로사고를 측정하는 문항으로서는 "나는 비록 다른 사람들이 포기하더라도, 문제를 해결하기 위한 방법들을 찾을 수 있다" 등이 포함되어 있다. 그리고 각 문항에 대한 답변은 6점 척도로 이루어져 있으며, 이를 좀 더 자세히 살펴보면 '전혀 그렇지 않다'는 1

점, '거의 그렇지 않다'는 2점, '가끔 그렇다'는 3점, '많이 그렇다'는 4점, '대부분 그렇다'는 5점, '거의 그렇다'는 6점의 응답범주를 갖는다.

한편, 이 연구에서의 희망 검사의 신뢰도는 주도사고가 .846, 경로사고가 .838인 것으로 나타났으며, 희망 전체의 신뢰도는 .891이었다.

나. 학업성취

이 연구에서의 학업성취는 2010년 12월 7일부터 10일까지 실시된 기말고사의 결과이다. 그리고 학업성취는 국어, 사회, 수학, 과학, 영어 및 총점으로 구성되어 있으며 모두 표준점수로 처리되었다.

3. 자료 분석방법

첫째, 희망과 학업성취의 관계를 알아보기 위하여 Pearson 상관분석을 실시하였다. 그리고 희망의 두 하위요인을 독립변인, 학업성취를 종속변인으로 설정한 후에 중다회귀분석(Enter 방식)을 실시하였다.

둘째, 희망의 프로파일에 따른 학업성취도의 차이를 알아보기 위하여 일원변량분석(ANOVA)과 사후검증으로서 Scheffé 검증을 실시하였다. 희망의 프로파일 구성은 성공지능을 프로파일화하여 연구를 수행한 Sternberg(2000)의 방식을 이용하여 네 가지로 분류하였으며, 그 자세한 사항은 아래와 같다. 먼저 희망의 각 하위 구성요인별 평균을 기준으로 학생들을 상·하 두 집단으로 나누었다. 그리고 두 가지 기준의 조합에 의해 주도사고 상－경로사고 상(PAH), 주도사고 상－경로사고 하(AH), 주도사고 하－경로사고 상(PH), 주도사고 하－경로사고 하(PAL)의 네 개 하위집단을 구성하였다.

Ⅲ. 연구결과

1. 가정의 검토

　자료의 분석에 앞서 자료에 대한 기본가정의 검토를 실시하였다. 먼저 정규성 검토는 왜도와 첨도를 통해, 그리고 다중공선성은 변인 간의 상관계수와 VIF값을 이용하여 알아보았다. 이와 관련하여 독립변인 간에 높은 상관이 있을 때 다중공선성(Multicollinearity)이 존재하는 것으로 판단할 수 있으며, 분산확대지수 VIF(Variance Inflation Factor) 값은 1에 가까울수록 다중공선성에 문제가 없는 것을 의미한다. 이와 같은 기준을 바탕으로 연구의 자료를 살펴보면, <표 1>에서와 같이 왜도는 −.910에서 .343까지 절댓값 1을 넘는 분포가 없었으며, 첨도는 −.849에서 1.002로 분포되었다. 이때, 국어의 경우에만 절댓값이 1 이상이었으나 그 정도가 심하지 않아서 자료를 수정하지 않고 분석에 이용하였다. 그리고 히스토그램을 살펴본 결과 종속변인이 거의 정상분포를 이루고 있었으며, 산포도 역시 표준점수 0을 중심으로 대략적인 직사각형 모양을 보이고 있어 수집된 자료가 잔차의 정규분포성(Normality)과 선형성(Linearity)에 위배되지 않았음을 확인할 수 있었다. 이와 함께 독립변인 간에 0.8 이상의 높은 상관계수가 거의 나타나지 않았고, VIF값이 모두 2에 가까운 사실로 미루어 보아 다중공선성의 문제 역시 없는 것으로 판단된다. 또한 학업성취에 대한 Levene의 등분산성(Homoscedasticity)의 F값도 통계적으로 의의가 없는 것으로 나타났다.

　한편, 이 연구에 참여한 학생들의 자료를 희망의 하위 요인과 영역별 성취로 나누어 살펴본 결과는 <표 1>과 같다.

<표 1> 기초자료(N=340)

구분	변인	M	SD	Skewness	Kurtosis	VIF
희망	주도사고	10.32	3.252	.217	-.474	1.992
	경로사고	9.88	3.004	.343	.014	1.992
학업성취	국어	76.58	11.57	-.861	1.002	
	사회	83.10	12.17	-.910	.649	
	수학	65.41	23.10	-.402	-.810	
	과학	65.80	18.09	-.257	-.792	
	영어	70.11	20.29	-.632	-.220	
	총점	361.00	69.40	-.355	-.849	

2. 희망과 학업성취와의 관계

먼저, 희망과 중학생 학업성취와의 관계를 알아보기 위하여 각 하위요인 사이의 상관계수를 분석하였으며, 그 결과는 <표 2>와 같다. 이를 좀 더 구체적으로 살펴보면, 주도사고와 경로사고는 모든 과목의 성취도 및 총점과 p<.01의 수준에서 통계적으로 유의한 정적 상관관계를 보이고 있었다. 그리고 주도사고와 학업성취의 상관계수는 .428~.626의 범위에서 나타났으며, 경로사고와 학업성취의 상관계수는 .348~.485의 범위를 보였다. 이러한 결과는 주도사고와 학업성취와의 상관 정도가 경로사고와 학업성취와의 상관 정도보다 대체적으로 더 높은 것으로 해석될 수 있을 것이다. 특히, 주도사고와 학업성취 총점은 가장 높은 상관관계를 보이는 것으로 나타났다.

<표 2> 희망과 학업성취의 변인 간 상관행렬(N=340)

변인		1	2	3	4	5	6	7
희망	1. 주도사고							
	2. 경로사고	.706**						
학업성취	3. 국어	.428**	.356**					
	4. 사회	.482**	.348**	.621**				
	5. 수학	.511**	.409**	.467**	.528**			
	6. 과학	.547**	.402**	.540**	.650**	.604**		
	7. 영어	.539**	.423**	.485**	.534**	.637**	.593**	
	8. 총점	.626**	.485**	.714**	.780**	.847**	.839**	.833**

**p<.01

위 사실을 바탕으로 희망의 각 하위요인이 학업성취에 미치는 독립적인 영향을 알아보기 위해 중다회귀분석을 실시하였으며 그 결과는 <표 3>과 같다. <표 3>에서 볼 수 있듯이 각각의 회귀식은 통계적으로 의의가 있는 것으로 나타났으나, 모든 과목의 성취에 대하여 주도사고만이 통계적으로 의의가 있는 예언변인으로 확인되었다. 이를 좀 더 구체적으로 살펴보면, 국어에서는 주도사고(b=1.257, t=5.104, p<.001)가 통계적으로 의의가 있는 예측변인으로 약 19%를 설명하였다. 사회성취에서도 주도사고(b=1.764, t=6.999, p<.001)가 통계적으로 의의가 있는 예측변인으로 나타났으며 약 23%의 설명력을 지니고 있었다. 그리고 수학의 학업성취도에 대하여 주도사고(b=3.143, t=6.714, p<.001)가 통계적으로 의의가 있는 예측변인으로 약 27%를 설명하고 있었다. 과학성취 역시 주도사고(b=2.922, t=8.166, p<.001)가 통계적으로 의의가 있는 예측변인으로서 30%의 설명력을 지니고 있었고, 영어성취에서도 주도사고(b=2.991, t=7.419, p<.001)가 통계적으로 의의가 있는 예측변인이었으며 약 29%의 설명력을 가지고 있

었다. 마지막으로 학업성취의 총점에 대하여 주도사고(b=12.077, t=9.468, p<.001)가 통계적으로 의의를 지닌 예측변인이었고, 약 40%의 설명력을 가지고 있었다.

<표 3> 학업성취에 대한 희망의 예측력(N=340)

종속변인	예언변인	b	SE	Beta	t	R^2	Adjusted R^2	F
국어	주도사고	1.257	.246	.353	5.104***	.189	.184	39.296***
	경로사고	.409	.267	.106	1.533			
사회	주도사고	1.764	.252	.471	6.999***	.233	.228	51.137***
	경로사고	.063	.273	.016	.232			
수학	주도사고	3.143	.468	.442	6.714***	.265	.261	60.886***
	경로사고	.743	.507	.097	1.467			
과학	주도사고	2.922	.358	.525	8.166***	.300	.296	72.170***
	경로사고	.186	.387	.031	.481			
영어	주도사고	2.991	.403	.479	7.419***	.294	.290	70.175***
	경로사고	.571	.436	.085	1.308			
총점	주도사고	12.077	1.276	.566	9.468***	.396	.392	110.338***
	경로사고	1.973	1.381	.085	1.429			

***p<.001)

위에 제시된 결과들을 종합해 보면 다음과 같다. 첫째, 희망의 하위 변인인 주도사고와 경로사고는 모든 영역의 학업성취와 통계적으로 유의미한 상관을 보였으며, 주도사고와 학업성취의 상관 정도가 경로사고와 학업성취의 상관 정도보다 대체적으로 높은 것을 알 수 있었다. 둘째, 주도사고만이 모든 영역의 학업성취에 대하여 통계적으로 의의를 갖는 예언변인의 역할을 하는 것으로 나타났다.

3. 희망의 프로파일별 중학생 학업성취의 차이

희망의 프로파일에 따라 중학생 학업성취에 차이가 있는지 알아보기 위하여 일원변량분석을 실시하였으며, 그 결과는 <표 4>와 같다. 먼저 희망의 각 프로파일에 따른 학업성취의 차이는 모두 통계적으로 의의 있는 것으로 나타났다. 그리고 <표 4>에서 볼 수 있듯이, 사회를 제외한 모든 영역에서 주도사고와 경로사고 모두 상(PAH) 수준을 보인 학생들이 가장 높은 학업성취를 나타냈으며, 주도사고 상－경로사고 하(AH), 경로사고 상－주도사고 하(PH), 주도사고 하－경로사고 하(PAL)의 순서대로 학업성취가 높은 것을 알 수 있었다.

그리고 희망의 네 가지 프로파일에 따른 학업성취의 차이를 보다 자세하게 알아보기 위하여 사후검증(Scheffé 방식)을 실시하였다. 그 결과, 모든 영역에서 주도사고와 경로사고가 높은 PAH와 두 사고 모두 낮은 PAL이 대비되고, 경로사고가 높은 AH와 두 사고 모두 낮은 PAL이 대비되는 것을 알 수 있었다. 그리고 국어 성취에서는 PH와 PAL이 대비되었고, 사회에서는 PAH와 PH의 경우와 AH와 PH가 대비되었다. 이와 함께 수학, 과학, 총점에서는 PH와 PAL의 경우와 PAH와 PH가 대비되었으며, 영어 성취에서는 PAH와 PH가 대비되는 것으로 나타났다.

<표 4> 희망의 프로파일별 학업성취의 변량분석 결과(N=340)

성취 영역	유형								F	Scheffé 사후검증
	PAH(1)		AH(2)		PH(3)		PAL(4)			
	N	M(SD)	N	M(SD)	N	M(SD)	N	M(SD)		
국어	118	81.68 (9.58)	31	80.71 (9.28)	42	77.18 (8.60)	149	71.51 (12.07)	21.996***	(1)-(4), (2)-(4), (3)-(4)
사회	118	89.15 (9.26)	31	89.67 (9.56)	42	82.11 (11.90)	149	77.21 (11.84)	30.910***	(1)-(4), (2)-(4) (1)-(3), (2)-(3)
수학	118	78.46 (18.49)	31	72.96 (23.03)	42	65.23 (21.27)	149	53.56 (20.74)	34.694***	(1)-(4), (2)-(4), (3)-(4), (1)-(3)
과학	118	75.56 (14.64)	31	73.85 (15.50)	42	64.82 (19.20)	149	56.68 (16.88)	33.776***	(1)-(4), (2)-(4), (3)-(4), (1)-(3)
영어	118	82.95 (15.53)	31	73.68 (17.36)	42	65.63 (19.72)	149	60.47 (18.73)	36.795***	(1)-(4), (2)-(4), (1)-(3)
총점	118	407.80 (51.67)	31	390.87 (58.47)	42	354.97 (59.90)	149	319.43 (59.60)	56.127***	(1)-(4), (2)-(4), (3)-(4), (1)-(3)

***$p<.001$
PAH: 주도사고 상 – 경로사고 상, AH: 주도사고 상 – 경로사고 하
PH: 경로사고 상 – 주도사고 하, PAL: 주도사고 하 – 경로사고 하

Ⅳ. 논의 및 결론

1. 논의 및 제언

이 연구는 희망과 중학생 학업성취와의 관계, 중학생 학업성취에 대한 희망의 설명력, 그리고 희망의 프로파일에 따른 중학생 학업성취의 차이를 알아보기 위해 수행되었다. 그 결과는 다음과 같다.

첫째, 희망의 하위 요인인 주도사고와 경로사고는 학업성취의 모든 영역 및 총점과 통계적으로 의의 있는 정적 상관관계를 보이고 있었다. 그리고 주도사고가 경로사고보다 모든 영역 학업성취와의 관계

에서 대체적으로 더 높은 수준의 상관을 보이는 것으로 나타났다. 특히, 주도사고와 학업성취 총점 사이의 상관계수가 가장 높은 것으로 나타났다. 이와 같은 사실은 희망과 학업성취 사이에 긍정적인 상관 관계가 존재하고 있다고 보고한 국내외의 선행연구 결과와 일치한다 (조한익, 2007, 2009b, 2010; 한수희, 2007; Snyder, Shorey, Cheavens, Pulvers, Adams Ⅲ, & Wiklund, 2002). 그리고 이러한 연구 결과는 학생의 희망 수준이 높을수록 학업을 주도적으로 수행할 수 있는 가능성이 높고, 학습에 대한 다양한 방안을 모색하는 능력을 보일 가능성이 높기 때문일 것으로 판단된다. 특히 목표를 지향하는 에너지에 대한 원천으로서 중요한 역할을 담당하고 어떤 과업에 대한 동기를 부여해 줄 수 있는 주도사고가 학업성취에 긍정적인 역할을 한다는 사실과도 비슷한 맥락에서 이해될 수 있을 것이다.

둘째, 희망의 각 하위 요인들이 학업성취에 미치는 독립적인 영향력을 분석한 결과, 모든 과목의 성취에 대하여 주도사고만이 통계적으로 의의가 있는 예측변인의 역할을 하는 것으로 나타났다. 그리고 학업성취에 대한 주도사고의 예측력은 총점 – 과학 – 영어 – 수학 – 사회 – 국어 순이었다. 이와 같은 결과는 주도사고만이 학업성취도와 관계가 있다고 밝힌 최동욱(2005)의 연구 결과와 함께 대학생 성취도에 경로사고는 영향을 미치지 않는 변인으로 나타났다고 보고한 조한익(2007)의 연구 결과를 지지한 것이다.

셋째, 희망의 네 가지 프로파일에 따른 중학생 학업성취의 차이를 일원변량분석과 사후검증을 통해 알아보았다. 그 결과, 모든 영역의 학업성취 및 총점에서 PAH(주도사고 상 – 경로사고 상)와 PAL(주도사고 하 – 경로사고 하), AH(주도사고 상 – 경로사고 하)와 PAL이 대비되었다. 이와 같은 사실은 중학생 학업성취가 목표지향적인 에너지로서의 주도사고와 목표성취를 하기 위한 계획으로서의 경로사고 사이의 상호작용에 기초한 상태와 매우 긍정적인 관련성을 갖는다는 점을 시사해 준다. 이와 함께 희망의 프로파일에 따라 학업성취의 하위 요인의 차이가 다양하게 나타나고 있는 사실도 발견되었다. 이를 좀 더 구체적으로 살펴보면, 수학, 과학, 총점에서는 PH(주도사고 하 - 경로사고 상)와 PAL이 대비되었고 PAH와 PH(경로사고 상 - 주도사고 하)가 대비되었다. 이러한 사실은 수리과학 부분에서는 다른 영역보다 학습에 대한 구체적인 실천 계획이나 방법의 모색이 상대적으로 중요한 역할을 하고 있음을 시사해 준다. 반면에, 사회분야에서는 PAH과 PH가 대비되고, AH와 PH가 대비된다. 즉, 사회의 학업성취에서는 다른 영역보다 목표달성을 위한 추진동기가 더 많은 역할을 하고 있음을 암시하고 있다. 그리고 국어 성취도는 PH와 PAL이 대비되는 사실로 미루어 보아 경로사고의 역할이 중요함을 시사하고 있고, 영어 성취도는 PAH과 PH가 대비되는 것으로 보아서 주도사고의 역할이 상대적으로 중요함을 보여주고 있었다.

한편, 위에 제시된 논의 부분에서 확인할 수 있듯이 현재까지 학업성취와 관련하여 수행된 희망 관련 연구물은 많지 않은 것이 사실이며, 이와 관련하여 앞으로 지속적인 연구를 통해 학업성취와 희망에 대한 폭넓은 연구의 축적이 필요하다고 본다. 따라서 이 연구의 결과를 토대로 후속 연구에 대하여 다음과 같이 제언한다.

첫째, 이 연구를 통해 학업성취에 대하여 주도사고가 통계적으로 유의한 예측변인임을 확인할 수 있었다. 이와 관련하여 주도사고는 목표를 달성하는 과정에서 동기를 부여하는 역할을 하기 때문에 중요한 변인이다. 따라서 학업성취에 대하여 주도사고와 비슷한 맥락에서 이해될 수 있는 학습동기를 동시에 고려한 연구가 수행되어야 할 것이다.

둘째, 학업성취와 희망의 하위 요인이 관계가 있는 것으로 나타난 이 연구의 결과를 바탕으로 각각의 과목에서 이용할 수 있는 희망증진프로그램을 개발하여 적용하고 그에 대한 효과를 분석하는 연구가 이루어져야 할 것이다.

2. 교육과정에 주는 시사점

이 연구를 통해서 희망은 선행연구에서 보고된 것처럼 학업성취와 관련이 있는 변인으로 나타나 교육적으로 유용할 수 있음을 확인하였다. 특히 희망의 하위 요인과 학업성취의 하위 영역이 서로 관계가 있는 것으로 나타났기 때문에 학교 현장에서는 희망의 수준을 향상시킬 수 있는 다양한 방법을 교육과정에 포함시켜야 할 것이다. 따라서 이 연구의 결과를 바탕으로 희망이 학교 교육과정에 주는 시사점을 아래와 같이 제시하고자 한다.

첫째, 희망이 학업성취를 설명하는 예측변인이 된다는 점에서 희망은 각 교과의 교육과정과 연계되어 가르쳐져야 한다. 이와 관련하여 Snyder(1994b, 2005)는 희망이 교과 교육과정을 통해서 가르쳐질 때 그 효과가 더욱 커질 수 있다고 주장하고 있다. 또한 희망적 사고는 학생들이 과제에 대해 보다 더 집중할 수 있도록 도와주며, 학생 자신의 능력에 대한 부정적인 감정을 예방시켜 주기 때문에 중요하다고 역설한다(Snyder, 2004). 이와 함께 Onwuegbuize(1998)는 학생들이 학교 현장에서 가질 수 있는 다양한 상황에서의 불안감으로 인해 희망을 배우지 못한다고 주장하면서, 희망을 가르칠 경우 학생들이 불안감을 갖지 않도록 격려하는 활동 역시 필요하다고 설명한다.

이 연구의 결과를 살펴보면 주도사고와 경로사고가 모두 높은 학생의 경우 그렇지 못한 학생들보다 모든 영역의 학업성취에서 더 높은 것으로 나타났다. 특히 주도사고는 모든 영역의 학업성취에 대해 예측변인의 역할을 하는 것으로 나타나 주목할 만하다. 이러한 결과는 우리나라 중학생의 학업성취에서 주도사고의 역할이 중요하다는 사실을 내포하고 있으며, 학력신장을 위해서는 학습을 지속하기 위한 의지와 동기부여가 많은 비중을 차지하고 있음을 설명한다. 이와 관련하여 Snyder(1994b)는 교사가 주도사고를 가르칠 수 있다고 주장한다. 예를 들면, 교사는 학생 개개인이 성공한 경험에 대해서 자신감을 가지고 실패한 경험에 대해서는 지속적인 격려를 통해 학생들이 그것으로부터 점점 벗어날 수 있는 기회를 제공함으로써 그들이 새로운 목표를 설정하고 추진할 수 있는 의지력을 점점 더 갖게 할 수 있다고 설명한다. 그리고 경로사고는 학습의 과정에서 교사가 학생들에게 다양한 방법을 찾아 실천할 수 있도록 도와주는 활동을 통해 가르쳐질 수 있다(Snyder, 2005).

그리고 이 연구의 결과에서는 희망의 프로파일에 따라 학업 성취가 다르게 나타난 것을 확인할 수 있었는데, 이러한 사실은 교사가 학생들의 학력신장을 위해서 희망의 하위요인과 과목의 특성을 동시에 고려하고 그에 적절한 교수 방법을 적용해야 함을 시사하고 있다. 따라서 이 연구의 결과에서 나타난 각 교과의 특성에 따라 희망을 높이기 위한 방법을 보다 구체적으로 제시하고자 하며, 그 내용은 아래와 같다. 먼저 이 연구의 결과에서는 국어, 수학, 과학 분야의 성취도에 대하여 경로사고가 중요한 역할을 하는 것으로 나타났다. 이와 관련하여 국어에서는 문학작품 등을 통해 등장인물이 문제를 해결하는 과정을 살펴보고 이에 대한 토론을 통해 경로사고를 배울 수 있다(Snyder, 2005). 수학과 과학에서는 교사가 학생들에게 각 분야에서 필요한 개념과 함께 문제를 해결하는 과정과 대안에 대해 가르쳐 줌으로써 경로사고의 수준을 높일 수 있다(Snyder, 2005). 그리고 사회와 영어 분야의 성취도에 대하여 주도사고가 중요한 역할을 하는 것으로 조사되었다. 이와 관련하여 각각의 영역에서 교사는 학생들로 하여금 역사적으로 중요한 인물이 가졌던 목표와 동기에 대해 탐구하게 함으로써 주도사고를 배울 수 있도록 도와줄 수 있다(Snyder, 1994b).

둘째, 희망은 학교 교육과정에서의 창의적 체험활동과 연계되어 가르쳐질 수 있다. 창의적 체험활동의 구체적 내용은 각 학교의 선택에 따라 운영될 수 있기 때문에 창의적 체험활동에는 희망의 수준을 높일 수 있는 풍성한 교육과정이 다양하게 포함될 수 있을 것이다. 예를 들면, 교사는 진로활동을 통해 자신의 꿈을 이룬 사람들을 만날 수 있는 기회를 학생들에게 제공함으로써 그들에게 적절한 동기와 자신의 목표를 쟁취하기 위한 방법을 모색할 수 있도록 도와줄 수 있다. 그리고 동아리활동이나 봉사활동에서 학생들이 문제 상황에 봉착하였을 때, 교사는 학생들에게 그것을 해결하는 다양한 방법을 찾을 수 있도록 안내함으로써 학생들이 경로사고의 수준을 높일 수 있도록 도와줄 수 있다.

셋째, 희망은 학생 상담과 연계되어 가르쳐질 수 있다. 예를 들어 교사가 진로, 스트레스, 불안 등을 포함한 학생들의 여러 심리적·정서적 요인에 대하여 상담을 할 경우, 학생들이 목표를 설정하고 그것을 구체적인 방법을 통해 추진할 수 있는 자신감을 가질 수 있도록 가르쳐줄 수 있다. 이러한 교사의 도움 역시 학생들이 희망의 하위 요인인 주도사고와 경로사고를 배울 수 있도록 도와주는 교육적 활동으로서 인식될 수 있을 것이다.

이상과 같이 학교 현장의 교육과정을 통해 학생들에게 희망을 가르쳐줄 수 있는 방법에 대하여 연구의 결과를 바탕으로 논의하였다. 학교는 희망을 가르치는 데 있어 가장 적합한 환경으로서 교사는 학교 교육과정을 통하여 학생들에게 희망적 사고를 가르치고 그것이 향상될 수 있도록 도와줄 수 있을 것이다(Snyder, 1994b, 2000, 2005). 따라서 앞으로 지속적인 연구를 통해 희망을 학교 현장에서 적용시킬 수 있는 다양한 방법에 대하여 모색할 필요가 있을 것이다.

10. 초등 예비교사의 다문화 태도와 다문화 효능감에 대한 연구[1]

≪요약≫

　본 연구는 초등 예비 교사의 다문화 태도와 다문화 효능감의 수준을 알아보는 데 있다. 다문화 효능감 척도를 이용하여 전라북도 J교육대학교 재학생 960명으로부터 수집한 자료를 분석하였으며, 통계적 분석방법으로는 상관분석, t검증, 일원변량분석, 단순회귀분석의 방법을 이용하였다.

　연구의 결과는 다음과 같다. 첫째, 초등 예비 교사들의 배경 변인과 다문화 태도, 다문화 효능감의 관계를 살펴보았다. 먼저 나이와 다문화 효능감은 정적인 상관관계를 보이고 있었다. 그리고 보호자의 소득은 예비 교사의 다문화 태도, 다문화 효능감과 정적인 상관관계를 보였다. 종교 활동에 대한 참여 정도 역시 다문화 태도, 다문화 효능감과 정적 상관관계를 보이는 것으로 나타났다. 그리고 여자 예비 교사의 다문화 태도 평균이 남자 예비 교사보다 높았으며, 그 차이는 통계적으로 의의가 있었다. 이와 함께 다문화 태도와 다문화 효능감에 있어서 4학년에 재학 중인 예비 교사의 평균이 2학년보다 높았으며 이는 통계적으로 의의가 있었다.

　둘째, 초등 예비 교사들의 다문화 경험은 다문화 태도와 다문화 효능감에 독립적인 영향을 주는 예측변인으로 나타났다.

　본 연구에서 나타난 결과는 초등 교사 양성기관에서의 다문화 교육에 유용한 자료가 될 수 있다는 점에서 의의가 있을 것이다.

주제어: 다문화 태도, 다문화 효능감

---

1) 한국사회과교육학회 시민교육연구(2010), 제42권 3호, pp.39-60.

I. 서 론

요즘 우리 사회에서는 다문화와 관련된 논의가 활발하게 이루어지고 있으며, 이로 인해 교육현장에서도 다문화 교육에 대한 관심과 목소리가 점점 커지고 있는 상황이다. 최근 들어 다문화 교육과 관련된 세미나와 포럼이 점점 더 많이 개최되고 있으며, 다문화와 관련된 연구 논문이 자주 등장하고 있는 것은 그 좋은 예가 될 수 있을 것이다. 이러한 시대적 상황 속에서 논의되고 있는 다문화 관련 주제들 중의 하나는, 다문화 교육을 실제 수행하는 데 있어 중추적인 역할을 담당하게 되는 교사의 다문화 교육에 대한 능력이다. 그리고 이러한 교사의 능력은 더욱 더 강조되고 있는 실정이다(Sleeter, 2008a, pp.214-215). 그러나 선행 연구를 살펴보면 다문화 시대에 적합한 자질을 갖춘 교사를 양성하는 프로그램이 다소 미흡한 것을 알 수 있다. 이와 같은 현상은 다문화 교육에 대한 오랜 역사를 가진 미국에서도 발견되고 있는데, 상당수에 이르는 현직 교사들이 다문화 관련 교육을 거의 받지 못했다고 언급되고 있다(Pang & Sablan, 1998).

한편 우리나라의 현직 교사들 역시 현행 교사 교육 교육과정에 다문화와 관련된 내용이 많이 보충되어야 한다고 생각하는 것으로 나타났다(모경환·황혜원, 2007, p.97). 학자들 또한 우리나라의 교사양성기관에서도 예비 교사들의 다문화 관련 교육에 힘쓸 수 있도록 더욱 더 많은 노력을 기울여야 한다고 주장하고 있다. 예를 들어, 장인실(2008)은 현재 우리나라의 교사양성기관이 다문화 사회에서 요구되는 교사를 더욱 더 많이 배출할 수 있도록 다문화 교육을 위한 교사 교육 교육과정의 모형을 제시하면서, 다문화 교육과 관련하여 교사

교육 교육과정에 대한 개발이 서둘러 이루어져야 함을 역설하고 있다(장인실, 2008, pp.295-299).

이와 같이 다문화 교육을 위한 교사 교육 교육과정이 요구되는 상황 속에서 반드시 참고해야 할 자료 중의 하나는 바로 예비 교사들의 다문화 효능감이다. Graham과 Weiner(1996)에 따르면 효능감은 인간의 행동에 예측변인의 역할을 하는 중요한 요인으로서, 어떠한 업무를 효율적으로 수행할 수 있다는 자신감을 의미한다. 따라서 교사의 다문화 효능감이란 교사가 다문화 교육을 효과적으로 실시할 수 있다는 본인의 능력에 대한 믿음과 자신감을 의미할 수 있을 것이다. 교사의 효능감은 학생의 학업성취를 비롯한 여러 요인에 긍정적인 역할을 하는 것으로 알려져 있는데, 이러한 결과로 미루어 보아 교사의 다문화 효능감 역시 다문화 교육의 주체로서의 교사의 역할에 긍정적인 작용을 할 것으로 기대되고 있다. 따라서 Nadelson과 그의 동료들(출판 중)은 예비 교사의 다문화 효능감을 측정하는 것은 그들의 다문화 교육 관련 능력을 예측하는 데 중요한 자료로 사용될 수 있고, 또 이러한 자료는 교사양성기관의 교육과정에 시사점을 줄 수 있기 때문에 중요하다고 주장한다.

이와 같은 상황에서 본 연구자들의 조사 결과, 현재까지 우리나라 예비 교사를 대상으로 다문화 태도와 다문화 효능감에 대해 조사한 선행연구는 거의 없는 것으로 밝혀졌다. 급속도로 변화하는 우리의 다문화적 교육환경에 곧 진출하게 될 예비 교사의 다문화 태도와 다문화 효능감에 대한 연구 자료는 교사교육 담당자들이 대학에서 다문화교육을 실시함에 있어 참고할 수 있는 중요한 자료가 될 수 있을 것이다. 그리고 본 연구는 초등 예비 교사들을 연구대상으로 하였는

데, 그 이유는 초등학교에서의 다문화 가정 학생 수가 전체 다문화 가정 학생 수의 대부분을 차지하기 때문이었다. 이를 좀 더 자세히 살펴보면, 2006년부터 다문화 가정 학생 수가 기하급수적으로 증가하고 있는데, 특히 2009년도의 경우에 우리나라 다문화 가정 학생 중 초등학생은 2만 632명으로 전체 학생수의 83% 정도를 차지하는 것으로 나타났다(강중민, 2010, p.19). 이러한 교육적 환경을 감안할 때, 다문화 가정 학생 수의 비중이 상대적으로 높은 초등학교에서 근무하게 될 예비 교사의 다문화 태도와 다문화 효능감에 대한 자료는 의미 있는 역할을 할 수 있을 것이다. 따라서 이 연구에서는 우리나라 초등 예비 교사들을 대상으로 다문화 태도와 다문화 효능감을 측정하고자 한다.

본 연구에서 탐구할 구체적인 연구문제는 다음과 같다.

첫째, 초등 예비 교사의 개인적 배경 변인과 다문화 태도, 다문화 효능감의 관계는 어떠한가?

둘째, 초등 예비 교사의 다문화 태도와 다문화 효능감에 대한 다문화 경험의 설명력은 어느 정도인가?

II. 이론적 배경

1. 다문화 시대의 교사 교육

교사양성기관의 주요 목적이 유능한 교사를 배출하는 것임을 감안하였을 때, 다문화 사회에서 요구되는 자질을 갖춘 교사를 양성하는 것 역시 중요하다고 볼 수 있다(장인실, 2003, pp.422−427). 이와 관련하여 Weisman과 Garza(2002)는 예비 교사들의 다문화 교육 관련 능력을 신장시킬 수 있도록 도와줄 수 있는 교사 교육 교육과정이 개발되어야 한다고 주장한다(Weisman, & Garza, 2002, p.33). 그리고 Lawrence와 Bunche(1996)는 다문화 교육 프로그램이 예비 교사들의 다문화 태도를 긍정적으로 변화시키는 데 기여하고 있음을 설명하면서, 교사교육을 위한 다문화 교육과정의 필요성을 역설하고 있다.

참고로 Sleeter(2008)는 다문화 시대에 반드시 필요한 교사의 능력과 자질에 대해 소개하고 있는데, 그 구체적인 내용은 다음과 같다. 먼저 교사는 다문화 가정 출신 학생들의 학습능력에 대해 항상 높은 기대를 가져야 한다. 둘째, 교사는 다문화 가정 출신 학생들이 무엇에 관심이 있는지 잘 파악하고, 이를 통해 학습동기를 유발할 수 있어야 한다. 셋째, 교사는 다문화 가정의 가족 구성원과 관련된 문화적 배경에 대해 정확하게 이해해야 한다. 넷째, 교사는 그들과 동등한 입장에서 다문화 가정 학생들이 학습 활동에 참여할 수 있도록 격려하는 동시에 교실 내에 편안한 분위기를 조성해 주어야 한다(Sleeter, 2008, pp.214−216).

2. 다문화 태도와 다문화 효능감에 대한 선행연구의 분석

예비 교사의 다문화 태도와 다문화 효능감에 대하여 탐구한 선행연구의 분석을 실시하였다. 먼저 우리나라보다 다문화 교육에 대한 필요성을 앞서 인지하고 이를 실천해 온 미국의 사례를 살펴보았다. 그 결과는 다음과 같다.

먼저 미국 예비 교사들의 다문화 태도는 낮은 수준인 것으로 나타났다. Sleeter(2008b)에 따르면, 미국 예비 교사의 상당수는 문화적 다양성에 대하여 인식하는 수준이 낮았다. 그리고 자신이 속한 문화의 시각에서 다른 문화를 이해하려는 경향이 강한 것으로 나타났다. 예를 들면, 백인 예비 교사는 백인 문화의 지식을 바탕으로 자신과 다른 인종적·문화적 배경을 가진 사람들의 생활과 행동을 이해하고 있었다(Sleeter, 2008b, pp.559-561). 그리고 미국 예비 교사들의 다문화 효능감 역시 다소 낮은 편으로 나타났다(Barry & Lechner, 1995; Causey, Thomas & Armento, 2000; Siwatu, 2007). 이를 좀 더 자세히 살펴보면, Barry와 Lechner(1995)는 대부분의 예비 교사들이 다문화 사회로의 변화에 대해 인식하고 있었던 반면에, 다문화 효능감은 낮은 것으로 보고하고 있다(Barry, & Lechner, 1995, pp.157-159). Siwatu(2007)의 연구에서도 역시 예비 교사들이 다문화 가정 학생들과 의사소통을 하는 데 있어서 다소 낮은 효능감을 보이고 있는 것으로 나타났다(Siwatu, 2007, p.1093). 그리고 Causey, Thomas와 Armento(2000)가 수행한 연구에서는 예비 교사들의 다문화에 대한 지식이 거의 없는 것으로 나타났다(Causey, Thomas & Armento, 2000, p.43).

이와 함께 우리나라에서 수행된 다문화 태도와 다문화 효능감 관련 선행연구에 대한 분석도 실시하였다. 그 결과, 대부분의 선행연구는 현직교사를 대상으로 실시한 것들이었다. 이를 좀 더 자세히 살펴보면, 윤현숙(2008)의 연구에서 유아 교사들은 다문화 교육의 필요성을 인식하고 있었다. 그리고 유아 교사들의 다문화 태도에서 집단에 따른 차이가 발견되었는데, 21년 이상의 경력을 가진 교사들이 초보교사들보다, 대학원을 졸업한 교사들이 전문대를 졸업한 교사들보다 다문화 태도가 더 높은 것으로 나타났다(윤현숙, 2008, pp.422-423). 한편, 최충옥과 모경환(2007)의 연구에서 교사들의 다문화 효능감이 대체적으로 낮게 나타났는데, 특히 수업을 계획하고 실시하는 분야에서는 좀 더 낮은 효능감을 보이는 것으로 조사되었다(최충옥·모경환, 2007, pp.173-178). 그리고 옥장흠(2009)은 다문화 교육에 대한 현직 교사들의 긍정적 인식이 그들의 다문화 효능감에 긍정적인 역할을 하는 것을 발견하였다(옥장흠, 2009, pp.212-215). 마지막으로 박윤경(2007)이 예비 교사들을 대상으로 연구를 실시하였는데, 이 연구에서 예비 교사들은 다문화 프로그램에 참여하는 과정을 통해 다문화 효능감이 높아진 것으로 보고하고 있었다(박윤경, 2007, pp.174-178).

마지막으로 다문화 경험, 다문화 태도와 다문화 효능감의 관계에 대해 분석한 선행연구의 결과를 살펴보았다. Mulder, Tyler와 Conner(2008)는 다문화 관련 경험이 많아질수록 다문화 태도와 다문화 효능감의 수준 역시 높아지는 것으로 보고하였다(Mulder, Tyler & Conner, 2008, pp.8-9). 이러한 결과는 다문화 경험이 다문화 태도, 다문화 효능감과 관련이 있는 변인임을 보여주고 있다.

3. 다문화 태도와 다문화 효능감과 관련된 요인

선행연구에서는 교사의 다문화 태도와 다문화 효능감에 영향을 주는 요인으로서 나이, 성별, 다양한 언어 구사 능력, 정치적 성향이 소개되고 있었다(Nadelson 외, 출판 중). 이를 좀 더 자세히 살펴보면 아래와 같다.

첫째, 예비교사의 나이가 다문화 태도와 관련이 있는 변인으로 나타났다. Dee와 Henkin(2002)에 따르면 개인의 나이가 많을수록 사회에 존재하는 문화적 다양성에 대해 이해하고 수용하는 정도가 낮아진다고 한다(Dee, & Henkin, 2002, pp.30-34). 나이가 많은 사람들은 젊은 사람들에 비해 좀 더 보수적인 성향을 가지고 있는데, 이러한 이유로 다문화 사회가 가지고 있는 장점들은 쉽게 받아들이지 못하고 단지 외향적으로만 나타나는 사회의 변화만을 인식하고 이를 배척하는 경향이 있다는 것이다.

둘째, 개인의 성별에 따라 다문화 태도에 차이가 있었다. 여성은 남성보다 다문화 사회에 존재하는 다양성과 관련된 주제들에 대해 좀 더 호의적이고 많은 관심을 보인 반면, 남성은 다양성과 관련된 개인적 신념이 여성에 비해 낮은 것으로 나타났다(Turner, 2007, p.33). 그리고 박윤경·성경희와 조영달(2008)은 현직 교사의 문화다양성 태도 중 정의적 영역에서의 집단적 차이를 살펴본 결과, 여자 교사들이 남자 교사들에 비해 더 긍정적인 반응을 보이는 것으로 보고하였다(박윤경·성경희·조영달, 2008, pp.13-14).

셋째, 다양한 언어를 구사할 수 있는 능력은 다문화 교육과 관련하여 좀 더 높은 교사 효능감을 갖는 데 도움을 줄 수 있는 것으로 나타났다(Kyles & Olafson, 2008, p.511).

넷째, 개인의 정치적 성향 역시 다문화 효능감과 관계가 있는 것으로 나타났다. Jenks, Lee, 그리고 Kanpol(2001)은 보수적인 정치 성향을 가진 사람들이 다문화 사회로의 급속한 변화를 인식하는 와중에도 쉽게 다양성을 이해하고 수용하지 못하는 경향이 있다고 주장한다.

한편, 본 연구에서 사용된 "종교 활동에 헌신하는 정도"라는 배경변인과 다문화 태도, 그리고 다문화 효능감의 관계에 대한 선행연구의 분석 결과, 그 변인들 사이의 관계는 통계적으로 의의가 있지 않은 것으로 나타났다(Nadelson 외, 출판 중). 그리고 Guyton과 Wesche(2005)의 제안에 따라 본 연구에 포함된 "출생 후 성장한 도시"와 "보호자의 경제적 수준"이라는 배경변인들과 다문화 태도, 다문화 효능감 사이에 어떠한 관련이 있는지는 아직까지 밝혀지지 않은 것으로 조사되었다.

III. 연구방법

1. 연구대상

본 연구를 위해 전라북도에 위치한 J교육대학교 재학생을 대상으로 설문조사를 실시하였다. 설문지는 2008년 11월 말에 연구 참여자가 연구대상자들에게 직접 배포하였다. 그리고 연구대상자들이 초등 예비 교사라는 모집단의 특성을 잘 반영할 수 있도록 J교육대학교에 개설된 모든 전공의 학생들에게 설문조사에 응해줄 것을 부탁하였다. 그 결과 2009년 1월까지 회수된 설문지는 모두 1,112개인 것으로 나타났으며, 이러한 자료는 모든 학과의 학생들로부터 수집된 것임을 확인할 수 있었다. 그리고 수집된 설문지 중에서 답변이 누락된 152개를 제외한 960개의 설문자료 결과가 본 연구에 이용되었다. 연구대상자들의 특성을 정리하면 <표 1>과 <표 2>와 같다.

<표 1> 조사대상의 특성 1

구분	특성	참여인원
연령	18세	29(3.0%)
	19세	133(13.9%)
	20세	189(19.7%)
	21세	194(20.2%)
	22세	158(16.5%)
	23세 이상	257(26.8%)
성별	남자	298(31.0%)
	여자	662(69.0%)
출생 후 성장한 도시	특별시·광역시	275(28.6%)
	중·소도시	574(59.8%)
	읍·면	111(11.6%)

<표 2> 조사대상의 특성 2

구분	특성	참여인원
학년	1학년	235(24.5%)
	2학년	333(34.7%)
	3학년	239(24.9%)
	4학년	153(15.9%)
한국어 이외에 구사할 수 있는 언어의 수	0	183(19.1%)
	1개	493(51.4%)
	2개	242(25.2%)
	3개	38(4.0%)
	4개	4(0.4%)

2. 측정도구

본 연구에 필요한 설문지의 작성을 위하여, 2005년 Guyton과 Wesche
가 다문화와 관련된 예비 교사의 여러 가지 특성을 측정하기 위해 개
발한 다문화 효능감 척도(Multicultural Efficacy Scale)를 참고하였다. 이

와 함께 다문화 효능감 척도를 이용하여 우리나라에서 먼저 연구를 수행한 경험이 있는 최충옥과 모경환(2007)의 설문자료 역시 참고자 료로서 이용되었다.

본 연구를 위해 사용된 측정 도구에 대한 신뢰도 검사를 실시한 결과, 문항 전체에 대한 신뢰도는 .85인 것으로 나타났다. 이러한 결과 는 Guyton과 Wesche(2005)의 연구에서 보고된 신뢰도 .89와 비슷한 것 이었다. 그리고 각 하위요인에 대한 신뢰도를 분석한 결과, 다문화 경 험은 .67, 다문화 태도는 .73, 다문화 효능감은 .89로 나타났다. 이 결 과 역시 Guyton과 Wesche(2005)의 연구 결과와 대체로 비슷하였다. 그 러나 하위요인 중 다문화 경험의 경우에는 Guyton과 Wesche(2005)가 보고한 신뢰도보다 다소 낮은 것으로 나타났다.

가. 다문화 경험

다문화 경험과 관련된 질문은 모두 7개로 구성되어 있다. 그 문항 들을 좀 더 자세하게 살펴보면 <표 3>과 같다.

〈표 3〉 다문화 경험 측정 문항들

구분	문항
1	내가 초·중·고등학교에 다닐 때 우리 학교에는 다문화가정의 학생들이 있었다.
2	나는 성장과정에서 다문화가정 출신의 학생들과 어울리는 편이었다.
3	내가 어릴 적에 내 이웃에는 다문화가정이 있었다.
4	나는 과거에 다른 나라 사람들의 삶과 문화가 담긴 책을 읽으려고 선택하는 편이었다.
5	나는 어린 시절에 한국인이 아닌 다른 나라의 사람을 내 삶의 모델로 삼아 존경한 적 이 있다.
6	나는 과거에 다른 나라 사람들의 삶과 문화를 다룬 TV 프로그램이나 영화보기를 좋아 했다.
7	나는 신문, TV 등에서 다루는 다문화가정 관련 기사를 관심 있게 본다.

나. 다문화 태도

예비 교사들의 다문화 태도를 측정하기 위하여 모두 4개의 문항이 분석에 이용되었다. 한편, 3번 문항은 다문화 태도의 전체 신뢰도를 낮추는 데 작용하는 관계로 분석에서 제외되었다. 그 자세한 내용은 <표 4>와 같다.

〈표 4〉 다문화 태도 측정 문항들

구분	문항
1	교사는 학생들 사이에 존재하는 문화적 다양성을 반영하는 수업지도안을 만들 수 있어야 한다.
2	교사는 다른 민족의 학생들끼리 서로의 문화적 다양성(음식, 의복, 가치관 등)에 대해 의견을 나눌 수 있는 기회를 제공해야 한다.
3	다른 민족의 전통과 가치관에 대해 의견을 나누는 것은 문화적 배경이 다른 학생들 사이에 갈등을 유발시킬 수 있다.
4	우리와 다른 민족이지만 우리 사회의 발전에 기여하고 있다면, 그들의 노력은 우리 교과서와 교육과정에 반드시 반영되어야 한다.
5	학생들 사이에 존재하는 민족적·문화적 차이에 대해 학생들이 좀 더 공부할 수 있도록 학교 차원에서 자료가 제공되어야 한다.

다. 다문화 효능감

다문화 효능감을 측정하기 위해 모두 14개의 문항이 이용되었다. 그리고 자료의 자세한 분석을 위하여 다문화 효능감은 일반 기능 효능감, 수업 기능 효능감, 인간관계 증진 효능감, 그리고 다문화 가정 배려 효능감으로 구분되어 사용되었다(최충옥·모경환, 2007, p.173). 각 하위요인별 설문문항들은 아래와 같다.

〈표 5〉 다문화 효능감 측정을 위한 문항들

하위요인	문항
일반 기능 측면	나는 학생들이 문화적 다양성에 대처할 수 있는 능력을 함양하도록 지도할 수 있다.
	나는 학생들 자신이 가진 편견을 발견하고 반성할 수 있도록 지도할 수 있다.
	나는 학생들이 다문화가정에 대한 편견을 줄일 수 있도록 지도할 수 있다.
	나는 학생들이 다양한 관점에서 역사와 사회를 볼 수 있도록 지도할 수 있다.
수업 기능 측면	나는 다문화가정 자녀들의 필요에 부응하는 수업 방법을 적용할 수 있다.
	나는 다문화가정 자녀들이 많은 교실에 적합한 학습자료를 개발할 수 있다.
	나는 교과서에 나타난 인종적, 민족적 고정관념과 편견을 찾아낼 수 있다.
	나는 문화적 다양성으로 인해 발생하는 문제들에 대한 해결책을 제시할 수 있다.
인간 관계 증진 측면	나는 서로 다른 민족적 배경을 가진 학생들이 서로 존중할 수 있도록 지도할 수 있다.
	나는 서로 다른 민족적 배경을 가진 학생들이 서로 협력하며 학교생활을 할 수 있도록 지도할 수 있다.
	나는 학생들이 우리와 다른 민족의 가치관을 인정하고 존중할 수 있도록 지도할 수 있다.
다문화 가정 배려 측면	나는 다문화가정의 자녀들이 자신감을 갖고 생활할 수 있도록 지도할 수 있다.
	나는 학교에서 다문화가정 자녀들 교육에 악영향을 미치는 요인들을 찾아낼 수 있다.
	나는 다문화가정을 힘들게 하는 사회적 요인들을 지적할 수 있다.

3. 자료 분석 절차 및 방법

자료를 분석함에 있어 배경변인 대부분에 대한 답변은 원래의 자료 그대로 이용되었다. 그러나 한국어 이외에 구사할 수 있는 언어의 경우에는 구사할 수 있는 언어의 수로 다시 코딩된 자료가 분석에 이용되었다. 이를 좀 더 자세히 살펴보면, 실제 설문조사를 하는 과정에서는 응답자들이 제시된 보기(영어, 중국어, 일본어, 스페인어, 프랑스어, 독일어, 없음, 기타) 중에서 답변을 선택하는 형식이었다. 그러나 다양한 언어의 구사능력이 다문화 효능감과 관련이 있다는 Kyles과

Olafson(2008)의 연구결과를 바탕으로 본 연구에서는 구사할 수 있는 언어의 수와 다문화 태도, 그리고 다문화 효능감 사이의 관계를 알아보기 위해 위와 같이 재코딩된 자료가 분석에 이용되었다.

구체적인 자료의 분석방법은 다음과 같다. 첫째, 예비 교사의 개인적 배경변인에 따른 다문화 태도와 다문화 효능감의 차이를 알아보기 위해 t검증과 일원변량분석(ANOVA)을 실시하였다. 또한 상관분석을 통해 배경 변인과 다문화 태도, 다문화 효능감과의 관계를 알아보았다.

둘째, 다문화 경험과 다문화 태도, 다문화 효능감 사이의 관계를 알아보기 위해 상관분석을 실시하였다. 그리고 다문화 경험이 다문화 태도와 다문화 효능감에 미치는 독립적인 영향을 알아보기 위해 단순회귀분석을 실시하였다.

이와 함께 본 연구에 이용된 자료가 회귀분석을 위한 기본가정들을 충족하는지 살펴보았다. 먼저 VIF값을 확인한 결과 그 값이 모두 1에 근접하여 다중공선성이 없는 것으로 나타났다. 이와 함께 잔차의 정규성과 선형성을 확인하였다. 먼저 잔차의 정규성을 히스토그램을 통해 알아본 결과 종속변인이 정규분포를 이루고 있는 것을 확인하였고, 산포도에서는 표준 점수 0을 중심으로 직사각형의 분포를 이루고 있었다. 그리고 Durbin-Watson 통계값이 모두 2에 근접하여 잔차의 상호 독립성도 확보되었다. 마지막으로 회귀식에 영향을 줄 수 있는 이상점이 있는지를 판단하기 위해 모든 변인들에 대한 히스토그램의 분석을 실시한 결과 눈에 띄는 이상점은 발견되지 않았다. 이와 같은 자료에 근거하여 보았을 때, 본 연구에 이용된 자료는 회귀분석을 위한 기본가정을 충족하는 것을 알 수 있었다.

Ⅳ. 연구결과

1. 초등 예비 교사의 개인적 특성과 다문화 태도, 다문화 효능감의 관계

초등 예비 교사들의 개인적 특성이 다문화 태도, 다문화 효능감과 어떠한 관계가 있는지 알아보기 위하여 자료를 분석하였다. 먼저 초등 예비 교사들의 연령, 구사할 수 있는 언어의 수, 보호자의 월 평균 소득, 종교 활동에 헌신하는 정도, 그리고 정치적 신념이 그들의 다문화 태도와 다문화 효능감과 어떠한 관계가 있는지 알아보기 위하여 상관 분석을 실시하였다. 그 결과, <표 6>에서와 같이 초등 예비 교사들의 나이는 다문화 효능감과 정적 상관관계(r=.07)를 나타내고 있었다. 그리고 보호자의 소득은 다문화 태도(r=.11), 다문화 효능감(r=.12)과 정적인 상관을 보이고 있었다. 종교 활동에 헌신하는 정도 역시 다문화 태도(r=.07), 다문화 효능감(r=.10)과 정적 상관관계를 보이고 있었다.

〈표 6〉 개인적 특성과 다문화 태도, 다문화 효능감의 상관관계

구분	나이	언어의 수	보호자의 소득	종교 활동에 헌신하는 정도	정치적 신념
다문화 태도	0	.03	.11**	.07*	-.02
다문화 효능감	.07*	.06	.12**	.10**	-.01

*p<.05, **p<.01

이와 함께 성별, 출생 후 성장한 도시, 학년에 따른 초등 예비 교사들의 다문화 태도와 다문화 효능감의 차이에 대해 알아보았다. 먼저

성별에 따른 차이를 t검증을 통해 알아본 결과 여자 예비 교사들의 다문화 태도 평균이 남자 예비 교사들의 평균보다 높았으며, 이는 통계적으로 유의한 것으로 나타났다. 그러나 성별에 따른 다문화 효능감의 차이는 통계적으로 유의하지 않은 것으로 나타났다. 좀 더 자세한 결과는 아래의 <표 7>과 같다.

〈표 7〉 성별에 따른 다문화 태도와 다문화 효능감의 차이

구분	특성	M	SD	t
다문화 태도	여자	13.48	1.67	-3.768***
	남자	13.03	1.85	
다문화 효능감	여자	48.37	6.64	-.077
	남자	48.33	7.68	

***p<.001

그리고 초등 예비 교사들의 출생 후 성장한 도시에 따른 다문화 태도와 다문화 효능감의 차이를 살펴보았으나, 통계적으로 유의한 차이는 나타나지 않았다.

마지막으로 학년에 따른 다문화 태도와 다문화 효능감의 차이를 일원변량분석을 통해 알아보았다. 그 결과를 좀 더 자세히 살펴보면 <표 8>과 같다.

〈표 8〉 학년에 따른 다문화 태도와 다문화 효능감의 차이

요인	구분	df	MS	F	Scheffe
다문화 태도	학년	3	16.778	5.612**	4학년-2학년
	오차	956	2.990		
	합계	960			

다문화 효능감	학년	3	167.209	3.463[*]	
	오차	956	48.289		4학년-2학년
	합계	960			

[*]p<.05, [**]p<.01

위의 표에서 볼 수 있듯이, 예비 교사의 학년에 따른 다문화 태도의 평균은 통계적으로 유의한 차이를 보이는 것으로 나타났다. 그리고 집단 간 평균의 차이를 알아보기 위해 사후검증을 실시한 결과, 4학년에 재학 중인 예비 교사들의 다문화 태도에 대한 평균이 2학년에 재학 중인 예비 교사들의 평균보다 높은 것으로 나타났다.

이와 함께 학년에 따른 다문화 효능감의 차이도 알아보았다. 그 결과 학년에 따른 다문화 효능감의 평균에서도 통계적으로 유의미한 차이가 있는 것으로 나타났다. 이를 사후검증을 통해 자세히 살펴본 결과, 4학년에 재학 중인 예비교사들의 다문화 효능감 평균이 2학년에 재학 중인 예비 교사들의 다문화 효능감 평균보다 높은 것으로 나타났다.

2. 초등 예비 교사의 다문화 태도와 다문화 효능감에 대한 다문화 경험의 설명력

먼저 이 연구에 참여한 초등 예비 교사의 다문화 경험, 다문화 태도, 다문화 효능감의 관계를 상관분석을 통해 알아보았다. 그 자세한 결과를 살펴보면 아래와 같다.

<표 9> 다문화 경험, 다문화 태도, 다문화 효능감의 관계

	다문화 경험	다문화 태도
다문화 태도	.19**	
다문화 효능감	.15**	.23**

** p<.01

<표 9>에서 볼 수 있듯이, 다문화 경험은 다문화 태도(r=.19)와 다문화 효능감(r=.15)과 정적인 상관관계를 보이는 것으로 나타났다. 다문화 태도 역시 다문화 효능감과 정적인 상관관계(r=.23)를 보이는 것으로 나타났다.

한편 초등 예비 교사의 다문화 경험이 다문화 태도와 다문화 효능감에 각각 미치는 독립적인 영향을 알아보기 위해 단순회귀분석을 실시하였다. 그 결과 <표 10>에서와 같이 다문화 경험(b=.110, t=5.824, p<.001)은 다문화 태도에 대하여 통계적으로 의의가 있는 예측 변인으로 나타났으며 약 3%의 설명력을 지니고 있었다. 그리고 다문화 경험(b=.363, t=4.776, p<.001)은 다문화 효능감에 대해서도 통계적으로 의의가 있는 예측 변인으로 나타났으며 약 2%의 설명력을 지니고 있었다.

<표 10> 다문화 태도와 다문화 효능감에 대한 다문화 경험의 단순회귀분석

종속변인	독립변인	B	SE	β	t	R^2	Adjusted R^2	F
태도	경험	.110	.019	.185	5.824***	.03	.03	33.919
효능감		.363	.076	.152	4.776***	.02	.02	22.806

*** p<.001

이와 함께 다문화 경험이 다문화 효능감의 네 가지 하위요인에 주는 독립적인 영향력을 알아보았다. 먼저 상관분석을 통해 각 요인들 간의 관계를 살펴보았다. 그 결과 아래의 <표 11>에서와 같이 다문화 경험은 다문화 효능감 네 개의 하위요인 모두와 정적인 상관관계를 보이는 것으로 나타났다.

〈표 11〉 다문화 경험, 다문화 태도, 다문화 효능감의 관계

요인	구분	다문화 경험
다문화 효능감	일반기능	$.15^{**}$
	수업기능	$.08^{*}$
	인간관계 증진	$.14^{**}$
	다문화 가정 배려	$.15^{**}$

*p<.05, **p<.01

그리고 다문화 경험이 다문화 효능감의 네 가지 하위요인에 미치는 독립적인 영향력을 알아보기 위해 단순회귀분석을 실시하였다. 그 결과 <표 12>에서 볼 수 있듯이 회귀식 전체는 통계적으로 의의가 있는 것으로 나타났다. 이를 좀 더 자세히 살펴보면 다음과 같다.

먼저 일반기능 효능감에 대해 다문화 경험(b=.115, t=4.795, p<.001)은 통계적으로 의의가 있는 예측 변인으로 약 2%의 설명력을 지니고 있었다. 수업기능과 관련된 효능감에서도 다문화 경험(b=.068, t=2.617, p<.01)은 통계적으로 의의가 있는 예측 변인으로 나타났으며, 약 1%의 설명력을 지니고 있었다. 그리고 인간관계 증진 효능감의 경우에도 역시 다문화 경험(b=.088, t=4.447, p<.001)이 통계적으로 의의가 있는 예측 변인으로 나타났으며, 약 2%의 설명력을 지니고 있었다. 마지막으로 다문화 가정 배려 측면의 효능감에서도 다문화 경험(b=.091, t=4.803, p<.001)은 통계적으로 의의가 있는 예측 변

인으로서 약 2%의 설명력을 지니고 있었다.

〈표 12〉 다문화 효능감 하위 요인에 대한 다문화 경험의 단순회귀분석

종속변인	독립변인	B	SE	β	t	R^2	Adjusted R^2	F
일반기능	경험	.115	.024	.153	4.795***	.02	.02	22.994
수업기능	경험	.068	.026	.084	2.617**	.01	.01	6.849
인간관계 증진	경험	.088	.020	.142	4.447***	.02	.02	19.773
다문화 가정배려	경험	.091	.019	.153	4.803***	.02	.02	23.069

**p<.01, ***p<.001

V. 논의 및 결론

1. 논의

본 연구는 초등 예비 교사들의 개인적 배경 변인과 다문화 태도, 다문화 효능감과의 관계를 분석하고, 다문화 태도와 다문화 효능감에 대한 다문화 경험의 설명력을 알아보기 위한 것이다. 연구의 결과는 다음과 같다.

첫째, 연구에 참여한 초등 예비 교사들의 개인적 배경 변인과 다문화 태도, 다문화 효능감의 관계에 대해 알아보았다. 먼저 배경 변인 중 나이는 다문화 효능감과 정적인 상관관계를 보이고 있었다. 이 결과는 예비 교사의 나이가 많아질수록 다문화 효능감이 점점 높아지는 것을 의미하며, Dee와 Henkin(2002)의 연구 결과와는 차이가 있는

것으로 나타났다. 그리고 보호자의 소득은 예비 교사의 다문화 태도, 다문화 효능감과 정적인 상관관계를 보이고 있는 것으로 나타났다. 이러한 결과는 다문화와 관련된 실제적 경험의 수준이 높을수록 다문화 효능감도 높다는 선행연구의 결과와 관련하여 해석될 수 있을 것이다(Mulder, Tyler & Conner, 2008, pp.8-9). 예를 들어, 보호자의 소득이 높은 예비 교사들의 경우에는 해외여행 등을 통해 다른 문화권의 사람들과 교류를 한 가능성이 높고, 이와 같은 기회는 그들로 하여금 더 높은 수준의 다문화 태도와 다문화 효능감을 갖게 하는 데 잠재적으로 영향을 줄 수 있기 때문이다. 그러나 이 결과는 예비 교사들의 사회경제적 수준과 다문화 태도, 다문화 효능감 사이에 유의미한 관계가 발견되지 않은 Nadelson 외(출판 중)의 연구 결과와는 차이가 있었다. 그리고 예비 교사들의 종교 활동에 헌신하는 정도 역시 다문화 태도, 다문화 효능감과 정적 상관관계를 보이는 것으로 나타났다. 이 결과는 그동안 우리 사회에서 이주노동자와 다문화 가정의 기본 권리를 보장하기 위해 노력한 종교인들의 봉사정신과 관련하여 해석될 수 있을 것이다(박진균, 2010). 즉, 종교 활동에 더 헌신적일수록 다문화 시대에서 소수 계층이라 볼 수 있는 다문화 가족에 대한 봉사활동에의 참여 가능성이 높을 수 있고, 이러한 기회는 잠재적으로 종교 활동에 더 헌신적인 사람들의 다문화 태도와 다문화 효능감에 영향을 줄 수 있기 때문이다. 이와 함께 선행연구에서 다문화 태도와 다문화 효능감과 관계가 있는 것으로 밝혀진 구사할 수 있는 언어의 수와 정치적 신념에 대한 결과를 자세히 살펴보았으나, 본 연구에서는 아무런 관계가 없는 것으로 나타났다.

그리고 초등 예비 교사의 성별, 출생 후 성장한 도시의 규모, 학년에 따른 다문화 태도와 다문화 효능감의 차이를 알아보았다. 먼저 여자 예비 교사의 다문화 태도의 평균이 남자 예비 교사의 그것보다 높은 것으로 나타났으며, 이는 통계적으로 유의한 것으로 나타났다. 이러한 결과는 박윤경·성경희와 조영달(2008)과 Turner(2007)의 연구 결과와 비슷한 것으로서, 본 연구의 결과가 선행 연구를 뒷받침하고 있음을 증명하고 있다. 그리고 초등 예비 교사의 학년에 따른 다문화 태도와 다문화 효능감의 차이 역시 통계적으로 의의가 있는 것으로 나타났으며, 두 항목 모두에서 4학년의 평균이 2학년의 평균보다 높은 것으로 나타났다. 이와 같은 결과는 다문화 수업을 수강한 이후 예비 교사들의 다문화 태도와 다문화 효능감에서 긍정적인 변화가 있었다는 선행연구의 결과와 관련되어 설명될 수 있을 것이다(Weisman, & Garza, 2002, p.32−33). 즉, 4학년의 경우 다문화 관련 주제들을 탐구하는 강의를 2학년보다 더 많이 수강했을 가능성이 높고, 이러한 상황은 간접적으로 다문화 태도와 다문화 효능감의 수준을 높이는 데 영향을 줄 수도 있기 때문이다.

둘째, 연구에 참여한 초등 예비 교사들의 다문화 경험, 다문화 태도, 그리고 다문화 효능감 사이의 관계를 분석한 결과, 다문화 경험은 다문화 태도와 다문화 효능감에 독립적인 영향을 주는 예측 변인으로 나타났다. 이와 같은 결과는 다문화 관련 경험이 많을수록 다문화 태도와 다문화 효능감의 수준도 높아지는 것으로 보고한 Mulder, Tyler와 Conner(2008)의 연구 결과와 비슷하였다(Mulder, Tyler & Conner, 2008, pp.8−9). 그리고 다문화 효능감의 네 가지 하위요인에 대한 다문화 경험의 영향력을 살펴본 결과, 다문화 경험은 다문화 효능감의 모든 하위요인에 대해 예측 변인의 역할을 하는 것을 확인할 수 있었다.

지금까지 본 연구의 결과를 선행연구와의 비교를 통해 좀 더 자세히 살펴보았다. 이 연구는 우리나라에서 아직 기초 단계에 있는 분야의 주제를 탐구하였다는 점, 동시에 우리의 초등 교사 교육 현장에 많은 시사점을 줄 수 있는 자료에 대한 분석을 실시하였다는 점에서 큰 의의가 있을 것이다. 이에 본 연구의 결과가 예비 초등 교사 교육에 주는 함의를 아래와 같이 제공하고자 한다.

첫째, 이 연구의 결과에 따르면 초등 예비 교사의 다문화 경험은 다문화 태도와 다문화 효능감에 대하여 예측 변인의 역할을 하는 것으로 나타났다. 이 사실은 초등 교사 교육 프로그램에서 예비 교사들이 직접 다문화 관련 경험을 해 볼 수 있는 기회를 제공해야 함을 암시하고 있다. 즉, 초등 예비 교사들로 하여금 다양한 사람들과 접촉하게 하는 동시에 그들의 삶을 배우고 이해할 수 있도록 돕는 것이다. 여기서 다양한 사람들이란 다양한 개인적 특성을 가진 사람들을 의미하므로, 다양한 사람들 안에는 다문화 가정 출신의 가족도 포함될 수 있을 것이다(Guyton & Wesche, 2005, p.28). 그리고 경험적 교육 기회의 일환으로는 현장 답사(field trip)가 포함될 수 있으며, 이 과정에서 예비 교사들은 과외 지도 등의 교육적인 도움을 줄 수 있을 것이다. 선행연구에 따르면, 교사들의 현장 답사에의 참여가 그들의 다문화 태도에 긍정적인 역할을 하는 것으로 나타났다(Pang, 1994, pp.290-292).

둘째, 다문화 교육 관련 강좌는 초등 예비 교사들이 저학년에 재학 중일 때 수강하도록 권장해야 할 것이다. 본 연구의 결과에 따르면 4학년에 재학 중인 예비 교사들의 다문화 태도와 다문화 효능감이 2학년에 재학 중인 예비교사들보다 더 높은 것으로 나타났다. 이와 같은 결과는 다문화 교육이 저학년의 예비 교사들에게 더 필요함을 시사하고 있는 동시에, 그들에 대한 다문화 교육은 부가적인 효과를 초래할 수 있다는 점에서 주목할 만하다. 왜냐하면 다문화 교육 관련 강좌를 저학년일 때 수강할수록 다문화와 관계된 문제들에 대해 조기에 인식할 수 있으며, 이러한 기회는 예비 교사들이 교사 양성기관에서 수학하는 동안 다문화 관련 문제나 쟁점들에 대한 내용이 계속 등장할 때마다 그에 대해 지속적으로 고찰하게 하는 기회를 줄 수 있기 때문이다. 이와 관련하여 이선미와 송지연(2008) 역시 예비 교사들이 다문화 관련 문제들에 대해 지속적으로 학습하는 기회는 그들이 보다 높은 다문화 교육 신념을 갖는다는 사실에 영향을 줄 수 있다고 설명한다(이선미·송지연, 2008, p.206).

마지막으로 초등 교사 양성기관에서는 다문화 교육을 실시함에 있어 남자 예비 교사들에게 좀 더 많은 관심을 가져야 할 필요가 있을 것이다. 본 연구의 결과에 따르면 남자 예비 교사들의 다문화 태도가 여자 예비교사들보다 낮은 것으로 나타났으며, 이러한 사실은 선행 연구의 결과를 뒷받침하고 있었다(박윤경·성경희·조영달, 2008; Turner, 2007). 따라서 초등 교사 양성기관에서 제공하는 다문화 교육 관련 강좌에서는 남자 예비 교사들이 보다 적극적이고 능동적인 참여를 할 수 있도록 도와줌으로써 그들이 더 높은 다문화 태도와 다문화 효능감을 가질 수 있도록 배려해야 할 것이다.

그러나 이와 같은 연구의 중요성에도 불구하고 본 연구는 다문화 태도와 다문화 효능감에 대한 수준을 예비 교사의 답변에만 의존하여 측정하고 있다는 한계점을 가질 수 있다. 그리고 설문지가 단순응답형 문제들로만 구성된 이유로 예비 교사들의 개인적 생각이 추가될 수 없었다는 제한점을 가지고 있다. 따라서 후속연구에서는 보다 다각적인 자료를 통해 다문화 태도와 효능감에 대해 측정하고, 설문지에 개방형 질문(open-ended question)을 추가하여 연구대상자들의 개인적 의견을 수렴할 필요가 있을 것이다.

2. 결론

우리나라에 거주하는 외국인의 수가 매년 증가하면서, 우리의 교육 현장에도 다문화 시대에 맞는 적절한 대책이 요구되고 있다. 이와 같은 상황에서 교사의 다문화 교육과 관련된 능력에 대한 연구는 반드시 수행되어야 할 분야 중의 하나이다. 그리고 같은 맥락에서 예비교사의 다문화 태도와 다문화 효능감에 대한 연구의 중요성도 함께 부각될 수 있을 것이다. 아직까지 우리나라에서 이 분야와 관련된 연구가 많이 진행되지는 않았지만, 본 연구를 시작으로 후속연구가 많이 수행되기를 기대한다. 그리고 그 결과를 바탕으로 앞으로 높은 수준의 다문화 효능감을 가진 예비 교사들이 많이 배출될 수 있도록 충분한 제도적 뒷받침이 이루어져야 할 것이다.

참고문헌

강영심(2002), 성공지능과 전통지능의 고등학생 학업성취도에 대한 예측력 비교, **교육심리연구**, 16(4). pp.83 - 122.

강영심 · 송연주(2002), 성공지능과 전통지능의 고등학생 학업성취도에 대한 예측력 비교, **교육심리 연구**, 16(4), pp.83 - 103.

강중민(2010), "대한민국의 급속한 다문화화와 다문화 교육", **월간새교육**, 2010년 7월, pp.18 - 21.

김소연(2000), Sternberg의 지능 및 사고양식 이론의 타당화, 숙명여자대학교 대학원 교육심리학과 석사학위 논문.

김아영 · 조영미(2001), 학업성취도에 대한 지능과 동기변인들의 상대적 예측력. **교육심리연구**, 15(4), pp.121 - 138.

김정희(1987), 지각된 스트레스, 인지세트 및 대처방식의 우울에 대한 작용, 서울대학교 대학원 박사학위논문.

김택호(2004). 희망과 삶의 의미가 청소년의 탄력성에 미치는 영향. 한양대학교 박사학위논문.

나동진 · 김진철 · 전계영(2003), 과학영재의 삼원지능 · 사고양식과 학업성취 간의 관계, **교육학연구**, 41(4), pp.25 - 48.

나동진 · 김진철(2004), 삼원지능 · 사고양식 · 학업성취의 관계에서 과학영재와 일반학생의 구조적 차이, **교육심리연구**, 18(1), pp.115 - 130.

나동진 · 김진철 · 이정규(2005), 성공 지능이론의 관점에서 본 지능과 학업성취의 관계, **교육심리연구**, 19(1), pp.79 - 92.

모경환 · 황혜원(2007), "중등 교사들의 다문화 인식에 대한 연구 - 수도권 국어 · 사회과 중심으로", **시민교육연구**, 제39권 3호, pp.79 - 100.

문용린 · 강민수(2004), 성공지능 검사에 대한 경험적 타당화 연구, **교육심리연구**, 18(3), pp.103 - 119.

박도순 · 하대현 · 성태제(2000), **신 종합지능검사**, 대한사립중고등학교장회.

박광배(2003), **변량분석과 회귀분석**, 서울: 학지사.

박병기(2000), 창의성과 지능의 관계구조, **교육심리연구**, 14(2), pp.235 - 261.

_____(2004), 교양강좌를 이용한 대학생 창의성교육의 효과분석, **교육심리연구**, 18(2), pp.69 - 81.

박윤경(2007), "다문화 접촉 경험의 교육적 의미 이해: 초등 예비 교사들의 문화 다양성 관련 변화를 중심으로", **시민교육연구**, 제39권 3호, pp.147 -

183.

박윤경 · 성경희 · 조영달(2008), "초 · 중등 교사의 문화다양성과 다문화가정 학생에 대한 태도", **시민교육연구**, 제40권 3호, pp.1 – 28.

박진균(2010), "다문화가정, 이주노동자 그리고 종교, 샐러드TV 다문화방송국", 2010년 9월 9일(http://saladtv.kr/?document_srl=229764).

송선희(2000), Sternberg의 삼위일체 지능이론에 대한 고찰, **교육문제연구**, 13(1).

신종호 · 권희경(2004), 성공지능의 교육적 의의와 활용. 성공지능 학술세미나 발표논문. 서울대학교 교육연구소.

옥장흠(2009), "교사들의 다문화 효능감에 영향을 미치는 요인들에 관한 연구", **한국교원교육연구**, 제26권 4호, pp.191 – 221.

윤미선(1997), 사고양식과 학업성취에 관한 연구 – Sternberg의 정신자치제 이론을 중심으로 – 고려대학교 석사학위 논문.

_____(1999), 사고양식 검사도구의 타당화 연구 – 초 · 중등교사를 중심으로, **아남 교육학 연구**, Vol, 5, No.12, pp.181 – 191.

_____(2003), 사고양식에 따른 학습동기 및 교과흥미가 학업성취에 미치는 영향, 고려대학교 박사학위 논문.

윤미선 · 김성일(2004a), 학업성취 및 성취동기 예측변인으로서의 사고양식 프로파일, **교육심리연구**, 18(1), pp.351 – 366.

_____(2004b), 중 · 고생의 학업성취 결정요인으로서 사고양식, 학습동기, 교과흥미, 학습전략 간의 관계모형, **교육심리연구**, 18(2), pp.161 – 180.

윤소정 · 윤미경 · 유순화(2003), 영재학생과 일반학생의 사고양식 차이 및 교사 특성별 사고양식, **영재교육연구**, 13(3), pp.19 – 44.

윤현숙(2008), "유아교사의 다문화 교육에 대한 태도 비교", **유아교육학논집**, 제12권 1호, pp.415 – 430.

이선미 · 송지연(2008), "보육교사의 다문화교육 신념에 관한 연구", **미래유아교육학회지**, 제15권 3호, pp.185 – 214.

이순묵 · 이동희(1999), 학교장면에서의 실제적 지능, **교육심리연구**, 13(1), pp.307 – 330.

이영만(2006), 초등학생의 성공지능의 발달과 학업성취도에 미치는 영향, **초등교육연구**, 19(2), pp.101 – 123.

이영만(2007), 성공지능이론의 교실 수업 적용을 위한 이론적 탐색, **교육방법연구**, 19(2), pp.97 – 122.

이정규(2004), 학업성취도에 대한 창의성의 상대적 예측력, **교육학연구**, 42(4), pp.317 – 342.

장인실(2003), "다문화 교육이 한국 교사 교육과정 개혁에 주는 시사점", **교육 과정연구**, 제21권 3호, pp.409 – 431.

_____(2008), "다문화 교육을 위한 교사 교육 교육과정 모형 탐구", **초등교육 연구**, 제21권 2호, pp.281 – 305.

전윤식(2002), 삼원적 교수 모델을 통한 창의적 및 실제적 지능의 향상, **교육학 연구**, 40(5), pp.133 – 160.

조한익(2007), 대학생의 희망과 학습시간이 학업성취도에 미치는 영향, **교육심 리연구**, 21(2), pp.349 – 365.

_____(2009a), 초등학교 고학년용 희망척도의 개발과 타당화 연구, **교육심리 연구**, 23(2), pp.323 – 342.

_____(2009b), 사회적 지지와 학업성취도의 관계에서 희망의 매개 효과 검증, **초등교육연구**, 22(3), pp.65 – 87.

_____(2010), 초등학생의 학업성취도에 영향을 미치는 사회적 지지, 희망 및 우울증의 구조적 관계 분석, **교육심리연구**, 24(1), pp.159 – 179.

최동옥(2005), 희망에서 주도요인과 경로요인의 기능: 성취가능성과 우울/불안 관련 정서를 중심으로, 한양대학교 박사학위논문.

최유희(2008), 희망척도의 타당화 연구, 가톨릭대학교 석사학위논문.

최충옥 · 모경환(2007), "경기도 초 · 중등 교사들의 다문화 효능감에 대한 조사 연구", **시민교육연구**, 제39권 4호, pp.163 – 182.

한기순 · 배미란(2004), 과학영재와 일반학생들 간의 사고양식과 지능 및 창의 성 간의 관계 비교, **교육심리연구**, 18(2), pp.49 – 68.

하대현(1992), R. Sternberg의 삼위일체 지능이론과 교육적 함의, **유아교육논총**, 2, pp.29 – 48.

_____(2002), R. Sternberg 지능이론의 타당화 연구. 한국교육심리학회 제2회 학술세미나 발표논문, 선문대학교.

_____(2003), MI 이론의 경험적 타당화 연구(Ⅲ): 지능과 인지양식의 영역 – 특 수성의 발달적 변화. **교육심리연구**, 17(3), pp.27 – 52.

_____(2004a), R. Sternberg 지능이론의 발달: 의의, 국내 연구 및 과제, 2004년 성공지능학술세미나. 서울대학교.

_____(2004b), 성공지능이론의 타당화: 쟁점과 과제. **교육심리연구**, 18(2), pp.99 – 121.

_____(2005), 우리나라 지능 연구의 현황과 교육적 활용 과제, 한국교육심리 학회 연차학술대회, 경원대학교.

하대현 · 배미란 · 윤미선 편역(1998), **지능이란 무엇인가?**(R. J. Sternberg., & D.

K. Detterman, 1986, What is intelligence?), 서울: 상조사.

하대현 · 신종호 · 황해익(2005), **중학생용 신종합지능검사,** 대학사립중고등학 교장회.

한수희(2007), 입시정책과 학업성적이 희망과 성취목표, 진로성숙도에 미치는 영향: 평준화, 비평준화 학생을 대상으로, 한양대학교 석사학위논문.

Alexander, E. S., & Onwuegbuzie, A. J. (2007). Academic procrastination and the role of hope as a coping strategy. *Personality and Individual Differences, 42,* pp.1301 – 1310.

Allport, G(1937). *Personality: A psychological interpretation.* New York: Holt.

Arlin, P. K.(1989). Problem finding and problem solving in young artist and young scientists. In M. L. Commons, J. D. Sinnott, F. A. Richards, & Armon (Eds.), Beyond formal operations 11: *Comparisons and applications of adolescent and adult developmental models.* New York: Praeger.

Barry, N. H. & Lechner, J. V.(1995). "Preservice teachers' attitudes about and awareness of multicultural teaching and learning", *Teaching and Teacher Education, Vol 11,* No. 2, pp.149 – 161.

Bernardo, A. B. I, Zhang, L. F., & Callueng, C. M. (2002). Thinking styles and academic achievement among Filipino students. *The Journal of Genetic Psychology, 163*(2), pp.149 – 163.

Brody, N. (2003). What Sternberg should have concluded. *Intelligence, 31,* pp.339 – 342.

Causey, V. E., Thomas, C. D., & Armento, B. J.(2000). "Cultural diversity is basically a foreign term to me: The challenges of diversity for preservice teacher education", *Teaching and Teacher Education, Vol 16,* No. 1, pp.33 – 45.

Chang, E. J. (1998). Hope, problem-solving ability, and coping in a college student population: Some implications for theory and practice. *Journal of Clinical Psychology, 54,* pp.953 – 962.

Coates, D.(1998). Personal communication unpublished In R. J. Sternberg(1999). The theory of successful intelligence. *Review of General Psychology, 3,* pp.292 – 316.

Csikszentmihalyi, M. (1993). *The evolving self: A psychology for the third millennium.* New York: HarperCollins.

Curry, L. (1983). An organization of learning styles theory and constructs. *ERIC Document.* 235, pp.185.

Dai, D. Yun, & Feldhusen, J. F.(1999). A validation study of the thinking styles inventory: Implication for gifted education. *Roeper Review, 21,* 302 – 308.

Davidson, J. E., & Sternberg, R. J.(1984). The role of insight in intellectual giftedness. *Gifted Child Quarterly, 28,* pp.58 – 64.

Dee, J. & Henkin, A.(2002). "Assessing dispositions toward cultural diversity among preservice teachers", *Urban Education, Vol 37, No. 1,* pp.22 – 40.

Drummond, R. J., & Stoddard, A. H.(1992). Learning style and personality type. *Perceptual and Motor Skills, 75,* pp.99 – 104.

Erickson, E. H. (1964). *Insight and responsibility.* New York: W. W. Norton.

Eysenck, H. J.(1978). The development of personality and its relation to learning. In Murray-Smith, S. *Melbourne studies in education.* Australia: Melbourne University Press.

Eysenck, H. J.(1983). Stress, disease, and personality: The inoculation effect, in Cooper, C.I.(ed), *Stress Research.* John Wiley & Son, Ltd.

Feitler, F. C., & Tokar, E. B(1981). Teacher stress: Sources, symptoms and Job satisfaction, Paper present at the Annual Meeting of the American Education Research Association. Los Angeles.(ERIC, ED).

Feldhusen, J. F.(1986). A conception of giftedness. In R. J. Sternberg & J. E. Davidson(Eds), *Conceptions of giftedness*(pp.112 – 127). New York: Cambridge University Press.

Fowler, W.(1977). Sequence and styles in cognitive development. In F. Weizmann & I. Uzgiris(Eds.), *The structuring of experience.* New York: Plenum Press.

Fowler, W.(1980). Cognitive differentiation and developmental learning. In H. Rees & Lipsitt(Eds.), *Advances in child development and behavior,* 15, pp.165 – 206.

Frederic, W. & Ilfeld, J. R.(1980). An analysis of copying in a middle aged community sample, *Journal of Health and Social Behavior, 21,* pp.219 – 239.

Furnham, A., Jackson, C. J., & Miller, T(1999). Personality, learning styles and work performance. *Personality and Individual Differences, 27,* pp.1113 – 1122.

Gallagher, J. J., & Courtright, R. D.(1986). The educational definition of giftedness and its policy implications. In R. J. Sternberg & J. E. Davidson (Eds), *Conceptions of giftedness.* Cambridge, England: Cambridge University Press.

Gardner, H.(1983). *Frames of mind: The theory of multiple intelligences.* New York: Basic Books.

Gardner, H.(1993). *Multiple intelligences: The theory in practice.* New York: Basic Books.

Gottfredson, L. S.(2003). Dissecting practical intelligence theory: Its claims and evidence.

intelligence, 31, pp.343 – 397.

Graham, S. & Weiner, B.(1996). "Theories and principles of motivation", In D. C. Berliner & R. C. Calfee(Eds.). *Handbook of education psychology*(pp.63 – 84), NY: MacMillan.

Gregorc, A. F(1984). Styles as a symptom: A phenomenological perspective. *Theory Into Practice*, 23, pp.51 – 55.

Grigorenko, E. L., & Sternberg, R. L.(1995). Thinking Styles. In Donald H. Saklofske & Moshe Zeidner(Eds.). *International Handbook of Personality and Intelligence,* NY: Plenum Press.

Grigorenko, E. L., & Sternberg, R. L.(1997). Styles of thinking, abilities and academic performance. *Exceptional Children, 63(3),* pp.295 – 312.

Grigorenko, E. L., & Sternberg, R. L.(1997a). Are Cognitive Styles in Style? *American Psychologist,* 52, pp.700 – 712.

Grigorenko, E. L., & Sternberg, R. J.(2001). Analytical creative and practical intelligence as predictors of self-reported adaptive functioning: A case study in Russia. *Intelligence. 29,* pp.57 – 72.

Guyton, E. M. & Wesche, M. V.(2005). "The multicultural efficacy scale: Development, item selection, and reliability", *Multicultural Perspectives, Vol 7,* No. 4, pp.21 – 29.

Harter, S.(1980) *A scale of intrinsic versus extrinsic orientation in the classroom.* Denver, co: University of Denver.

Hashway, R. M.(1998), *Developmental cognitive styles: A primer to the liteature including an introduction to the theory of Developmentalism.* Bethesda, MD: Austin & Winfield.

Herrnstein, R. & Murray, C.(1994). *The bell curve: Intelligence and class structure in American life.* New York: Free Press.

Ho, H. K. (1998). *Assessing thinking styles in theory of mental self-government: a mini validity Study in a Hong Kong secondary school*(Unpublished). Hong Kong: The University of Hong Kong.

Holahan, C. J.(1986). Life stress and health: Personality, coping and family resources n stress resistance: A longitudinal analysis, *Journal of Personality & Social Psychology, Vol, 51,* No, 2.

Holland, J. L.(1973). *Making vocational choice: A theory of careers. Englewood Cliff,* NJ: Prentice-Hall.

Holland, J. L.(1994). *Self-directed search.* Odessa, FL: Psychological Assessment Resources.

Humphreys, L. G.(1986). Describing the elephant. In R. J. Sternberg & D. K. Detterman (Eds.), *What is intelligence?*(pp.97 – 100). Norwood, NJ: Ablex.

Jenks, C., Lee, J., & Kanpol, B.(2001). "Approaches to multicultural education in preservice teacher education: Philosophical frameworks and models for teaching", *The Urban Review, Vol 33,* No. 2, pp.87 – 105.

Kagan, J.(1958). The concept of identification. *Psychological Review, 65,* 296 – 305.

Kolb, D. A.(1974). On management and the learning process. In D. A, Kolb, I. M. Rubin, & J. M. McIntyre(Eds.), *Organizational psychology,* Englewood Cliffs, NJ: Prentice-Hall.

Kyles, C. & Olafson, L.(2008). "Uncovering preservice teachers' beliefs about diversity through reflective writing", *Urban Education, Vol 43,* No. 5, pp.500 – 518.

Lawrence, S. M. & Bunche, T.(1996). "Feeling and dealing: Teaching White students about racial privilege", *Teaching and Teacher Education, Vol 12,* No. 5, pp.531 – 542.

Lazarus, R. S., & Folkman, S.(1985). Stress and adaptational outcomes: The problems of confounded measures. *American Psychologist, 40,* pp.770 – 779.

Marland, S. P.(1972). Report to the Congress of the United States by the U.S. Commissioner of Education. *In Education of the gifted and talented, 1.* Washington, DC: U.S. Government Printing Office.

Martin, M. (1989). *Mind as mental self-government: Construct valdation of a theory of intellectual styles.* Unpublished manuscript, Yale University, New Haven, Connecticut.

Messick, S.(1996), Bridging cognition and Personality in education: the role of style in performance and development. *European Journal of Personality, 10,* 353 – 376.

Milgram, R. M.(1990). Creativity: An idea whose time has come and gone? In M. A. Runco & R. S. Albert,(Eds.), *Theories of creativity*(pp..215 – 233). London: Sage.

Miller, A.(1987). Cognitive styles: An integrated model. *Educational Psychology, 7,* pp.251 – 268.

Miller, A.(1991). Personality types, learning styles and educational goals. *Educational Psychology, 11,* pp.217 – 238.

Moos, R. H., & Billings, A. G.(1982). Conceptualizing and Measuring Coping

Resources. *Handbook of Stress:* Theoretical & Clinical Aspects, Goldberger, L., & Breznitz, S. eds., New York: The Free Press.

Mulder, S., Tyler, K. & Conner II, T. W.(2008). "Teacher Efficacy: How Do Teachers' Attitudes Affect their Efficacy in Teaching Culturally Diverse Students?", Paper presented at the annual meeting of the MWERA Annual Meeting, Westin Great Southern Hotel, Columbus, Ohio Online(http://www.allacademic.com/meta/p273427_index.html)

Myers, I. B., & McCaulley, M. H.(1985). Manual: *A guide to the development and use of the Myers-Briggs Type Indicator.* CA: Consulting Psychological Press.

Nadelson, L. S., et al.(in press). *A Shifting Paradigm: Preservice Teachers' Multicultural Attitudes and Efficacy.* Urban Education.

Onwuegbuzie, A. J. (1998). Role of hope in predicting anxiety about statistics. *Psychological Reports, 82,* pp.1315 – 1320.

Pang, V. O.(1994). "Why do we need this class: Multicultural education for teachers", *Phi Delta Kappan, Vol 76,* No. 4, pp.289 – 292.

Pang, V. O. & Sablan, V. A.(1998). "Teacher efficacy", In M. E. Dilworth(Ed.), *Being responsive to cultural differences*(pp.39 – 58). Thousand Oaks, CA: Corwin Press.

Platow, J. K.(1984). *A Handbook for Identifying the Gifted and Talented.* Ventura County Superintendent School Office.

Renzulli, J. S.(1977). The enrichment triad model: A plan for developing defensible programs for the gifted and talented: II. *Gifted Child Quarterly, 21*(2), pp.227 – 233.

Renzulli, J. S.(1986). The three ring conception of giftedness: A developmental model for creative productivity. In R. J. Sternberg & J. E. Davidson (Eds), *Conceptions of giftedness*(pp.53 – 92). New York: Cambridge University Press.

Renzulli, J. S.(1994). Research related to the School wide Enrichment Triad Model. *Gifted Child Quarterly, 38*(1), pp.7 – 20.

Richert, E. S.(1991). Rampant Problems and problems and promising practices in identification, In N. Colangelo & G. A. Davis(Eds.). *Handbook of gifted education,* (pp.81 – 96). Boston: Allyn & Bacon.

Riding, R., Cheema, I. (1991). Cognitive styles: An overview and integration. *Educational Psychology, 11,* pp.193 – 215.

Santostefano, S.(1986). Cogitive controls, metaphors and contexts: A approach to cognition and emotion. In D. Bearison & H. Zimiles(Eds.), *Thought and emotion: Developmental perspectives*. Hillsdale, NJ: Lawrence Erlbaum.

Simonton, D. K. (1996). Creative expertise: A life-span developmental perspective. In K. A. Ericsson (Ed.), The road to excellence: *The acquisition of expert performance in the arts, and sciences, sports, and games*(pp.227 – 253). Mahwah, NJ: Lawrence Erlbaum Associates.

Siwatu, K. O.(2007). "Preservice teachers' culturally responsive teaching self-efficacy and outcome expectancy beliefs", *Teaching and Teacher Education, Vol 23,* No. 7, pp.1086 – 1101.

Sleeter, C. E.(2008a). "An invitation to support diverse students through teacher education", *Journal of Teacher Education, Vol 59,* No. 3, pp..212 – 219.

Sleeter, C. E.(2008b). "Preparing White teachers for diverse students", In M. Cochran-Smith, S. Feiman-Nemser, & D. J. McIntyre(Eds.). *Handbook of research on teacher education: Enduring questions in changing contexts*(3rd ed., pp.559 – 582), NY: Routledge and Association of Teacher Educators.

Snow, R. E., Corno, L., & Jackson Ⅲ, D. (1996). Individual Differences In Affective and Conative Functions. In Berliner, D. C & Calfee, R. C. (Eds.). *Handbook of Educational Psychology,* (pp.243 – 310). NY: Simon & Schuster Macmillan.

Snyder, C. R. (1994a). Hope and optimism. In V. S. Ramachandren (Ed.), *Encyclopedia of human behavior*(pp.535 – 542). San Diego, CA: Academic.

Snyder, C. R. (1994b). *The psychology of hope: You can get there from here.* New York: Free Press.

Snyder, C. R. (2000). *Handbook of hope: Theory, measure, and applications.* Orlando, FL: Academic Press.

Snyder, C. R. (2002). Hope theory: Rainbows in the mind. *Psychological Inquiry, 13,* pp.249 – 275.

Snyder, C. R. (2004). Hope and depression: A light in the darkness. *Journal of Social and Clinical Psychology, 23,* pp.347 – 351.

Snyder, C. R. (2005). Teaching: The lessons of hope. *Journal of social and Clinical Psychology, 24,* pp.72 – 84.

Snyder, C. R., Harris, C., Anderson, J. R., Holleran, S. A., Irving. L. M., Sigmon, S. T., Yoshinobu, L., Gibb, J., Langelle, C. & Harney, P. (1991). The will and the ways: Development and validation of an individual-differences measure of hope. *Journal of personality and Social Psychology, 60,* pp.570 – 585.

Snyder, C. R., Hoza, B., Pelham, W. E., Rapoff, M., Ware, L., Danovky, M., Highberger, L., Rubinstein, H., & Stahl, K. J. (1997). The development and validation of the Children's Hope Scale. *Journal of Pediatric Psychology, 22*, pp.399 – 421.

Snyder, C. R., Irving, L. M., & Anderson, J. (1991). Hope and health. In C. R. Snyder & D. R. Forsyth(Eds.), *Handbook of social and clinical psychology.* Elmsford. NY: Pergamon Press.

Snyder, C. R., Shorey, H., Cheavens, J., Pulvers, K. M., Adams, V., Ⅲ, & Wiklund, C. (2002). Hope and academic success in college. *Journal of Educational Psychology, 94,* pp.820 – 826.

Snyder, C. R., Sympson, S. C., Ybasco, F. C., & Borders, T. F., Babyak, M. A., & Higgins, R. L. (1996). Development and validation of the State Hope Scale. *Journal of Personality and Social Psychology, 70,* pp.321 – 335.

Snyder, C. R., Wicklund, C., & Cheavens, J. (1999). *Hope and success in college.* Paper presented at the annual meeting of the American Psychological Association, Boston.

Spearman, C.(1927). *The abilities of man.* New York: Macmillan.

Stanley, J. C.(1978). Educational non-acceleration: An International Tragedy. *G.C.T., No. 3,* pp.2 – 63.

Sternberg, R. J.(1985). Beyond IQ: *A Triarchic Theory of Human Intelligence.* NY: Cambridge University Press.

Sternberg, R. J.(1988). Mental Self-Government: A theory of intellectual styles and their development. *Human Development, 31,* pp.197 – 224.

Sternberg, R. J.(1990). Thinking Styles: Keys to understanding student performance. *Phi Delta Kappan, 71,* pp.366 – 371.

Sternberg, R. J.(1993). *Sternberg Triarchic Abilities Test.* Unpublished test.

Sternberg, R. J.(1994a). Thinking Styles: theory and assessment at the interface between intelligence and personality. In R. J. Sternberg & Patrica Ruzgis (Eds.). *Personality And Intelligence.* NY: Cambridge University Press.

Sternberg, R. J.(1994b). Allwing for Thinking Styles. *Educational Leadership, 52,* pp.36 – 40.

Sternberg, R. J.(1994c). A triarchic model for teaching and assessing students in general psychology. *General Psychologist, 30(2),* pp.42 – 48.

Sternberg, R. J.(1995). *Styles of Thinking and Learning Language Testing, 12(3),* pp.265 – 291.

Sternberg, R. J.(1996). What should we ask about intelligence? *American Scholar, 65,* pp.205 – 218.

Sternberg, R. J.(1996). *Successful Intelligence: How practical and creative intelligence determine success in life.* NY: Simon & Schuster.

Sternberg, R. J.(1997a). *Thinking Styles.* NY: Cambridge University Press.

Sternberg, R. J.(1997b). What does it mean to be smart? *Educational Leadership, 54(6),* pp.20 – 24.

Sternberg, R. J.(1992a). Toward better intelligence tests. In M. C. Wittrock(Ed.). Testing and cognition, (pp.31 – 39). Englewood Cliffs, NJ: Prentice-Hall.

Sternberg, R. J.(1999). The theory of Successful intelligence. *Review of General Psychology, 3,* pp.292 – 316

Sternberg, R. J.(2000). Patterns of giftedness: A triarchic analysis. *Roeper Review, 22,* pp.231 – 236.

Sternberg, R. J.(2002). Raising the achievement of all students: Teaching for successful intelligence, *Educational Psychology.*

Sternberg, R. J. (2003). Our Research Program Validating the Triarchic Theory of Successful Intelligence: Reply to Gottfredson. *Intelligence, 31*(4), pp.399 – 413.

Sternberg, R. J.(2003). Issues in the theory and measurement of successful intelligence: A reply to Brody. *Intelligence. 31,* pp.331 – 337.

Sternberg, R. J., & Clinkenbeard, P. R.(1995). A triarchic model of identifying, teaching, and assessing gifted children. *Roeper Review, 17,* pp.255 – 260.

Sternberg, R. J., Ferrari, M., Clinkenbeard, P. R., & Grigorenko, E. L.(1996). Identification, instruction, and assessment of gifted children: A construct validation of a triarchic model. *Gifted Child Quarterly, 40,* pp.129 – 137.

Sternberg, R. J., & Grigorenko, E. L.(1993). Thinking styles and the gifted. *Roeper Review, 16,* pp.122 – 130.

Sternberg, R. J., & Grigorenko, E. L.(1995). Styles of thinking in the school. *European Journal of high Ability, 6,* pp.1 – 9.

Sternberg, E. L., & Grigorenko, R. L.(1997). Are Cognitive Styles in Style? *American Psychologist, 52,* pp.700 – 712.

Sternberg, R. J., & Grigorenko, E. L.(2001). *Intelligence applied*(2nd.). New York: Oxford University Press.

Sternberg, R. J., & Grigorenko, E. L. (2007). *Teaching for Successful Intelligence* (2nd ed.). Thousand Oaks, CA: Corwin Press.

Sternberg, R. J., Grigorenko, E. L., Jarvin, L.(2001). Improving Reading Instruction: The Triarchic Model. *Educational Leadership, 58,* pp.48 – 52.

Sternberg, R. J., & Lubart, T. I. (1995). *Defying the crowd: Cultivating creativity in a culture of conformity.* NY: Free Press.

Sternberg, R. J., & Lubart, T. I. (1996). Investing in creativity. *American Psychologist, 51,* pp.677 – 688.

Sternberg, R. J., Torff, B., & Grigorenko, E. L.(1998). Teaching for successful intelligence raises school achievement. *Phi Delta Kappan, 79,* pp.667 – 669.

Sternberg, R. J & Wagner, R. K.(1991). *MSG Thinking Styles Inventory Mannual.* Unpublished manuscript.

Sternberg, R. J., & Wagner, R. K. (1992) *Thinking Styles Inventory.* Unpublished test, Yale University.

Sternberg, R. J., Wagner, R. K., Willioms, W. M., & Horvath, J. A. (1995). Testing common sense. *American Psychologist, 50*(11), pp.912 – 927.

Stotland, E. (1969). *The Psychology of hope.* San Francisco: Jossey-Bass.

Tannenbaum, A. J.(1979). Pre-Sputnik to post-Watergate concern about the gifted. In A. H. Passow(Ed). *The gifted and talented.* Chicago: National Society for the Study of Education.

Tannenbaum, A. J.(1986). Reflections and refraction of light on the gifted. *Roeper Review, 8*(4), pp.212 – 218

Tannenbaum, A. J.(2000). A history of giftedness in school and society. In K. A., Heller, F. J. Monks, R. J. Sternberg, & R. F. Subotnik (Eds.), *International handbook of giftedness and talent*(2nd ed.). London: Elsevier.

Taylor, C., & Kokot, S.(2000). The status of gifted child education in Africa. In K. A. Heller, F. J. Monks, R. J. Sternberg, & R. F. Subotnik (Eds), International handbook of *giftedness and talent*(2nd ed.). London: Elsevier.

Terman, L. M.(1925). *Genetic studies of genius: Mental and physical traits of a thousand gifted children*(Vol, 2). Stanford, CA: Stanford University Press.

Tso, S. M.(1998). *Correlational study of thinking styles and academic achievement.* A term paper submitted for a master's in Education degree course. The University of Hong Kong.

Turner, M.(2007). "Multicultural teacher attitudes and cultural sensitivity: An initial exploration of the experiences of individuals in a unique alternative teacher certification program", Unpublished master's thesis, Notre Dame University.

Van Tassel-Baska, J.(1998). Disadvantaged learners with talent. In: J. Van Tassel-Baska (Ed), *gifted and talented learners*(pp.95 – 114). Denver: Love Publishing.

Weisman, E. M. & Garza, S. A.(2002). "Preservice teacher attitudes toward diversity: Can one class make a difference?", *Equity and Excellence in Education, Vol 35,* No. 1, pp.28 – 34.

Witkin, H. A., Oltman, P. K., Raskin, E., & Karp, S A.(1971). *A Manual for the Embeded Figures test.* Palo Alto: Consulting Psychologist Press.

Zhang, L. F.(1999). Further cross-cultural validation of the theory of mental self government. *The Journal of psychology, 133,* pp.165 – 181.

Zhang, L. F. (2000a). Are thinking styles and Personality types related? *Educational Psychology, 20(3),* pp.271 – 283.

Zhang, L. F. (2000b). Relationship between Thinking styles Inventory and Study Process Questionnaire. *Personality and Individual Differences, 29,* pp.841 – 856.

Zhang, L. F.(2001). Do styles of thinking matter among Hong Kong secondary school student? *Personality and Individual Differences, 31,* pp.289 – 301.

Zhang, L. F. (2002a). Thinking styles and modes of thinking: Implications for education and research. *The Journal of Psychology, 136,* pp.245 – 261.

Zhang, L. F. (2002b). Thinking styles and the Big Five Personality traits. *Educational Psychology, 22*(1), pp.17 – 31.

Zhang, L. F., & Huang, J. F. (2001). Thinking styles and the five-factor model of personality. *European Journal of Personality, 15,* pp.465 – 476.

Zhang, L. F., & Postiglione, G. A. (2001). Thinking styles, self-esteem, and socio-economic status. *Personality and Individual Differences, 31,* 1333 – 1346.

Zhang, L. F., & Sternberg, R. J.(1998). Thinking styles, abilities, and academic achievement among Hong Kong university students, *Educational Research Journal, 13,* pp.41 – 62.

Zhang, L. F., & Sternberg, R. J. (2000). Are learning approaches and thinking styles related? A study in two Chinese populations. *The Journal of psychology, 134,* pp.469 – 489.

김진철

전북 전주, 교육학박사(지능, 사고양식, 희망 등 교육심리분야 전공)
현) 한국교육학회 정회원
　　한국교육심리학회 정회원
　　한국심리학 정회원
　　학교심리학회 정회원

긍정성과 다양성에서 바라본
학교교육의
이해

초판인쇄 | 2011년 6월 30일
초판발행 | 2011년 6월 30일

지 은 이 | 김진철
펴 낸 이 | 채종준
펴 낸 곳 | 한국학술정보㈜
주　　소 | 경기도 파주시 교하읍 문발리 파주출판문화정보산업단지 513-5
전　　화 | 031) 908-3181(대표)
팩　　스 | 031) 908-3189
홈페이지 | http://ebook.kstudy.com
E-mail | 출판사업부　publish@kstudy.com
등　　록 | 제일산-115호(2000. 6. 19)

ISBN　　978-89-268-2366-8 93370 (Paper Book)
　　　　978-89-268-2367-5 98370 (e-Book)